KB157230

에브리데이
히어로

THE EVERYDAY

HERO

MANIFESTO

로빈 샤르마 지음 | 김미정 옮김

내 안의 위대함을 깨우는 101번의 인생 수업

에브리데이 히어로

프런티어

당신은 정말로 원하는 삶을 살고 있는가

이 책은 우리의 고동치는 심장 속에 살아 숨 쉬는 천재성과 품위, 영웅의 자질에 관한 이야기다. 이 책을 쓰는 동안 나는 신나면서도 두려웠고, 가슴 벅차면서도 고단했다. 이제까지의 글쓰기 여정뿐 아니라 나의 성격과 내가 해야 할 일들에 대해 살펴보는 과정이었기 때문이다. 이 책의 집필을 마쳤을 때 나는 전과는 또 다른 사람이 되어 있었다.

이 책은 우리에게 숨겨진 잠재력을 최대로 발휘하기 위한 정밀한 철학, 걸작을 창조하는 혁명적인 방법, 숨 막힐 듯한 아름다움, 지속적인 기쁨, 정신적으로 자유로운 삶을 누리게 해줄 통찰을 제공한다.

또한 이전의 어느 책보다 나의 개인적인 이야기가 많이 담겨 있다. 나의 약한 면면을 드러내기가 두렵기도 했지만 결국에는 만족스러운 과정이었다. 우리는 자신의 결점을 솔직히 바라볼수록 지혜를 얻는다. 자신이 받은 상처를 인정하고 포용할 때 상처는 강점이 된다. 내가 살면서 겪은 일들을 읽으며 어떤 위험을 피해야 하는지, 어떻게 문제를 이겨내고 성공할지를 배우고 삶이 우리에게 유리하게 펼쳐지지 않는 것처럼 보일지라도 실은 그렇지 않다는 사실을 알게 되길 진심으로 바란다.

《에브리데이 히어로》는 마치 내 마지막 책인 것처럼 정성껏 썼다. 물론 나는 앞으로도 더 많은 글을 쓸 수 있기를 바라고 기도한다. 하지만 인간의 삶은 망가지기 쉬운 여정이며 내일 어떤 일이 벌어질지 그 누구도 알지 못한다. 그래서 최선을 다해 우리 모두가 바라는 성공과 행복, 사랑과 봉사에 관한 이야기를 이 안내서에 담고자 했다.

이 책이 당신 안에 잠자고 있는 재능을 밝히고, 필생의 역작을 탄생시키겠다는 열정을 타오르게 하고, 정말로 원하는 삶을 살 수 있도록 특별한 능력을 깨워주길 진심으로 소망한다. 그리고 그 열정과 능력으로 세상을 더 나은 곳으로 만들었으면 한다.

사랑과 존경을 담아, 로빈 샤르마

Robin

추신:

이 책에 언급된 모든 학습 모델과 실행 모델 및 전략 계획, 교육 비디오는 TheEverydayHeroManifesto.com에서 찾아볼 수 있다.

수많은 천재가 남들뿐 아니라 나 자신에게도 발견되지 못한 채 생을 마감한다.

마크 트웨인

대의를 위해 온 힘과 영혼을 다하는 사람만이 대가가 될 수 있다. 대가가 되는 길은 한 사람의 전부를 요구한다.

알베르트 아인슈타인

내가 피곤해서 자리를 양보하지 않았다고 사람들은 이야기하는데 실은 그렇지 않다. 나는 굴복하는 데 지쳤을 뿐이다.

로자 파크스

무너뜨리고 파괴하기는 쉽다. 중재하고 건설하는 어려운 일을 해내는 사람이 영웅이다.

넬슨 만델라

에브리데이 히어로
차례

• 2장 • 작은 깨달음이 모여 인생을 변화시킨다

• 4장 • 나 자신에 대한 믿음을 잃지 마라

1장

당신은 당신이 아는 것보다 더 위대하다

당신을 비난하는 사람들을 믿지 마라.
당신을 깎아내리는 사람들을 곁에 두지 마라.
당신의 의욕을 꺾는 사람들을 무시하라.
그들은 당신 안의 경이로운 세계를 알지 못한다.

001

평균이라는 테두리에 스스로를 가두지 마라

"목숨을 바칠 만한 일을 찾지 못했다면 살 자격이 없다"라고 마틴 루터 킹(Martin Luther King Jr.) 목사는 말했다. 나는 당신이 위대하다는 사실을 목숨을 걸고 주장할 수 있다. 당신은 사람들이 경탄할 만한 일을 해내고, 굉장한 사건들을 경험하고, 우리의 선조들이 이뤄낸 마스터리[mastery, 인간 잠재력 분야의 선구자 조지 레너드(George Leonard)는 누구나 성실하게 노력하면 해당 분야에서 마스터가 될 수 있으며 그 과정을 마스터리라고 했는데, 이 책에서는 '숙달'로도 번역했다 – 옮긴이]의 비밀을 알고 있다. 당신은 정말로 대단하며, 이 이야기가 진실하다는 걸 말하기 위해서라면 나는 날아오는 총알도 받아낼 수 있다.

지구의 시민인 당신은 오롯이 당신의 힘으로 경이로운 일을 해내고 발전을 이루며, 함께 지구를 돌볼 형제자매들을 돕도록 부름을 받았다. 이 모두가 진실이다. 지금 당신이 어디에 있든 당신의 과거로 미래가 정해지지는 않는다. 언제나 오늘보다 나은 내일을 만들 수 있다. 당신은 인간이며 이것은 인간이 할 수 있는 일이기 때문이다.

우리는 피부색, 체격, 성별, 종교, 국적 등 존재 방식도 다양하다. 넬슨 만델라(Nelson Mandela), 해리엇 터브먼(Harriet Tubman, 노예 수백 명의 탈출을 도왔던 미국의 흑인 인권운동가–옮긴이), 마하트마 간디(Mahatma Gandni), 플로렌스 나이팅게일(Florence Nightingale), 오스카 쉰들러(Oskar Schindler) 같은 인물들은 인류를 위해 커다란 업적을 세운 거대한 영웅들이다.

하지만 지구 어느 곳에서 조용한 삶을 사는 사람들, 학교에서 가르치거나 식당에서 일하거나, 시를 쓰거나 빵집을 운영하거나 집에서 아이들을 돌보거나, 구급대원이나 소방관이나 구호 활동가가 되어 지역사회에 도움을 주는 사람들도 각각 영웅이다. 이 선한 영혼들은 몹시 힘든 일을 하면서도 매일 최선을 다하고 더 잘하려는 고귀한 결의를 다진다. 그들의 얼굴에는 언제나 미소가 가시지 않는다. 그들의 가슴은 선의로 가득하다.

그런 사람들과 내 삶이 교차할 때 나는 겸허해진다. 나는 그들에게서 배우고, 그들을 보며 정신이 고양되고, 그들을 만나며 어떤 식으로든 변화한다. 그들은 일상의 영웅들(Everyday Heroes)이다. '보통 사람'이면서 도덕적이고 명예롭게 행동하는 이들이다. 당신 안에도 이 영웅들이 살고 있다. 그들에게 나는 다음과 같은 격려의 메시지를 전하려 한다.

— 오늘부터 당신 안에서 잠자고 있던 숭고한 영혼, 용감한 전사, 패배를 모르는 창조자를 깨우기 위해 노력하겠다고 선언하라. 과거의 시련은 당신을 더 강인하게 만들었다. 당신은 자신의 특

별한 능력들을 더 잘 알게 되었고 건강한 생활과 행복한 가정, 성취감을 주는 직업 등 당신이 꿈꾸던 삶에 다가갈 때마다 더 많이 감사하는 사람이 되었다. 난국처럼 보였던 것들은 사실 현재와 미래의 승리를 위한 디딤돌이었음을 알게 되었다.

당신에게 족쇄가 된 상처와 실패들은 마스터리에 도달하기 위한 것들이었다. 모든 것이 당신을 위해 펼쳐지고 나아가고 있다. 당신은 정말로 큰 축복을 받고 있다. 이 사실을 받아들이든, 받아들이지 않든 당신은 '양'이 아니라 '사자'다. 당신은 '희생자'가 아니라 '리더'다. 탁월한 성취, 고무적인 모험, 더없는 만족, 그 어떤 시련에도 꺾이지 않는 자기애로 크게 성장하는 자기 존중의 표본이다.

당신은 자연의 강력한 힘이자 역동적인 생산자다. 결코 굴욕적인 평범함과 획일성, 비인간적인 대우와 수급권의 세상에서 무방비 상태로 당하는 피해자가 아니다. 당신은 확고부동한 헌신과 지속적인 노력으로 이상주의자 또는 예술가 같은 특별한 사람이 될 것이다. 정직하고 탁월한 방식으로 세상을 바꾸는 변혁가가 될 것이다. 그러니 냉소적이고 비판적인 반대자가 되지 않도록 하라. 의심하는 사람은 퇴보한 몽상가다. '평균'이란 단어는 당신에게 어울리지 않는다.

오늘뿐 아니라 매일, 영예롭고 찬란히 빛나고 사람들에게 도움이 되는 삶을 살아가면서 당신의 미래를 그리고 야망을 구체화하라. 무한한 자유 속에서 꿈과 열정과 헌신을 높이 평가하면서 당신의 공헌을 확대하기 위해 분연히 일어서도록 하라. 당신의 밝고 쾌활한 마음을 지키고 당신의 특별한 기량을 연마해, 운 좋게도 당신을 볼 수 있었던 모든 사람에게 영감을 주도록 하라. 우리는 당신의 성장을 지켜보고 당신의 재능에 박수를 보내며 당신의 용기를 인정할 것이다. 그리고 결국에는 불멸의 존재가 된 당신에게 감탄할 것이다. 당신은 많은 사람의 마음속에 영원히 남아 있을 것이기 때문이다.

002

불신과 판단의 벽을 뛰어넘어라

아무도 당신을 믿어주지 않을 때가 당신을 가장 믿어야 할 때다. 타고난 천재성을 끌어내기 위해 노력하는 사람들은 어려울 때일수록 자신을 믿고 자신의 사명에 집중해야 그 분야의 전설적 존재가 되는 길로 한 걸음 나아갈 수 있다는 사실을 안다. 사람들의 조롱과 공격, 불확실성과 역경 앞에서는 더욱 그렇다. 그들은 이 길이야말로 진정한 불멸에 이르는 길임을 안다. 그들이 떠난 후에도 그들의 위대하고 고귀한 삶은 오래도록 남아 있기 때문이다.

영웅적인 삶을 향한 여정은 다채롭고 고무적인 동시에 혼란스럽고 격동적일 것이다. 또한 단연코 영광스러운 길일 것이다. 위대한 삶을 살려고 노력하고, 멋진 결과들을 계속해서 만들어내고, 더 밝은 세계를 건설하기 위해 책임을 다하는 것이야말로 당신이 갈 수 있는 가장 지혜로운 길이 될 것이다. 창의적이고 강인하고 사랑이 가득한 이 여정에 발을 들인다면 당신의 주변 사람들에게도 활력을 불어넣어 지구를 더 아름답고 다정한 곳으로 만들 것이다.

열정으로 가득했던 네 살 때의 나(왼쪽). 집 앞에서 눈놀이를 하는 나(오른쪽).

괜찮다면 나에 대해 더 잘 알 수 있도록 내 이야기를 잠시 하고자 한다. 우리는 이 책에서 상당 시간을 함께할 테니 말이다. 나는 특별한 사람이 아니다. 구루도 아니다. 당신과 태생부터 다른 사람이 아니다. 당신이 그렇듯 내게도 재능이 있고 인간적인 결점도 있고(우리 모두 그렇다) 용기와 가능성과 희망뿐 아니라 불안과 무가치함과 두려움도 느낀다.

나는 주민 수가 5,000명 정도 되는 블루칼라(blue-collar) 마을의 작은 집에서 성장했다. 매우 선한 이민자 부모의 자식이었다. 어쨌거나 이른바 금수저가 아니었던 건 확실하다.

위의 왼쪽 사진은 학교 연극에 나온 내 모습이다. 그리고 오른쪽 사진은 몹시 추운 겨울날에 앞마당에서 노는 내 모습이다. 보다시피 차고 앞에는 페라리도 없고 화려한 장식이나 불필요한 물건들도 없다. 기본적인 것들만 있다. 딱 좋은 모습이다.

학창 시절에 나는 인기 있는 아이들과 어울린 적이 없었다. 항상 무언가 골똘히 생각하고 있었으며 내 방식대로 행동하고 내 할 일만 했다. 무슨 뜻인지 알 것이다. 교장 선생님은 내게 희망이 보이지 않고 고등학교도 졸업하지 못할 것 같다고 어머니에게 말하기도 했다. 다른 선생님들도 내게 가능성이 없다고 했다. 심지어 몇몇 선생님은 내가 떠돌이나 부랑자가 되리라고도 했다. 대부분이 나를 비웃기만 했다. 하지만 한 분만은 예외였다. 바로 코라 그리너웨이(Cora Greenaway), 5학년 때 역사 선생님이었던 그녀는 나를 믿었다. 그래서 나도 나를 믿게 되었다.

그리너웨이 선생님은 모든 사람이 어떤 형태로든 재능을 타고난다고 가르쳐주었다. 우리는 각자 무언가를 매우 잘할 수 있으며 특별한 강점과 비범한 능력, 고귀한 덕목을 갖추고 태어난다고 설명했다. 이런 사실을 기억하며 열심히 노력하고 자신에게 충실하면 좋은 일이 생기고 성공할 것이라고 했다.

이 친절한 선생님은 나의 장점을 알아봤다. 나를 격려해주었을 뿐 아니라 우리의 타고난 능력을 억압하고 방해하는 사회에서 어떤 품위 있는 태도가 필요한지를 보여주었다. 때로는 비범한 사람과의 짤막한 대화가 인생을 완전히 바꿔놓기도 한다.

몇 년 전 나는 온라인으로 코라 그리너웨이 선생님을 검색해봤다. 그리고 검색 결과에 크게 감동했다. 그녀는 젊어서 네덜란드 레지스탕스의 일원이었는데, 나치 수용소에서 학살될 위기에 처한 어린이들을 구하러 적진에 침투했다. 목숨을 걸고 소신을 지키며 어린이들을 구했다. 나를 구해주었듯이. 하지만 선생님은

101세였을 때 코라 그리너웨이 선생님의 모습.

이제 세상에 없다. 내가 선생님의 과거를 알게 된 바로 그해에 돌아가셨다. 선생님이 돌아가실 때까지 살뜰히 보살펴주고 근황을 전해준 암스테르담의 신사분에게 감사드린다.

선생님은 내가 일상의 영웅이라고 부르는 존재였다. 일상의 영웅은 조용하고 겸손하다. 강하면서도 부드럽고, 윤리적이고 영향력이 있으며 현명하고 다정한 사람들이다. 한 번에 하나씩, 선한 행동을 함으로써 인류의 문명을 발전시키는 사람들이다.

그녀의 격려 덕분에 나는 내 인생에 대한 사람들의 낮은 기대치를 뛰어넘어 고등학교를 졸업했다. 그리고 생물학 전공과 영어 부전공으로 대학을 졸업했고 로스쿨에 합격했다. 로스쿨에서는 전액 장학금을 받고 법학 석사를 취득했다.

당신을 비난하는 사람들을 믿지 마라. 당신을 깎아내리는 사람들을 곁에 두지 마라. 당신의 의욕을 꺾는 사람들을 무시하라. **그들은 당신 안의 경이로운 세계를 알지 못한다.**

나는 소송 변호사로 성공했다. 그러나 보수가 높아도 공허했고 의욕이 넘쳐도 성취감을 느끼지 못했다. 변호사로는 성공했지만 진정한 나와는 단절되어 있었다. 매일 아침 일어나서 화장실의 거울을 볼 때면 거울 속의 남자가 싫었다. 그 남자의 얼굴에선 희망을 찾아볼 수 없었다. 당시의 나는 인간이라는 존재의 가장 큰 장점인 영웅의 자질에 대해 아무것도 알지 못했다.

자존감이 없는 성공은 공허한 승리다. 나는 나 자신을 개조하기로 했다. 진실되고 행복하고 평화로운 나, 더 나은 버전의 나를 알아가기로 했다. 그래서 정서적 치유와 함께 영적으로 깊이 성장하기 위한 활동을 시작했다.

당신에게도 이런 변화를 일으킬 힘이 있다. 진화, 승격, 변신은 당신을 당신으로 만드는 하드웨어 일부로 타고난 것이다. 당신 안에 잠재된 이 힘을 꺼내 사용할수록 그 힘은 더 커진다. 창조적이고 생산적이고 독창적이며 굴하지 않는 버전의 당신, 더 많은 기쁨과 용기와 평온으로 가득한 사람으로의 변신은 천재나 탁월한 인재 또는 신이나 천사에게만 허락된 것이 아니다. 천재성은 유전과는 관련이 매우 적고 습관과 훨씬 관련이 있다. 스스로 마음을 열고 마법을 현실로 만들고자 노력할 용의가 있다면 누구나 꿈꿔왔던 삶을 살 수 있다.

이 시기의 나는 지위와 물질, 위신 같은 외부의 요인보다는 내면의 내비게이션에서 힘을 얻는 사람이 되기 위해 나 자신을 재건하고, 재정비하고, 재창조하기 시작했다. (인기가 없어진다 해도) 진실을 말하기를 주저하지 않는 사람, 자신의 이상을 고수하는 사람, 직업을 단순히 일이 아닌 소명으로 여기는 사람, 물건들을 사들이지 않아도 풍부한 즐거움을 느끼는 사람, 사람들의 삶을 더 행복하게 만들어주기 위해 자신의 나날을 쓰는 사람으로.

계속 산을 오르며 평생을 보냈는데 잘못된 산을 올랐다는 걸 깨달았는가? 바쁘게만 살아가는 탓이다. 산만함에 중독된 탓이다. 실제로는 한 발짝도 나아가지 못했는데 자신이 몹시 발전하고 있다고 잘못 인식한 탓이다. 우리는 소중한 나날의 귀중한 시간을 앗아가는 기분 전환 거리에 유혹당한다. 가까운 쇼핑몰에 잠시 다녀오는 것만큼의 정신적 만족감밖에 주지 못하는데도, 세상에서 성공의 척도로 여겨지는 물건들과 활동들로 삶을 채우도록 최면에 걸리고 만다.

나는 30대 초반에 접어들면서 더 중요한 것에 집중하며 나 자신을 개혁하고자 했다. 시인이자 소설가인 찰스 부코스키(Charles Bukowski)는 이렇게 말했다.

— 우리는 모두 죽을 텐데 이 무슨 서커스인가! 이 사실 하나만으로도 우리는 서로 사랑해야 하지만 그러지 못한다. 우리는 하찮은 문제에 벌벌 떨고 낙담하며 아무것도 아닌 일에 사로잡힌다.

나는 3년 동안 가족들이 자고 있는 새벽에 일어나서 내 약점을 줄이고 능력을 다듬어 삶의 목적에 따라 살 수 있도록 도와줄 습관들을 실험했다. 나는 천재적 예술가들과 용감한 전사들, 비범한 과학자들, 재계 거물들, 지칠 줄 모르는 인도주의자 등 역사적

위인들에 관한 책을 읽고 그들의 빛나는 삶을 만들어낸 신념과 정서, 일상, 습관들을 배웠다. 여기서 배운 전부를 곧 이 책에서 공유할 것이다.

또한 나는 개인 성장 콘퍼런스에 참석하고 자기계발 강좌에 투자했다. 명상과 시각화, 일기 쓰기와 묵상, 단식과 기도 방법을 배웠다. 최고 성과를 내도록 도와줄 코치를 고용하고 침술사, 최면 요법사, 감정 치유사, 영성 상담사의 도움을 받았다. 종종 냉수로 샤워하고 뜨거운 사우나에서 땀을 흘렸으며 매주 마사지 치료에 투자했다.

꽤 나이를 먹은 지금, 그때를 돌이켜보면 참 많은 것을 시도했다. 때때로 그 과정이 혼란스럽고 불편하고 무섭기도 했다. 짜릿하고 매혹적이기도 했고 종종 숨 막히게 아름답기도 했다. 깊은 변화는 변혁적인 과정인 까닭에 고통스러울 때가 많다. 그렇지만 예전의 모습을 버리지 않고서는 우리에게 예정된 운명을 따를 수 없다. 약했던 자아가 일종의 죽음을 경험한 후 강한 자아로 거듭나듯이 어렵게 느껴지지 않는 개선은 진정한 개선이 아니다.

매일 아침 세상이 아직 잠들어 있는 동안 내면 작업을 꾸준히 하다 보니 내가 자신을 바라보는 관점과 행동 방식, 살아가는 방식 자체가 완전히 재구성되었다. 환상적인 강사들과 함께하면서 나의 두려움도 많은 부분 사라졌다. 그렇게 일상적인 걱정들과 방해되는 행동들 다수가 사라졌다. 나 자신을 저버리고 사람들의 마음에 들고 싶고 사람들에게 환영받고 싶고 무리를 따르려는 욕구도 거의 없어졌다.

나는 더 깊은 가치에 충실하면서 훨씬 건강하고 창의적으로 바뀌었으며 전보다 더 쾌활하고 평화로워졌다. 머리로만 생각하는 시간이 줄고 가슴과 더 밀접히 연결되었다. 영감이 샘솟고 생산성이 올라갔으며 자신감도 커졌다. 진지하게 관심이 있는 사람이라면 누구나 쓸 수 있는 마법을 알아가기 시작했다.

끝이 없을 듯한 치유와 성장의 3년이 끝나갈 무렵, 나는 개인적 숙달과 리더십을 향한 모험이라는 새로운 단계를 시작할 때가 되었음을 알았다. 내 안의 본능은 내가 했던 경험과 내가 배운 교훈을 책으로 써서 다른 사람들도 새로운 단계로 나아갈 수 있게 해야 한다고 속삭였다. 나는 그 책에 '페라리를 판 수도자(The Monk Who Sold His Ferrari)'라는 제목을 붙였다(이 책은 국내에 '나를 발견한 하룻밤 인생 수업'이라는 제목으로 번역되었다 – 옮긴이).

어떤 사람은 그 제목을 비웃으면서 아무도 변호사가 쓴 자기계발서를 읽지 않을 것이라고 했다. 어떤 사람은 작가의 삶은 고단하니 시작도 하지 말고 포기하라고 했다. 나는 그들의 말에 휘둘리지 않았다. 그리고 예전의 나처럼 절반만 살아 있던 존재에서 벗어나 용기와 온전한 가능성, 경이로움을 향해 나아가는 존재가 되는 길에 관한 우화를 열정적으로 썼다. 이 책을 쓰는 과정은 말 그대로 황홀했다.

당시 나는 출판에 대해 아는 게 거의 없었고 사업가 집안 출신도 아니었다(어머니는 교사였고 아버지는 개업의였다). 하지만 생생한 상상을 눈에 보이는 현실로 만드는 쉬운 길은 독학임을 알고 있었다. 내가 모르는 것들은 배우면 됐다. 부족한 기술은 만들어가면 됐다. 그리고 누군가가 만들어낼 수 있는 결과라면 나도 집중하고 노력해서 좋은 정보를 구하고 스승을 찾아 얼마든지 만들어낼 수 있었다.

나는 러닝 어넥스(The Learning Annex)라는 기관의 일일 야간 강좌에 등록했다. 그곳에서 원고와 편집자, 출판사와 인쇄소, 유통사와 서점에 대해 배웠다. 강좌는 대단히 흥미로웠고 나는 꿈을 이루겠다는 열의에 더욱 불타올랐다. 강의가 끝난 후 눈 내리는 추운 겨울밤에 집으로 걸어가며 가슴 깊이 희망을 느꼈다. 내 책을 세상에 내놓기 위해 전력을 다하겠다는 생각뿐이었다.

나는 직접 책을 출판하기로 마음먹었다. 어머니는 저녁 늦게까지 원고를 한 줄 한 줄 정성껏 편집해주었고 친한 친구 몇 명은 나의 첫 독자가 되어주었다. 인쇄는 24시간 문을 여는 복사 가게에서 했다. 아버지가 새벽 4시에 복사 가게에 태워다주면 변호사 사무실 출근 시간 전까지 인쇄를 하곤 했던 일이 아직도 기억난다. 나를 무조건 돕고 지원해주었던 아버지에게 신의 축복이 있기를.

경험이 없었던 탓에 레터 사이즈의 원고를 출력하면 본문이 줄어드는 줄 몰랐다. 그래서 초판본은 읽기도 힘들었다. 그래도 괜찮았다. 나는 지역사회 봉사 단체에서 내 책의 메시지를 공유하기 시작했고 (우연히도 러닝 어넥스에서 개최한) 첫 세미나에는 23명이 참석했다. 그중 21명은 가족이었다. 정말이다.

"천 리 길도 한 걸음부터"라는 노자의 말은 옳았다. 나는 아무런 지식 없이 작가가 되었다고 할 수 있다(최고의 꿈을 펼치기 전에 조건이 완벽해지기를 기다린다면 결코 시작하지 못할 것이다). 나는 더 배울 필요가 있다고 느꼈고, 더 많은 독자에게 더 많은 영향을 미치고 싶었기 때문에 유명 작가에게 연락했고 만남을 허락받았다. 영웅적인 삶을 시작하려 할 때 현명한 멘토를 발견하는 것은 대단히 중요하다.

나는 양복을 갖춰 입고 자비로 출판한 내 책을 가져갔다. 그리고 거대한 떡갈나무 책상 앞에 놓인 낡은 가죽 의자에 앉아 그의 판결을 기다렸다.

"샤르마 씨, 이건 어려운 일이에요. 성공하는 사람은 극소수죠. 변호사라는 좋은 직업을 갖고 있잖아요. 위험을 무릅쓰고 이렇게 불확실한 일을 하려 하지 말고 변호사 일을 계속하세요."

나는 그의 말에 기가 꺾였다. 낙담하고 실망했다. 책을 써서 사람들을 돕겠다는 내 생각이 어리석게 느껴졌다. 어쩌면 내 능력을 잘못 평가했는지도 몰랐다. 나는 책을 써본 적이 없었다. 이름이 알려진 사람도 아니었다. 출판계는 진입하기 힘든 분야였다. 그 작가의 말처럼 나는 안전하게 법조인 경력을 유지해야 할지도 몰랐다.

그러다 명백한 사실이 퍼뜩 떠올랐다. 그의 의견은 의견일 뿐이었다. 왜 그의 의견에 동조해야 하는가? 그의 평가는 사실 내 알 바가 아니었다. 누군가는 분명 베스트셀러를 쓸 텐데 그 누군가가 내가 아니란 법이 있을까? 모든 프로가 처음에는 아마추어였다. 그의 조언에 내 열정이 사그라져서는 안 될 것 같았다. 내 포부가 부정되어서는 안 될 것 같았다. 매일 변호사 사무실에 앉아 있는 동안 속으로 생각했다. '여기 있는 시간은 내가 진정으로 하고 싶은 일, 내가 해야 할 일로부터 멀어지는 시간이야.' 내 믿음은 두려움보다 컸다. 그리고 대담함이 의심보다 컸다.

당신도 지성의 냉철하고 실용적인 추론보다 직관을 더 믿어 보라. 당신의 가능성과 천재성은 지성 속에 있지 않다. 이제 사람들은 내가 용감하게 반대와 저항에 직면하고도 굴하지 않았다고 말한다. 하지만 그것은 용기가 아니었다. 언제나 용기를 원했고 우리가 함께하는 동안에도 그러기를 바라지만 솔직히 말하면 나는 내 열정이 이끄는 대로 따라갈 수밖에 없었다.

소설가 아나이스 닌(Anaïs Nin)은 "깊이 있는 삶을 사는 사람들은 죽음을 두려워하지 않는다"라고 말했다. 언론인이자 평화운동가인 노먼 커즌스(Norman Cousins)는 "인생의 가장 큰 비극은 죽음이 아니라 살아 있는 동안 내면이 죽어가도록 두는 것"이라고 말했다. 그들의 말을 인용하는 이유는 인생의 짧음과 나약함을 상기시키기 위해서다. 많은 사람이 이상적인 시간이 올 때까지 영혼을 살리는 일들을 미루곤 한다. 하지만 그 일을 하기에 이상적인 시간은 절대 오지 않는다. 당신이 될 수 있다고 믿는 사람이 되어 가장 갈망하는 삶을 살 시간은 바로 지금이다. 세상은 내일 완전히 바뀔 수도 있다. 역사가 보여준 사실이다. 인생 최고의 시간을 대기실에서 보내지 마라!

기회를 놓치고 상심한 채 인생 마지막 날을 맞기보다는 모험을 하고 바보처럼 보이는 위험을 감수하는(그렇지만 해봤다는 것을 아는) 편이 더 현명하다. 그래서 나는 내 책을 좀 더 개선하기 위해 소문난 편집자에게 가져갔다. 전문가의 피드백을 받을 생각에 흥분했고 정말 특별한 책을 썼다는 말을 들으리라고 확신했다. 그러나 편집자에게 받은 메모는 장황한 비판이었다.

"샤르마 씨, 당신의 책에는 큰 문제가 있습니다. 단도직입적으로 말할게요."

내 책의 등장인물에 관한 그의 견해는 이러했다. "등장인물도 고정관념에서 크게 벗어난 인물로 보이지 않습니다. 예를 들면 맨틀은 성공적이고 부유하고 명석하고 카리스마 있고 강인하고 놀랄 만큼 웃기기도 하지만 이야기가 전개될수록 상투적인 인물로 보입니다…."

그는 다음과 같은 말로 메모를 마무리했다. "책에 대한 제 반응이 실망스럽겠지만 당신에게 도움이 되기를 바랍니다. 좋은 글은 각고의 노력을 기울여야 합니다. 유감스럽게도 좋은 글은 쉬워 보이지만 그렇지 않습니다."

울타리가 깔끔하게 정리된 편집자의 붉은 벽돌집 앞에 세워둔 차 안에서 그의 편지를 읽는 내내 심장이 두근거리고 손바닥에서 땀이 났다. 고무 밴드를 두른 내 원고는 옆 좌석에 놓여 있었다. 아직도 그 장면이 생생히 기억난다. 그리고 그때 기분이 어땠는지도 떠오른다. 퇴짜 맞았다는 생각에 창피하고 낙담했다. 화창했던 그날 그는 내 가슴을 찢어놓았다.

그러나 본능은 정말로 지성보다 현명하다. 그리고 진정한 진보는 흔히 '전문가'라는 사람들의 비판을 들은 공상가들에게서 나온다. 이론의 대가이겠지만 아무것도 창조하지 못하는 사람들이 내린 불가능 선고로부터 자기 자신과 예술성을 지킨 사람들 말이다.

그날 어떤 대단한 논리보다도 훨씬 높은 곳에서 들린 목소리는 내게 이렇게 말했다. '그의 말을 듣지 마라. 널 격려해주지 않았던 그 유명 작가처럼 이 편지도 이 편집자의 견해일 뿐이다. 네가 하려는 일을 계속하라. 너의 명예와 자기애는 결단과 네 사명에 대한 충심에 달려 있다.'

그 말대로 나는 계속했다. 당신도 누군가의 비판과 평가로 쓰러지거나 얻어맞거나 멍이 들고 피를 흘릴 때가 있다면 나처럼 포기하지 않기를 바란다. 좌절은 당신이 그 꿈을 얼마나 갈망하는지 시험하는 삶의 방법일 뿐이다.

1910년 4월 23일 시어도어 루스벨트(Theodore Roosevelt)는 파리 소르본대학교에서 '공화국의 시민(Citizenship in a Republic)'이라는 제목으로 다음과 같이 연설했다.

— 중요한 것은 비평가가 아닙니다. 무엇이 문제였고 어떻게 하는 게 나았는지 지적하는 사람들이 아닙니다. 공로는 실제로 경기장에 나가 얼굴이 먼지와 땀과 피로 범벅이 되도록 용감하게 싸운 사람, 실수와 부족함이 없는 노력이란 없으므로 거듭 실수하고 기대에 못 미쳐도 실제로 뛰는 사람, 무한한 열정과 헌신의 가치를 아는 사람, 값진 대의에 자신을 바치는 사람의 몫입니다. 그런 이가 끝까지 노력해 마지막에 크나큰 승리를 쟁취할 것입니다. 설령 실패하는 최악의 경우라도 최소한 과감히 도전하다

실패했으므로 승리도 패배도 모르는 냉정하고 소심한 영혼들은 결코 그를 대신할 수 없을 것입니다.

인생은 집념을 지닌 사람들에게 정말로 호의적이다. 아주 큰 행운은 멋진 야망에 매료된 사람들을 찾아온다. 그리고 우주는 두려움과 거부, 자기 회의의 힘에 굴복하지 않으려는 사람들을 아주 확실하게 지지해준다.

책을 출판한 지 몇 개월 후 나는 당시 네 살 된 아들과 함께 동네 서점에 갔다. 망치, 줄자, 기타 목공 도구를 좋아해서(매일 저녁 식탁에서 체크무늬 작업 셔츠와 노란색 플라스틱 안전모, 인조 가죽 공구 벨트를 하고 앉아 있을 정도로) 서점 옆의 철물점으로 가자고 조른 아들 덕택이었다. 비가 부슬거리고 좋은 징조를 예고하는 큰 보름달이 언뜻언뜻 비치는 밤이었다. 생생히 기억이 난다.

서점에 들어서자마자 우리는 곧장 내 책이 진열된 구역으로 갔다. 나는 서점 주인에게 여섯 권을 위탁해두었는데, 이렇게 위탁하는 경우 팔리지 않는 책은 반품될 수 있었다. 자비 출판한 저자 한 명이 일단 저자가 서명한 책은 서점 주인이 반품할 수 없다는 중요한 조언을 해주었다. 그래서 나는 《페라리를 판 수도자》의 위탁 판매를 부탁한 서점을 모두 방문해서 모든 책에 사인을 해두던 중이었다. 나는 책장에서 여섯 권을 뽑아 들고 입구 쪽으로 가서 내 책에 사인해도 되는지 정중히 물었다. 계산원은 허락해주었고, 나는 아들을 계산대에 앉히고 한쪽 팔로는 아이를 잡고 한쪽 팔로 책에 사인했다.

내 첫 책에 사인하던 서점의 계산대.

내가 사인하는 동안 누군가가 옆에서 바라보고 있었다. 비에 젖은 녹색 트렌치코트를 입은 그는 나를 가만히 지켜보더니 다가와서 이렇게 말했다.

"'페라리를 판 수도자'라, 제목이 아주 좋네요. 본인 소개 좀 해주세요."

나는 그에게 내가 변호사이고 몇 년 전만 해도 다른 사람의 삶을 사는 듯해서 좌절하고 불행했다고 설명했다. 그러다 더 행복하게, 더 자신 있게, 더 생산적으로 살 방법을 발견했다고 털어놓았다. 그리고 최대한 많은 사람에게 내 방법을 알려주고 싶고 사회에 봉사하고 싶다고 했다. 그 책을 만드느라 24시간 복사 가게에 가기도 했고, 출판을 진행하면서 조롱당하고 비판받았다는 말도 덧붙였다.

그는 나를 바라보더니 유심히 살폈다. 한참이나 그렇게 있다가 지갑을 꺼내 명함을 건넸다. 명함에는 '에드워드 카슨, 하퍼콜

린스 출판사 사장'이라고 쓰여 있었다. 동시성은 운명이 조용히 작용하는 방식이다. 3주 후 하퍼콜린스는 내 책의 세계 판권을 7,500달러에 사들였다. 책은 역대 최고 베스트셀러 중 한 권이 되어 선량한 수백만 사람들에게 도움을 주었다.

그러니 당신의 마음속에서 조용히 실현되기를 기다리는 도의적 야망을 생각해보라는 권유로 이 이야기를 마무리하려 한다. 어떻게 하면 누군가의 삶에 코라 그리너웨이 선생님 같은 사람이 될 수 있을지, 함께 있을 때 상대를 더 용감하게 만들어주는 사람이 될 수 있을지 생각해보기를 바란다. 당신을 속박하는 두려움의 문턱까지 가서, 당신을 결박하는 한계를 탐색하고, 현재 당신을 멈추게 하는 과거의 모든 상처를 알아차리고, 그 모든 것을 뛰어넘기를 바란다. 오늘 당신에게 새로운 새벽이 찾아왔기 때문이다. 그리고 세상이 당신이라는 영웅을 기다리고 있기 때문이다.

003

나약한 나 자신에게 안녕을 고하라

커피를 마신다. 스피커에서 트립 합(trip hop, 힙합과 레게 음악이 혼합된 댄스 음악-옮긴이)이 흘러나온다. 혹독한 겨울이 물러가고 따뜻한 봄이 찾아왔다. 나는 작업을 시작할 때면 늘 서재에 앉는다. 오른쪽 사진이 바로 내 서재 모습이다.

오늘 나는 사색에 잠긴다. 약 30년 동안 리더십과 개인 마스터리 분야에서 만났던 사람들을 생각한다. 〈포춘〉 선정 100대 기업에서 했던 비공개 강연, 먼 도시에서 걸었던 거리, 지구 반대편에 있는 매혹적인 국가들의 거대한 경기장에서 만났던 사람들을 떠올린다.

그들은 모두 점잖고 훌륭한 태도를 지닌 사람들이었다. 하지만 너무나 많은 사람이 실은 더 많은 것을 갈망한다고 털어놓았다. 그들은 보물 같은 삶에서 그들만의 천재성을 드러내길 바랐다. 비난이 아닌 격려를, 피해의식이 아닌 리더십을, 험담이 아닌 아이디어를 갈망했다.

그들은 미움보다 사랑이 이기는 문화를 만들어간다는 것이 무엇을 의미하는지 알고 싶어 했다. 더 낙관적으로 생각하길 바랐

서재는 내가 집에서 가장 좋아하는 곳 중 하나다.

고 과거로 상처받거나 미래를 두려워하는 대신 현재를 살면서 커다란 영감과 삶의 목적을 알고 대담해지기를 갈망했다. 그들은 진정한 미덕과 최고의 잠재력, 강력한 야망을 회복하기를 갈망했다. 동시에 걱정에 짓눌리지 않고 인생의 소소한 즐거움을 누릴 만큼 깨어 있길 갈망했다.

당신은 당신이 아는 것보다 훨씬 현명하다. 그래서 고통에 예상치 못한 반전이 따른다는 사실을 알고 있다. 사회가 말하는 성공의 척도는 용감한 삶을 향한 성전에서 당신을 혼란스럽게 하는 공허한 약속임을 알고 있다. 당신의 운명에 가까워질수록 두려움이 더 큰 비명을 지르리라는 걸 알고 있다.

당신은 당신의 가짜 자아가 한사코 피하려는 일이 바로 고매한 자아가 시작하려는 모험임을 알고 있다. 그리고 성공은 유전보다 습관의 문제이며 중대한 결과물을 얻는 사람들은 정말로 노력한다는 사실을 알고 있다. 당신은 지금 당신에게 시간이 많지 않으며 시작을 늦출수록 당신의 천재성을 부인하는 것임을 알고 있다. 그동안 늘 상상해왔던 영웅으로 발돋움하려면 단 하루도 기다릴 수 없음을 알고 있다.

그래서 나는 정중히 제안한다. **오늘부터 시작하라.** 능력의 경계에서 진행할 수 있는 배짱을 길러라. 한계까지 밀어붙일 때 비로소 한계가 확장되기 때문이다.

학교에서 소심하게 행동하도록 교육받기 전, 왕성한 호기심으로 끊임없이 배웠던 어린아이 같은 당신을 깨워 현재의 당신보다 더 성장하도록 하라. 옷장 속 물건들이 아니라 당신이 발전한 정도로 승리를 판단하라. 직함 없이 이끌고, 직책 없이 영향을 미치고, 천성이 부여한 당신의 가능성을 보여주는 걸작을 만들도록 하라.

가장 쉬운 길은 가장 열등한 길임을 기억하라. 행동을 늦출수록 위대함과 멀어진다는 사실을 기억하라.

004

괜찮지 않아도 괜찮다

흔히 우리는 행복해서 웃음이 나오지 않으면, 강아지가 뛰놀고 무지개가 창가에 걸리는 완벽한 날이 아니면 뭔가 문제라고 여긴다. 하지만 내가 배운 바에 따르면 진정한 삶이란 경기장에 뛰어들어 여러 위험을 감수하고, 수많은 길을 추구하고, 이리저리 두들겨 맞기도 하고, 거센 바다에서 몰아치는 폭풍과 맞서는 날들이다.

아일랜드 극작가 조지 버나드 쇼(George Bernard Shaw)는 이렇게 말했다.

"합리적인 사람은 세상에 적응하고 불합리한 사람은 세상을 자신에게 적응시키려고 한다. 따라서 모든 진보는 불합리한 사람들에게 달려 있다."

내가 힘들 때 큰 힘이 되어준 말이다. 나는 우리가 견뎌내는 힘든 격동의 시간 때문에 좋은 시절이 찾아왔을 때 그 즐거움을 온전히 경험할 수 있음을 깨달았다. 그리고 오지 않을 것 같은 좋은 시절이 실은 언제나 온다는 것을 알게 됐다. 같은 맥락으로 미국의 작가이자 사회사업가 헬렌 켈러(Helen Keller)는 이렇게 말했다.

"세상에 기쁨만 있다면 우리는 결코 용기와 인내를 배울 수 없었을 것이다."

물론 일이 내 뜻대로 되지 않을 때는 불쾌할 수 있다. 내 경우 웃음이 줄고 걱정이 늘어난다. 평소만큼 활기차거나 창의적이지 않다. 생산성이 넘치지 않고 야망에 불타지도 않는다. **그렇지만 나는 괜찮다고 느껴지지 않아도 괜찮다는 사실을 배웠다.**

흔히 말하는 (일하고 돈을 벌어들이는) 생산성이 아주 낮거나 없을 때조차 우리는 정신적 생산성을 드높이고 있을 수 있다. 자아가 힘든 날은 사실 영혼에는 아주 좋은 날이다. 좌절, 분투, 혼란은 인간 존재의 일부분으로 결코 나쁘거나 잘못된 것으로 평가되어서는 안 된다. 이는 우리가 걸어갈 인생의 여정에 필요한 정차 장소일 뿐이다.

나는 힘든 시기에 내가 살아낸 모든 것이 지혜를 확장하고 귀중한 힘을 단련하는 과정이었음을 깨달았다. 위기라는 뜨거운 석탄 속에서 비로소 우리의 진정한 능력이 드러난다. 고통을 겪으면서 우리는 자존심을 낮추고 영웅적 행위를 강화함으로써 더 겸손해지고 더 사랑하게 된다. 물론 이것은 그저 지구 학교의 교육과정에 있는 수업일 뿐이다. 스스로 천국에 닿으려고 노력하고 다른 사람들까지 천국으로 올리기 위해 최선을 다하는 사람이 펼치는 인생의 한 장일 뿐이다.

나는 혼란을 겪고 약간 멍이 들면서 온전히 살고 있다고 확신하고 싶지, 텔레비전을 보거나 SNS에 빠지거나 잘 알지도 못하는 사람들에게 좋은 인상을 주기 위해 들어가고 싶지 않은 가게에서 물건들을 사면서 전성기를 보내고 싶지는 않다. 그것은 내가 아니다. 내가 그려가고 싶은 삶이 아니다.

멋지고 생산적이며 영향력 있는 삶을 살기 위해 헌신하는(또는 그렇게 살 예정인) 당신도 자랑스럽게 상처를 내보이기를 진심으로 권한다. 당신의 깊이를 더해주고 당신을 발전시키고 정제해준 흉터를 보호하라. 당신은 마음에서 우러난 목표와 고귀한 이상을 추구해왔다. 그러니 당신을 아프게 한 상처를 당신의 용기에 주어진 무공훈장으로 보라. 그리고 **괜찮지 않아도 괜찮다**는 것을 기억하라.

005

내 안의 숨은 황금을 발굴하라

수천 년 전 태국에서 금으로 커다란 불상 하나를 만들었다. 승려들은 금불상 앞에서 기도했고 사람들은 그 앞을 지나갈 때마다 비범한 걸작에 경외심을 표하곤 했다. 그러던 어느 날 외국 군대의 대대적 침략이 있으리라는 소문이 퍼졌다. 아름다운 금불상도 도난당할 게 뻔했다. 승려들은 금불상 위에 흙을 겹겹이 쌓아 숨길 계획을 세우고는 불상이 있는 자리를 알아볼 수 없을 때까지 흙을 쌓았다. 다행히 침략자들은 불상을 그대로 지나쳤고 승려들은 안도했다. 수 세기 후 한 방문객이 작은 언덕에서 새어 나오는 희미한 황금빛을 감지했다. 사람들이 흙을 파헤치자 찬란한 황금빛이 드러났다. 그리고 온통 금으로 만들어진 불상을 발견하게 되었다.

당신도 이와 같다. 내면의 재능이라는 보물로 한 단계, 한 단계 다가갈수록 현실에서 예상치 못한 보상을 더 받을 것이다. 정말 역설적이지 않은가? 성공하는 삶, 의미 있는 사회적 삶으로 가는 관문을 알기 위해서는 개인적인 영역, 내면 깊숙한 곳으로 여행해야 한다. 자신의 참모습을 알아야 하기 때문이다.

방콕의 금불상 앞에서.

자기 이해(self-knowledge)를 위해 내적 작업을 더 많이 할수록 삶의 고난과 문제로부터 자신을 보호하기 위해 감춰두었던 황금이 점점 드러날 것이다. 재능을 발굴하고, 재주를 연마하고, 탁월함을 드러내기 위해 매일 연습할수록 당신이 세상에 나올 때 창조된 모든 모습이 나타날 것이다.

나는 리더십 강연을 하러 방콕에 갔을 때 그 금불상 유적을 보았다. 위 사진은 그때 찍은 것이다.

훌륭한 재능을 발휘하고 두려움 없이 아름답게 살아가면서 인류를 업그레이드하는 위업을 달성하려는 사람은 현재의 자신이 아닌 누군가가 되려고 추구하지 않는다. 우리의 문화가 의심과 불신, 타고난 재능을 발휘할 수 없다는 거짓말들로 우리의 빛을 가리기 전 과거의 우리 모습은 어땠는가를 기억하라. 그리고 고유한 능력을 갈고닦아 자신을 완성하고 인류에게 봉사하는 기념비적인 삶을 살도록 하라.

006

피해자에서 영웅으로 도약하라

이 메시지를 당신 안에, 깊게는 세포 수준에서 새기길 바란다. 매일 우리에게는 피해자에서 영웅으로 변화할 엄청난 기회가 주어진다. 그리고 우리의 모든 행동은 시간 속에 켜켜이 쌓여 나중에 우리 자신의 위대함을 결정하는 투표가 된다. 당신이 간절히 원하는 마스터리에 이르고 최고의 삶을 살고자 한다면 다음 다섯 가지 도약을 하기를 권한다.

도약 1: 할 수 없다는 사고방식에서 할 수 있다는 사고방식으로

피해자는 '할 수 없다'는 생각에 사로잡힌 포로다. 그들은 왜 꿈꿔왔던 이상이 실현될 수 없는지, 왜 자신의 사업이 결과를 내고 성공할 수 없는지, 왜 야망을 품어서는 안 되는지 끊임없이 이야기한다. 할 수 없다는 생각 아래에는 두려움이 있다. 실패에 대한 두려움, 충분히 잘하지 못할 것이란 두려움, 승리할 자격이 없으리라는 두려움, 비판받는 것에 대한 두려움, 사람들로부터 상처받는 것에 대한 두려움, 성공 이후의 책임을 상상하면서 느끼는 두려움 등.

피해자에서 영웅으로 도약하기

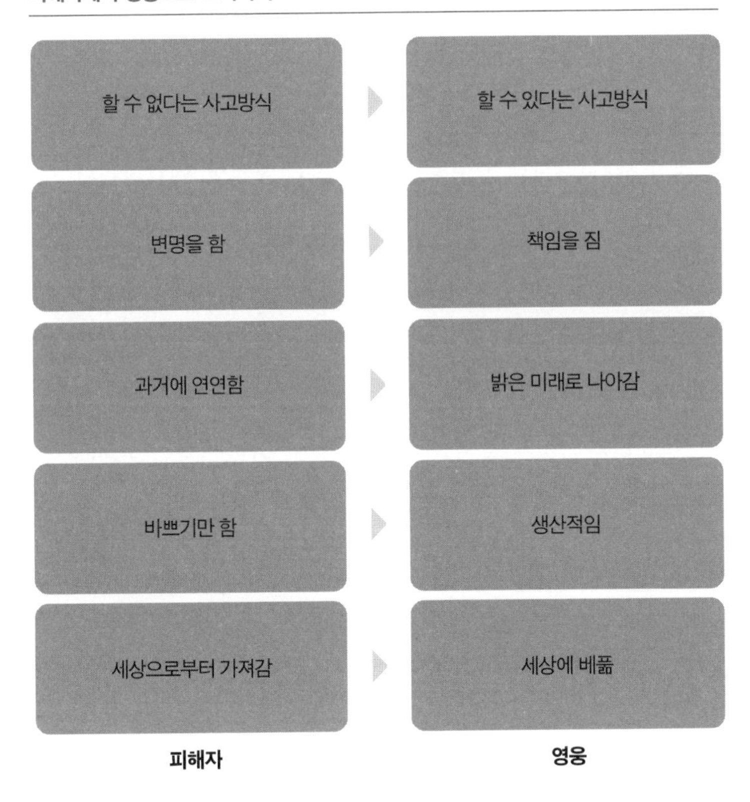

반면에 세상을 건설하고 변화를 이끄는 모든 사람은 희망의 언어, 실행의 어휘, 자유의 방언을 사용하는 면에서 전문가들이다. **그들은 할 수 없다는 생각에 감염되지 않으려고 노력한다.**

그들은 그들이 사용하는 단어들이 곧 생각의 표현임을 이해한다. 그리고 걸작을 만들거나 변동을 일으키거나 멋진 삶을 꾀하려면 '할 수 있다'라는 긍정적 기운이 필요하다는 것도 이해한다. 의심하는 사람, 패배적 생각을 하는 사람은 결코 역사를 만드는 사람이 되지 못한다.

윈스턴 처칠(Winston Churchil)이 전설적인 전시(戰時) 지도자로 부상하는 과정을 그린 〈다키스트 아워(Darkest Hour)〉는 내가 가장 좋아하는 영화 중 하나다. 영화의 마지막 장면에서 처칠은 의회에서 패기 넘치는 연설로 양당 정치인 모두를 매료시킨다. 특히 처칠의 숙적인 핼리팩스 경(Lord Halifax)은 매력적인 연설에 놀라 옆자리에 앉은 동료 의원에게 "이게 무슨 일이죠?"라고 물었다. 그러자 동료 의원은 이렇게 말했다. "그가 영어를 동원해 전투를 치렀네요."

그렇다. 당신이 사용하는 말은 당신이 거둬들일 수확의 씨앗이다. 말에는 힘이 있다. 말은 한 나라에서 국민을 고무하고 해방하는 데 사용되기도 한다. 사악한 의도가 담긴 말들은 대중이 증오의 병사들이 되도록 영향을 끼친다.

평범한 사람의 말을 들어보면 왜 삶의 주요 영역에서 영웅적 행위를 보여줄 수 없는지 부정적으로 이야기하는 '피해자 언어(victimspeak)'가 드러난다. 그들은 왜 힘들 때 품위를 지킬 수 없는지, 왜 조건에 상관없이 성과를 최적화할 수 없는지, 왜 다른 사람들에게 좋은 본보기가 될 수 없는지, 왜 탄탄한 몸을 가질 수 없는지, 왜 부를 쌓고 명성을 얻을 수 없는지 설명한다. '할 수 없다'라는 사고방식은 피해자들이 위험이나 모험으로부터 보호받기를 기도하며 자신을 가두는 탑이다. 그러나 그렇게 함으로써 (신중하지 못한 모험이 아닌) 모험에 따르는 풍부한 보상도 막는다.

일전에 텔레비전에서 한 남자가 자신의 사업을 정부가 지원해주지 않는다고 불평하는 모습을 봤다. 그는 "이 상황에 대한 해결책이 보이지도 않고, 이렇게 격변하는 환경에서는 도저히 살아남을 수 없다"라고 투덜거렸다.

그를 평가하려는 건 아니지만, 그는 외부의 힘이 자신의 꿈을 실현해주기를 기대했던 듯하다. 그런데 내가 아는 한 우주는 그렇게 돌아가지 않는다. 우주는 일이 잘 풀리지 않을 때 자기 형편을 탓하고 수동적으로 외부의 도움을 기다리는 사람을 도와주지 않는다. 그와 반대로 어려움을 주체적으로 극복하고 문제를 승리 상황으로 만드는 사람들을 축하해준다. 우주는 운명이 조심스럽게 놓아둔 모든 사건을 만들어낼 능력과 역량과 힘이 다른 누구도 아닌 자신에게 있음을 이해하는 일상 속 영웅들을 사랑한다.

당신이 쓰는 말은 힘의 장(force field)을 형성해서 마치 자석이 쇳가루를 끌어당기듯 그 말과 공명하는 결과를 불러일으킨다. 하루하루 우리가 쓰는 말은 우리의 가장 굳건한 믿음을 주변의 모든 사람에게 보여준다는 사실 또한 인식하라. 비록 그 믿음이 우리에게 도움이 되지 않더라도(어쩌면 어릴 때 믿었던 누군가가 말해준 순수한 거짓말일지라도) 말이다.

나는 생활하면서 긍정성과 창의성을 높여줄 어휘를 정리하기 위해 자기암시(autosuggestion)를 자주 건다. 예를 들어 잠재의식이 지시를 가장 잘 받을 수 있는 이른 아침에는 "오늘 나는 열정과 탁월함, 친절을 보여줄 것이다" 또는 "오늘 하루의 아름다움과 기쁨, 흥분에 깊이 감사드린다"와 같은 주문을 외운다. 낮에는 생각과 감정이 과거의 상처나 부정적인 자기 대화(self-talk)로 흐르면 조용히 "우리 더는 이러지 말자" 또는 "거기까지는 가지 말자"라고 속삭인다. 이상하게 들릴 수도 있겠지만 정말로 당신에게 도움을 주고 싶어서 내가 효과를 본 습관을 알려주는 것이다.

당신의 생각과 함께 당신이 사용하는 언어에 대한 인식을 높이기 위해 도약하라. 그렇게 고양된 인식으로 '할 수 없다'라는 생각을 지우고 '할 수 있다'라는 정신으로 다시 프로그래밍하라. 리더십과 예외주의(exceptionalism, 보통의 규칙과 원리에 국한되지 말고 탁월성과 특별성을 추구하라는 의미 – 옮긴이)로 어휘를 재구성하는 것은 자신감과 성과, 영향력을 높이는 가장 간단하면서도 가장 강력한 방법 가운데 하나다.

도약 2: 변명에서 책임으로

당신은 핑계를 댈 수도 있지만 세상을 바꿀 수도 있다. 그러나 둘 다 할 수는 없다. 피해자들은 인생이 왜 잘 풀리지 않는지 수시로 (자신과 완전히 무관한) 이유를 대곤 한다. 그들은 핑계를 하도 많이 늘어놓아서 실제로 자신도 그런 핑계가 사실이라고 믿기도 한다. 또한 합리화를 너무 잘해서 자신의 평범함에 대한 설명을 프로 운동선수 수준으로 잘한다.

그러나 현실의 부족함을 상황, 사건, 타인의 탓으로 돌리는 행동은 자신의 힘을 상황, 사건, 사람에게 넘기는 행동이다. 이 사실을 알면 경험은 한순간에 바뀔 수 있다. **결과에 책임을 지는 순간 우리는 성장한다. 그리고 삶에서 주도성을 되찾는다.**

무슨 일이든 핑계를 대지 말고 자신을 삶의 창조자로 보라. 그러면 그 일을 할 능력과 힘도 커질 것이다. 매일 이렇게 하면 당신은 뛰어난 인격과 자제력, 생산성, 정신적 자유를 갖춘 사람이 될 것이다.

도약 3: 과거에 묻혀 사는 삶에서 더 밝은 미래를 만들어가는 사람으로

피해자들은 과거에 묻혀 사는 데 능하다. 하지만 과거에 한 발을 묻고서 미래를 맞이할 수는 없다. **과거의 일들을 당신을 속박하는 감옥이 아니라 배움을 얻을 학교로 보라.** 그동안 누렸던 좋은 일들만 기억하는 선택적 기억상실을 채택하라. 들끓는 원망과 맥 빠지는 실망을 떨쳐버리고 힘든 사건들을 통해 크게 성장해서 대담한 생산자가 되고 더 나은 사람이 되도록 하라.

내가 멘토링한 산업계의 거물들, 스포츠계의 우상들, 그 외 수많은 영웅이 자신에게 일어난 모든 일을 더 높이 올라갈 연료로 활용했다. 이 슈퍼스타들은 과거를 반추하는 데서 벗어나 현재를 최적화함으로써 세계적인 인물이 되었다. 이는 마스터리로 나아가는 과정에서 필수적인 작업이었다.

도약 4: 바쁘기만 한 사람에서 생산적인 사람으로

바쁜 것과 생산적인 것을 혼동하지 마라. 변동과 진보가 똑같다고 여기지 마라. 빡빡한 일정이 훌륭한 일을 해내고 있다는 의미는 아니다. 뛰어난 성과를 낼 수 있는 사람들 가운데 진짜 일이 아니라 가짜 일을 하는 함정에 빠진 사람들이 너무 많다. 그 둘은 같지 않다.

피해자들은 인간의 천재성을 존중하는 비범한 작업을 할 때

오는 불편함을 피하기 위해 무의식적으로 분주해진다. 바쁜 일상을 약물이자 탈출구 삼아 피상적이고 사소한 일들로 시간을 채운다. 할 일이 너무 많다며 자신마저 속이고, 예술적 승리와 생산적 업적을 이루지 못한 이유는 힘들고 잔인한 세상 탓이라고 투덜댄다. 그편이 훨씬 쉽기 때문이다.

디지털 기기와 불필요한 방해 요소를 모두 차단하고 오로지 타고난 탁월함을 추구하라. 보는 사람마다 매료될 결과를 만들어내는 작업에 몰두하라.

도약 5: 받는 사람이 아닌 주는 사람으로

성공은 '승자독식'이라며 변화하지 않으려는 사람들의 말에 귀 기울이지 마라. 세상에서 받기보다는 베풀려는 열정을 늘 유지하도록 하라. 그리고 모든 사람에게 유익한 방식으로 행동하려는 태도를 지녀라.

많은 사람이 자신은 모두를 만족시킬 만큼 대단하지 않다는 두려움 속에서 살고 있다. 그들은 고차원적 사고에서 나온 더 큰 지혜가 아니라 고대인의 뇌가 주도하는 변연계(limbic)에 장악당한 생존주의자다. 자신의 가능성을 믿고 발휘하려면 '가장 많은 사람의 삶을 풍요롭게 해준 사람이 이긴다'라는 만트라(mantra)를 계속 강화하도록 하라. 그리고 계속 봉사하는 미덕과 함께 관대함을 남은 인생의 지침으로 삼아라.

이스라엘의 여성 정치인 골다 메이어(Golda Meir)는 이런 글을 쓴 적이 있다. "자신을 믿어라. 평생 행복하게 살 수 있는 자신을 만들어라. 가능성이라는 내면의 작은 불꽃을 더 높은 성취의 불길로 부채질해 자신을 최대한 펼쳐나가도록 하라."

피해자에서 영웅으로 도약하는 위 다섯 가지 지침을 기억하고 실천하면 자신에 대한 신뢰가 커지고 자신만의 특별한 재능과 장점을 알게 될 것이다. 또한 개인적, 직업적, 재정적, 영적으로 크게 성공할 수 있다고 확신함으로써 자신과의 관계를 회복할 것이다.

물론 그 과정이 항상 쉽지는 않을 것이다(왜 우리 사회는 쉬운 일을 축하할까?). 하지만 힘들수록 자신을 독려하면서 앞으로 나아가지 않으면 결코 발전할 수 없다는 사실을 기억하라. 그리고 가장 하기 힘든 활동이 대개 가장 가치 있다는 사실을 기억하라. **성공이 눈앞까지 왔을 때 두려움이 가장 커진다는 것도 기억하라.**

좋은 일을 하는 사람에게 좋은 일이 일어난다는 위대한 지혜로 밀고 나아가도록 하라. 당신의 빛나는 보물을 우리 모두와 공유하면서.

007

사라진 일기장의 교훈

언젠가 나의 9년 세월이 담긴 일기를 누가 가져간 적이 있었다. 이 이야기를 하기에 앞서, 고통스럽게 느껴질 정도로 자세하게는 털어놓지 않을 것이며, 나름대로 최선을 다한 사람들의 존엄성을 보호하면서 쓸 것이라는 점을 밝혀둔다.

그 일기에는 나의 꿈 도표와 내가 모은 지식을 기록한 모든 학습 자료가 있었다. 그리고 비통함, 실망 등 심층적인 감정 처리를 비롯해 힘들었던 시간을 어떻게 극복했는지도 전부 기록되어 있었다. 내가 꿈꾸던 삶, 나의 가장 취약한 부분에 대한 성찰, 내게 가장 필요한 성장에 대한 사색도 기록되어 있었다. 더불어 나의 창의적인 관찰과 세계 여행에서 얻은 통찰, 뛰어난 인물들과의 대화 중에 한 메모들, 살면서 얻은 수만 가지 소소한 교훈들까지, 그 모든 것이 일기와 함께 사라졌다. 그것도 하루 사이에. 더 정확히 말하면 하루아침이었다. 우주는 꽤 뛰어난 유머 감각을 지닌 듯했다.

가끔 사람들이 "로빈, 당신이 말하는 낙관주의와 진정성, 감사, 전문성, 정신적 자유를 증진하기 위한 일기 쓰기 방법이 정말 마음에 들기는 하지만 누군가가 제가 쓴 글을 보면요?"라고 질문할 때면 나는 당시 내가 겪었던 고통스러운 경험에서 얻은 교훈을 말해준다.

"그게 왜 문제죠? 사람들은 그 글에서 인생을 살아가는 한 인간의 모습을 보겠죠. 희망에 차 있기도 하고 겁먹기도 하는 인간, 환상적이면서 결함도 있는 인간, 혼란스러울 뿐 아니라 확신에 찬 인간, 자신의 비전에 가까워지기 위해 스스로 노력하는 인간의 모습을 보겠죠. 얼마나 용감한가요! 얼마나 대단한가요!"

나는 일기를 잃어버림으로써 당신과 내가 이 지구에서 인생길을 걷는 동안 배울 수 있는 가장 소중한 기술인 '내려놓기'를 알게 되었다. 있는 그대로를 받아들이고 어떤 일이 일어나도 평온할 수 있는 능력도 키웠다. 눈앞에 벌어지는 모든 상황을 통제하려고 들지 않고 거리를 두는 법도 배웠다. 사람들이 나의 기도와 열망, 자산뿐만 아니라 두려움과 실패에 대해 읽었을 때 나에 관해 갖게 될 생각과 나를 동일시하지 않게 되었다.

사람들이 나의 개인적 생각이 담긴 일기를 읽었을 때 가장 이상적인 경우는 다음과 같을 것이다. 그들은 그저 인생길을 걸어가고 있는 한 사람을 보게 될 것이다. 그 누구보다 성장하고 발전하려고 노력하는 사람, 명예롭고 품위 있고 유익하고 인정 많은 사람으로 발전하기를 바라는 사람 그리고 언젠가는 바람대로 고매해질 사람을 볼 것이다.

최악의 경우 그들은 내 실수를 알게 되고, 내 좌절감을 읽어내고, 내 마음의 멍을 엿보고 상심한 사람으로 나를 판단할 것이다. 그러나 나는 그런 것들로 인해 진정한 사람이 된다. 깨어 있고 살아 있는 사람이 된다. 나는 무대 조명이 꺼지면 자신이 브랜드화한 인물과는 전혀 다른 사람이 되는 유명 인사나 지도자 또는 '구루'라고 불리는 이들을 아주 많이 알고 있다. 그들이 내세운 브랜드는 모두 환상이자 마케팅이며 훌륭한 영업 활동이었다.

거의 매일 일기에 썼던 은밀한 글들 덕에 나는 전보다 더 나아졌고 자기 이해를 개선했다. 창의력을 크게 높였으며 감정적으로 더 능숙해지고 감사한 마음을 갖게 되고 영혼에 묻어 있던 얼룩들을 많이 제거했다. 솔직히 말해서 일기는 내 목숨을 구해준 것이나 다름없었다.

그 검정 가죽 표지 사이의 종이들에는 내 개인적인 정화 과정이 자세히 적혀 있었다. 더 강건한 품성으로 사람들을 섬기는 지도자가 된 훈련 과정, 내 안에 갇힌 부정성과 독성을 억누르기보다 표출하려는 시도들이 상세히 담겨 있었다. 내 일기장은 나의 불안하고 두려운 면을 조용히 그리고 점진적으로 극복해가는 나의 가장 위대한 자아의 모험에 관한 기록이었다.

이 작은 행성에 사는 그 누군가가(우리는 모두 거대한 대가족의 형제자매다) 나의 약점과 결점을 알고서 나를 비난하거나 조롱하거나 나에 대한 인상이 나빠졌다고 해도 상관없다. 사실 그들의 행동은 그들에게 달려 있다. 나와는 아무 상관이 없다. 내가 상관할 바가 아니다.

나는 영화 〈전령사를 쏴라(Shoot the Messenger)〉에 나온 "누군가의 인생을 들여다보면 세 가지 서커스가 동시에 펼쳐지고 있을 것이다"라는 대사를 좋아한다. 어떤 사람의 삶을 들여다봐도 세 가지 서커스가 펼쳐질 것이다. 나도, 당신도 마찬가지다. 우리의 삶은 다채로운 색깔과 코미디, 깜짝 쇼와 곡예, 위험한 계절의 줄타기뿐만 아니라 빛나고 영광스러운 날들에 대한 놀라움과 감탄으로 가득하다.

008

내 인생에 큰 영향을 미친 멘토들

대서양을 가로지르는 비행기 안에서 쓰고 있는 이 메시지가 저 멀리 당신에게 가닿기를 기도한다. 오롯이 자기 일에 집중하고 정상에 오르기 위해 노력하며 세상에 흔적을 남길 준비가 되어 있는 당신, 생을 마감할 때 자랑스럽게 느껴질 정도로 행복하고 교양 있고 평온하며 유용한 삶을 조각해가고 있는 당신에게.

나는 살면서 대단히 훌륭한 멘토들을 많이 만나는 행운을 누렸다. 20대 초반에는 매우 성실하고 보기 드문 절제력을 지녔으며 겸손했던 수석 판사 밑에서 일했다. 법조계에서 존경받는 하버드 출신의 똑똑한 법률가였던 그는 마스터리의 진정한 본보기였다. 하지만 그의 생활은 소박했다. 그가 타고 다니던 차는 연식이 오래된 소박하고 평범한 승용차였다. 그는 사소한 것에는 투자하지 않는 영향력 있는 인물이었다.

그가 은퇴한 후에도 우리는 계속 연락을 주고받았다. 내가 책을 보내줄 때면 그는 감사를 표하는 사려 깊은 손편지를 보내왔다. 나의 발전을 인정하고 내가 저자로서, 리더십 컨설턴트로서 성장하고 있다며 축하해주곤 했다. 그의 정중함에 나는 내가 실

멘토였던 론 클라크(Lorn O. Clarke) 대법관을 마지막으로 방문했을 때.

제보다 더 큰 사람, 더 좋은 사람이 된 기분이 들었다. 그의 품위 있는 태도는 나를 더 희망찬 세상으로 올려주었다. 그것이 그의 위대함이었다.

나는 오래된 만년필로 내 이름과 주소를 꾹꾹 눌러 쓴 그의 편지들을 늘 기다리곤 했다.

그가 80대 중반이 되어갈 때 나는 해외 강연 출장과 책 마감, 가족과의 약속으로 일정이 넘쳐나던 시기였지만 모든 일을 보류하고 그를 만나러 비행기에 올랐다. 그를 다시 만날 기회를 놓치고 싶지 않았기 때문이다. 진한 차를 마시면서 우리는 함께했던 시간을 회상하며 기분 좋게 웃었고, 우리 둘 다 관심 있는 다양한 주제를 놓고 이야기를 나눴다. 떠나기 전에 나는 그에게 물었다.

"앞으로의 제 삶에 가장 중요한 조언을 해주신다면 무엇일까요, 클라크 대법관님?"

그는 잠시 침묵하더니 나직이 대답했다.

"항상 친절하게, 로빈. 친절한 태도는 살면서 정말 중요한 일이야. **항상 친절하게.**"

그런 다음 우리가 보낸 오랜 세월 동안 한 번도 한 적 없었던 행동을 했다. 그는 몸을 굽혀 나를 안아주며 "사랑해, 로빈"이라고 말했다. 그로부터 두 달 후 법조계의 거인이자 위대한 공직자였던 그는 세상을 떠났다.

애플의 공동 창업자인 스티브 워즈니악(Steve Wozniak)도 내게 엄청난 영향을 미친 멘토다. 나는 전 세계의 리더들과 엘리트 기업가들을 위해 수년간 진행했던 행사 타이탄 서밋(The Titan Summit)에서 그를 만났다. IT계의 우상인데도 혼자 행사장에 도착한 워즈니악은 더할 나위 없이 예의가 발랐고 오래된 친구처럼 친근했다.

무대에서 인터뷰하는 동안 그는 놀라운 비전의 소유자이자 과학 기술자로서 자신의 성공 공식을 공개했으며 세상에 알려지지 않은 스티브 잡스(Steve Jobs)의 마스터리 비결을 공유했다. 그리고 사람들에게 자기 일에서 최고가 되기 위해 헌신하라고, 만나는 모든 사람을 극진한 예의와 존경심으로 대하라고 말했다. 이후 우리는 여러 해 동안 연락을 주고받았고 나는 그를 인생의 안내자일 뿐 아니라 매우 소중한 친구로 여기게 되었다.

나는 영광스럽게도 유명한 억만장자들, NBA와 NFL, MLB의 전설적 선수들과 나이키, 페덱스, 오라클, 스타벅스, 유니레버, 마이크로소프트 같은 기업에서 리더십 멘토 역할을 해왔다. 하지만 내 인생에 가장 큰 영향을 미친 사람이 누군지 질문받는다면 "쉬

취리히에서 개최한 타이탄 서밋의 무대 뒤에서 스티브 워즈니악과 함께.

운 질문이네요. 아버지죠"라고 대답할 것이다.

아버지는 인도 카슈미르주 잠무(Jammu)의 한 소박한 가정에서 태어났다. 할아버지는 성직자였고 할머니는 성자 같은 분이었다. 큰아버지의 말에 따르면 영재였던 아버지는 약 1만 명의 경쟁자를 물리치고 타지마할의 도시인 아그라의 의과대학에 합격했다고 한다.

의과대학 입학을 앞두고 아버지와 큰아버지는 꼬박 하루를 걷고 사흘 동안 기차를 타고 가서 아그라에 도착했으나 당국자는 아버지의 입학 허가를 다른 사람에게 넘겼다고 통보했다. 두 사람은 낙심했지만 돌아서지 않고 아버지의 뛰어난 학업 성적을 고려해 입학을 허가해달라고 총장에게 간청했다(아버지는 지나치리만큼 겸손한 분이어서 절대로 말해주지 않겠지만 큰아버지는 아버지가 "참으로 명석"했다고 말했다).

많은 논의 끝에 아버지는 마침내 입학 허가를 받았다. 아버지는 의학 학위를 취득한 후 아프리카로 건너갔고, 그곳에서 어머니를 만나 나를 낳았다. 아버지는 의무대원으로 우간다 정부를 위해 일했다[하루는 정글에서 독재자 이디 아민(Idi Amin)과 우연히 마주쳤다. 어머니는 그날 자신이 아버지의 목숨을 구해주었다고 했다. 하지만 그 이야기는 다른 책에서 하게 될 것 같다].

54년 동안 아버지는 일반의로서 지역사회에 공헌했다. 어려운 사람들을 보면 발 벗고 나서서 도왔고, 형편이 좋지 않은 환자의 약값을 대신 내주기도 했다. 가정도 훌륭히 꾸렸으며(동생은 널리 존경받는 안과 의사다) 해마다 중요한 통찰과 메시지를 우리 가족에게 전하고자 노력했다. 어머니도 현명하시지만 아버지는 내게 세상 전부나 마찬가지다.

도움이 되고자 하는 마음에서 아버지에게 배운 최고의 교훈 하나를 나누고 싶다. 모든 위대한 진리가 그렇듯 이 교훈도 아주 심오하고 지극히 단순한 가르침이다.

"타인을 섬겨라."

불확실한 이 시대에 너무 많은 사람이 이기적이고 권리만 내세우며 품위 없는 행동으로 사회에 해를 끼치고 지구를 훼손한다. 우리는 2,000억 개의 은하와 2조 개의 별이 있는 우주에서 아주 작은 행성에 사는 한 가족이라는 사실을 잊고 있는 사람들이 너무 많다. 부를 얼마나 일구었는지로 성공을 따지고, 대체 어느 정도나 가지면 충분한지 알지 못하고, 마치 마키아벨리(Machiavelli)의 제자라도 된 듯 결과만을 중시하며 살아가는 사람

정원에서 부모님과 함께.

들이 너무 많다. 가장 많이 가져가는 사람이 가장 좋은 것을 받는다고 믿는 사람들이 너무 많다. 하지만 정말 그럴까?

사람들에게 더 많은 것을 아낌없이 주고, 도움을 주기 위해 더욱 노력하고, 친척이든 친구든, 고객이든 공급업체든, 이웃이든 전혀 모르는 사람이든 도움이 필요한 사람에게 손을 내밀 때 부가 밀려든다. 자기 자신보다 훨씬 큰 사명을 위해 살고 있음을 알 때 우리는 완벽한 행복과 평온을 느끼고 자기애가 더 크고 넓어지는 것을 느낀다.

아버지는 다른 사람에게 봉사하라고 나와 동생들에게 자주 말했다. 거실에서 가장 좋아하는 의자에 앉아 아버지는 이렇게 덧붙이곤 했다. "그것이 훌륭한 삶의 비결이란다, 얘들아." 한 번은 판지를 덧댄 처방전에 인도의 시인 라빈드라나드 타고르(Rabindranath Tagore)의 시를 써서 주방의 냉장고 문에 테이프로 붙여두고 우리가 매일 아침 학교에 가기 전에 보게 했다.

— 봄도 지나가고
여름도 끝났습니다.
그리고 겨울이 왔습니다.
그러나 내가 부르려고 했던 노래는 아직 부르지 못했습니다.
악기의 현을 매었다 풀며 헛되이 시간을 보냈기 때문입니다.

이 시구는 전부를 쏟아붓지 않기에는 인생이 너무 짧다는 사실을 우리에게 일깨워준다. 우리 각자에겐 억압해서는 안 되는 음악이 있으며, 그저 바쁘기만 하고 중요하지 않은 일에 시간을 소모하는 것은 타고난 천재성을 무시하는 처사라는 사실도 상기시킨다.

또한 이 시구는 우리 각자가 지켜야 할 의무도 생각하게 한다. 너무나 자주 사람들을 무너뜨리는 문명 속에서 다른 사람들을 일으켜야 할 의무, 현재 우리 문화에서 불의, 학대, 증오를 줄이고 선의와 공경심을 늘려야 할 의무를 이야기한다.

내가 젊은 변호사였을 때 아버지가 써준 편지가 있는데 그중 몇 마디는 아직도 내 가슴에 남아 있다.

— 네가 태어났을 때 너는 울음을 터뜨리는데 세상은 기뻐했다. 네가 죽을 때는 세상은 우는데 너는 기뻐할 수 있게 인생을 살아라.

009

조롱받는다면 잘하고 있다는 것이다

이것은 비전의 소유자, 꿈을 꾸는 사람, 부적응자를 위한 짧은 이야기다.

당신이 야망을 실행에 옮기고 원대한 포부를 실현하려는 순간 트롤(Troll, 북유럽 신화에 나오는 상상 속 괴물로 요즘은 '악플러'를 지칭하는 말로 쓰인다 – 옮긴이)이 등장해 장난을 치려 할 것이다. 당신이 진정한 당신으로 살고 재능을 드러낼 때 비평가들은 웅얼거리고 냉소주의자들은 투덜거릴 것이다. 당신이 잠자고 있던 생산성과 잠재력, 영향력을 깨울 때 반대론자들은 비웃으며 당신을 막으려고 할 것이다.

그러나 역사를 만든 사람들은 모두 처음에는 조롱받다가 나중에 존경받았다. 용감한 이상과 이를 실현하려는 불타는 희망 때문에 당신은 군중 사이에서 눈에 띄고 이상한 사람으로 불리며 그 사회의 대다수는 당신의 창조력에 위협을 느낄 것이다. 그리하여 당신은 질투와 조롱, 때로는 잔인한 공격을 받을 것이다.

당신의 꿈을 방해하려는 사람들은 당신이 아닌 그들의 한계를 드러내고 있음을 부디 기억하라. 그러니 무슨 수를 쓰든 계속하

라. 그들의 불안정과 고집 앞에 항복해서는 안 된다. 비열한 사람들, 인색한 사람들, 모두의 빛나는 모습이 아니라 어두운 모습을 보려는 사람들에게 승리를 안겨주지 않도록 올바른 행동을 하라.

010

오슨 웰스의 메모

오슨 웰스(Orson Welles)는 역사상 가장 진보적인 영화감독 중 한 명으로 알려져 있다. 그는 〈시민 케인(Citizen Kane)〉의 제작자 겸 감독이었으며 허버트 조지 웰스(Herbert George Wells)의 소설《우주전쟁》을 라디오 방송으로 각색, 감독과 내레이션까지 맡아 했다. 이 쇼가 어찌나 탁월했던지 청취자들이 실제로 지구가 외계인의 공격을 받는 줄 알고 집단 히스테리에 빠져 숨을 곳을 찾았을 정도였다.

그는 독특한 카메라 앵글, 다양한 음향 기술 그리고 그의 트레이드마크가 된 롱테이크(하나의 숏을 길게 촬영하는 기법 - 옮긴이)로 영화 제작 방식을 재창조했다. 하지만 내가 가장 존경하는 부분은 그의 예술적 성실성 그리고 창조적 리더로서 완벽함에 대한 헌신이다.

웰스는 그의 영화 〈악의 손길(Touch of Evil)〉을 역작으로 만들기 위해 3개월 동안 편집실에 틀어박혀 있다가 영화사로부터 프로젝트에 더 이상 관여하지 말라는 통보를 들었다(그는 할리우드 기득권층 속에서 아웃사이더였던 탓에 영화를 만드는 데 자주 어려움을 겪었다).

그는 자신의 완벽주의와 사람들의 고통을 이해한다면서 이렇게 말했다.

"제가 한없이 영화를 편집하고 있을 수도 있습니다. 전 왜 이렇게 시간이 오래 걸리는지 모르지만 그 점이 제작자들의 분노를 사서 영화가 제 손을 떠나고는 합니다."

영화 제작에서 배제된 지 몇 개월 후 웰스는 영화사에서 완성한 〈악의 손길〉을 봤다. 자신의 기준에 미치지 못하는 완성본에 너무 괴로웠던 나머지 그는 제작 책임자에게 편집이 필요한 부분을 정확하고 상세하게 설명한 메모를 써주었다. **무려 58쪽이나 되는 메모였다.**

나도 읽어봤는데 숨이 막힐 만큼 훌륭했다. 메모에서 드러난 기술적 전문성, 아주 사소한 점까지 놓치지 않는 주의력 그리고 그에게 명성을 안겨준, 영화에 대한 그만의 신념을 지키려는 마음은 감탄스러울 정도였다. 오래 남을 작품을 만들고자 하는 그의 자세는 영화를 사랑하는 모든 사람에게 큰 영감을 줄 수밖에 없었다.

하지만 제작자는 그의 제안을 무시했다. 그리고 〈악의 손길〉은 그대로 개봉되었다. 훗날 비평 저널 〈필름 쿼털리(Film Quarterly)〉에서 그의 메모를 발견하고 게재할 때까지 영화는 18년 동안 영화사의 버전으로 유통되었다. 나중에 오슨 웰스를 우상으로 여겼던 한 감독이 그의 메모에 주목해 영화의 배후에 있던 선구자의 원래 비전에 가깝도록 영화를 재편집했다. 비평가들은 재편집된 버전을 사랑했다.

하지만 내가 보기엔 재탄생한 영화가 아니라 그가 작성한 메모야말로 진정한 승리였다. 걸작을 창조하는 데 중요한 것은 벌어들일 돈보다 창작자의 성격임을 알게 해주었기 때문이다.

011

완벽한 것은 없다

코스타리카 산호세의 아름다운 운하 옆에 있는 세련된 부티크 호텔에 묵었을 때의 일이다. 체크아웃할 때 프런트 직원이 공손하게 물었다.

"숙박은 어떠셨어요? 완벽했으면 합니다만."

그러고는 내가 대답하기도 전에 먼저 이렇게 말했다.

"물론 완벽한 것은 없죠."

완벽한 것은 없다. 얼마나 현명한 통찰인가! 자연의 어떤 모래톱도, 어떤 정원도, 어떤 구불구불한 개울도, 어떤 향기로운 꽃도, 어떤 무성한 숲도 완벽하지 않다. 인생도 마찬가지다. 똑같은 자연법칙이 적용되기 때문이다. 그 누구도 완전무결한 것을 찾을 수 없을 것이다.

그리고 이런 사실을 받아들이면 상황을 훨씬 쉽게 관리할 방법을 발견할 것이다. 당신은 더 쾌활하고 평화롭고 영적 천재성을 발휘하며 살아갈 것이다. 당신이 만들어내는 그 어떤 것도 결코 완벽할 수는 없다. 설령 그것이 당신의 대표작이라 하더라도 말이다. 나는 미켈란젤로(Michelangelo)가 시스티나 성당 천장의 프레스코화를 나중에 약간 수정했을 것이고, 레오 톨스토이(Leo Tolstoy)도 다시 기회가 주어졌다면 《전쟁과 평화》를 약간 다르게 구성했을 것이며, 마리 퀴리도 더 숙고했다면 그녀의 획기적 연구 결과의 많은 부분을 재구성했으리라고 확신한다.

어떤 사업도 완벽하지 않다. 상품이 아무리 훌륭하고 아무리 뛰어난 성과를 내는 직원들로 팀을 꾸리더라도 말이다. 어떤 식당에서의 식사도 완벽하지 않을 것이다. 여태 먹어본 것 중에서 가장 맛있는 식사라 해도 말이다. 어떤 신발, 어떤 제과점의 케이크, TV에서 본 어떤 영화, 최고의 선수들이 맞붙은 어떤 스포츠 경기도 완벽하지 않을 것이다. 그리고 어떤 개인적 관계도 완벽하지 않을 것이다. 나는 아직 완벽한 사람을 만나보지 못했기 때문이다.

하지만 여기에 놀라운 사실이 있다. '만물의 불완전성'을 이해할수록 당신은 엉망인 상황 속에서 마법을 보기 시작할 것이다. 결함이 있는 대상과 경험, 사람들에게서 화학작용과 마력을 보기 시작할 것이다. 불완전성 때문에 모든 것이 완벽하다고 믿는 법을 배울 것이다.

일본에서는 깨진 도자기 조각들을 순금으로 다시 붙여 쓴다. 무려 400년이나 이어져 내려온 '킨츠키(kintsugi)' 공예다. 일본인들은 킨츠키로 깨진 도자기를 더욱 튼튼하게 만든다. 한번 손상됐던 부분이 더 강해진다는 사실은 굉장히 매력적이다. 더 중요한 사실은 결함 있던 것들이 더 가치 있는 것으로 인식된다는 점이다. 그러니 완벽하다고 하지 않을 수 없다.

012

한 군밤 장수의 철학

어느 날 밤 나는 홀로 유럽의 전설적인 도시의 돌길을 걸었다. 고급 레스토랑에서 나오는 관광객들, 명품 판매장 진열대에 세심히 배치된 마네킹들이 인상적인 거리였다. 밝은 달빛이 우아한 곡선으로 이뤄진 대성당 지붕을 비추고 있었다.

그러다 광장에서 외로이 앉아 있는 한 사람이 눈에 들어왔다. 파란색 털모자를 쓴 그는 웅크리고 앉아 화로에 밤을 굽고 있었다. 세상에서 그의 일이 가장 중요한 일인 것처럼 하고 있었다. 자정이 다 되어가는 시간인데도 그의 주름진 얼굴은 온화한 미소를 띠고 있었다.

나는 나도 모르게 그 앞에 멈춰 섰다. 그리고 군밤 한 봉지를 샀다. 문득 그의 이야기를 들려달라고 부탁하고 싶었다. 그리고 그의 가족에 관해서도 몇 가지 질문을 하고 싶었다. 그가 살아온 날들이 얼마나 고되고 힘들었을지, 어떻게 해서 이 광장에서 군밤 장사를 하게 되었는지 궁금했다.

"시간도 늦었고 날도 춥고, 이제 거리도 아주 조용하네요. 왜 아직도 여기 앉아서 군밤을 팔고 계세요?"

자신의 삶에 핑계를 대지 않았던 군밤 장수.

그는 잠자코 나를 바라보더니 이렇게 말했다.

"저도 고국에서는 크게 성공한 사업가였지요. 그러다 병에 걸려 모든 것을 잃었어요. 회사, 집, 전 재산 모두를요. 그래도 아직 일할 수 있으니 다행이죠. 여전히 삶을 더 낫게 만들 수 있으니까요. 사랑을 담아 구운 밤으로 사람들을 행복하게 해줄 수도 있고요. 아직 살아 있으니 꿈을 꿀 수 있죠."

군밤 장수는 마지막 말을 강조하듯 반복했다.

"그래요, 아직 살아 있으니 꿈을 꿀 수 있죠."

소아마비 백신을 개발한 의학자 조너스 소크(Jonas Salk)도 그와 비슷한 말을 한 적이 있다. "나는 꿈도 있었고 악몽도 겪었다. 꿈이 있어 악몽을 이겨냈다." 맥박이 뛰고 심장이 박동치는 모든 사람에게는 놀랍도록 대단한 능력이 숨어 있다. 이상을 결과로,

좌절을 성공으로, 가능성을 기량으로 바꾸는 능력 말이다. 불행히도 대다수 사람은 이 능력을 부인하도록 배운 탓에 자신에게 그런 능력이 있다는 사실조차 잊어버렸다.

하지만 그 군밤 장수는 달랐다. 그는 비극을 겪었다. 운명에 호되게 얻어맞고 쓰러졌다. 그렇지만 과거의 상처를 핥으며 자기 연민에 빠진 무력한 피해자가 되어 불평과 비난을 일삼지 않았다. 그는 웃으며 일했고 사람들을 돕고 자신의 현실을 개선하기 위해 최선을 다하고 있었다. 아름다웠다. 그는 영웅이었다.

그처럼 자기 일에 대한 결의와 열정을 계속해서 이어간다면 얼마 안 가 그는 사업을 확장하고 사람들을 고용할 것이다. 또한 기회를 잡아 잘 살린다면 나중에는 밤 농장을 사들이고 밤 가공 공장도 세워 많은 사람을 고용할 수도 있다. 그리고 은퇴한 뒤에는 자선사업가가 될 수도 있다. 누가 알겠는가? 물론 운명에는 대본이 있고 우리 삶의 많은 부분은 운명의 수호자가 쓴 것이다. 하지만 인간인 우리는 엄청난 재능과 미래를 만들어갈 놀라운 힘을 선물받았다.

강건한 품성을 지닌 군밤 장수를 만나고 나서 나는 '두 식당 이야기' 비유가 떠올랐다. 연인들이 즐겨 찾는 낭만적인 유럽의 도시에 두 개의 식당이 있었다. 두 식당은 길을 사이에 두고 마주 보고 있었다. 두 식당 모두 같은 종류의 음식을 제공하며 얼핏 보면 상당히 비슷해 보였다. 그런데 유독 한 식당 앞에만 항상 긴 줄이 있었다. 다른 식당은 놀랍게도 빈 테이블로 가득했다. 흥미롭지 않은가?

아마도 손님 없는 식당의 주인은 인기가 없는 이유에 대해 천 가지의 합리화와 만 가지의 핑계를 대고 싶을 것이다. '단지 운이 따르지 않는다', '저 식당의 위치가 더 좋다', '훌륭한 주방장을 못 찾겠다', '경제 사정 때문에 성공할 수 없다' 같은 이유를 댈 것이다. 하지만 이런 변명 중 어느 것도 진실이 아니다. 다만 빈 테이블을 바라보는 주인의 마음을 약간 위로할 뿐이다.

진실은 언제나 손님들로 가득한 식당은 **반짝반짝 빛날 방법을 찾았다**는 것이다. 건너편 식당도 그럴 수 있었다. 그렇지만 방법을 찾기보단 포기하는 편이 훨씬 쉽다. 전문지식을 쌓으려고 노력하고 특별한 식당을 만들겠다는 열정을 끌어올리기보단 대충대충 하는 편이 더 쉽다. 어떤 일에 덜 숙달되었거나 형편이 썩 좋지 않은 것을 운 탓으로 돌릴 때 인간은 더 안전하다고 느낀다. 우리의 행동과 그에 따른 결과를 개인적 책임으로 돌리면 자신의 거대한 두려움과 맞서야 하기 때문이다. 그러려면 극도의 용기와 심오한 지혜가 필요하다.

그래도 **극소수만 얻는 결과를 얻으려면 극소수가 하는 일을 해야 한다.** 우리에게 행운이 찾아오는 것이 아니다. 우리가 행운을 만드는 것이다. 물론 올바른 방식으로 해야 한다. 탁월한 기량을 등불로, 근면함을 북극성으로, 성실함을 등대로, 평생에 걸친 위대함의 추구를 나침반으로 삼겠다고 오늘 자신에게 약속하라. 그리고 포기하고 싶고 진솔한 영감이 필요할 때마다 파란 털모자를 쓴 군밤 장수를 기억하길 바란다.

013

긍정성은 긍정성을 낳는다

당신의 생태계는 당신의 에너지를 형성한다. 그리고 주변 환경은 당신의 성과를 결정한다. 당신을 둘러싼 모든 것이 당신이 생각하고 느끼고 창조하고 실행하는 방식에 영향을 미친다.

당신의 생태계에는 당신이 대화를 나누는 사람들, 팔로우하는 인플루언서, 소비하는 미디어, 읽는 책, 먹는 음식, 사용하는 상거래 도구, 이용하는 교통수단, 사는 장소 및 방문하는 공간이 포함된다. 그 모두가 당신을 전설로 끌어올리거나 평범한 존재로 머물게 한다. 그래서 나온 것이 **'긍정성은 긍정성을 낳는다'**라는 원칙이다.

매일 몇 시간씩 뉴스를 보고, 그저 자신을 과시하기에 바쁜 유명인을 팔로우하고, 당신을 맥 빠지게 하는 사람들과 함께 있고, 해로운 물리적 환경에서 시간을 보낸다면 놀라운 재능을 발휘하고 훌륭한 인격을 쌓아가고 당신만의 매력을 발산하는 마법을 일으킬 수 없다.

영감을 고취하려면 영감을 고취할 일을 해야 한다. 뻔한 통찰 같겠지만 실제로 우리의 일상을 살펴보면 그러기가 쉽지 않음을 알 수 있다. 선정적이고 주의를 흩트리는 디지털 기기에 빠져 현실에서 벗어나 있다 보면 자기 안의 긍정성을 보호할 수가 없다. 최상의 창의력과 최고의 창의력을 창출할 수 없는 것은 물론이다. 전 세계 인구의 5퍼센트만 경험하는 보상을 받으려면 인구의 95퍼센트가 수용하기를 꺼리는 습관과 존재 방식을 자신의 것으로 만들어야 한다.

당신의 가장 희망찬 마음가짐 주위에 해자(垓字)를 만들고 넘치는 포부 주위에 벽을 쌓기를 제안한다. 오로지 당신의 열정을 북돋우고 당신의 천재성을 최적화하는 것들, 당신의 성과를 최대로 높이고 당신의 타고난 재능을 발휘하게 해주는 것들만 그 해자를 건너게 하라. 고결함을 위협하는 어떤 사람도, 어떤 것도 들어오지 못하도록 눈에 보이지 않는 요새를 세워라. 당신을 지지하고 고무하는 생각들에 갑옷을 입히고 전투로부터 보호하라.

당신의 영감 저장고가 비어 있고 부정성으로 가득하다면 결코 모험의 비전을 빚어내지도, 마법을 발휘하지도 못할 것이다. 그럴 때는 사소한 걱정이 끼어들 여지가 없도록 위대한 야망으로 정신과 마음을 채우도록 하라.

많은 예술가가 긍정적이고 아름답고 조용한 환경에서 작업하는 이유가 있다. 그런 환경은 몰입 상태(flow state)를 활성화한다. 즉 능력을 최대로 발휘할 수 있도록 작업 공간을 구성하고 생활 계획을 세워야 탁월함을 끌어올릴 수 있다.

화가 앤드루 와이어스(Andrew Wyeth)는 역사상 가장 유명한 예술가가 된 이후 대도시 뉴욕을 떠나 펜실베이니아주의 채즈 퍼드에 있는 한 농장과 메인주 쿠싱의 해변 별장에 작업실을 마련했다. 그리고 그곳에서 작품 활동을 하며 여생을 보냈다. 이처럼 자연을 가까이하는 것은 지각 변화와 대격변의 시대에 계속해서 영감을 받고 집중하며 즐겁게 지내기 위한 모든 거장의 습관이다(또한 그들은 많은 시간을 홀로 지낸다. 홀로 있을 때 가장 창의적인 상태가 되기 때문이다).

제롬 데이비드 샐린저(Jerome David Salinger)는 《호밀밭의 파수꾼》이 지구상에서 가장 많이 팔린 책이 된 후 대중의 관심에서 물러나 뉴햄프셔주의 시골 마을 코니시에서 살았다. 그는 집의 본채와 지하 통로로 연결된 작은 서재에서 매일 글을 쓰며 57년을 보냈다. 이 지하 통로 덕에 그는 집 밖에서 기다리는 사진작가들과 팬들의 눈에 띄지 않고 서재로 갈 수 있었다.

〈007〉 시리즈의 주인공 제임스 본드를 창조한 이언 플레밍(Ian Fleming)은 창조적 직관과 예술적 연료를 얻고자 자메이카에 기가 막히게 아름다운 해변을 굽어보는 은둔처를 구입하고 '골든 아이(Golden Eye)'라는 이름을 붙였다(그는 예술적 몰입이 깨지지 않도록 정원사들에게 서재 창문 앞으로 지나가지 말라고 지시했다고 한다).

영국의 총리였던 윈스턴 처칠은 나치 정권에 맞서는 전시 지도자로서 압박감에서 벗어나기 위해 영국 정부 수반의 공식 별장인 체커즈(Chequers)나 영국 남동부 호숫가의 자택 차트웰(Chartwell)에서 주말을 보내곤 했다. 이곳에서 그는 군사 전략을 수립하고 연설문을 작성했으며 신록이 우거진 정원에서 풍경화를 그리고 시가를 피웠다.

세계를 건설한 사람들뿐만 아니라 자신의 가능성을 믿고 존중하는 사람들은 '긍정성은 긍정성을 낳는다'라는 원칙을 이해한다. 그들은 부정성의 시기에 긍정성과 영감, 희망이야말로 탁월한 작업을 해내고 평화와 영적 자유가 솟구치는 삶을 영위하는 데 핵심적인 요소라는 사실을 알고 있다.

014

좋은 일을 상스러운 말로 부르지 마라

어디를 가든 선량한 사람들이 좋은 일을 상스러운 말로 부르는 것을 들을 수 있다.

— 깨달음을 얻는 길은 '눈곱만큼도' 신경을 쓰지 않을 것이다.
멋진 운동화를 신으면 '거지같이' 공을 차도 박수를 받을 것이다.
해묵은 트라우마에서 벗어나고, 소심함을 없애고, 자신감을 높이기 위해 명상하고, 시각화하고, 일기를 쓰고, 기도하는 법을 배우면 친구들이 '개쩐다'며 축하해줄 것이다.
일생일대의 성과를 내면 "와! 진짜 죽이네"라는 말을 들을 것이다.
기량을 쌓아 성과를 내면 동료들이 "제기랄, 진짜 잘하네!"라고 외칠 것이다.

정말 그런가? **말은 단어의 뜻 그대로다.** 그리고 당신이 사용하는 말은 당신이 어떤 사람인지, 무엇을 달성할 수 있는지, 당신의 결과물이 어떤 수준인지에 대해 당신의 무의식에 강력한 메시지를 보낸다.

얼마 전 나는 세계적인 미디어 대기업의 고위 경영진이 참석한 행사에서 리더십에 관한 기조연설을 했다. 매우 예의 바른 청년 두 명이 함께 출장 갔던 나와 팀원들을 공항까지 태워다주었다. 우리는 환상적이었던 음식과 흥미로웠던 음악, 행복을 축구하는 일의 중요성에 관해 이야기를 나눴다.

나는 운전하던 청년에게 그의 야망이 무엇인지 물었다. 그는 나중에 캐나다에 가서 사는 게 꿈이라고 말했다. 캐나다가 자연이 아름답고 사람들은 정중하며 사회기반시설이 편리해서 좋다는 것이었다.

"하지만 '불가능한' 일이란 걸 알고 있어요."

그는 이 말을 거듭해서 말했다(그럼으로써 '불가능'과 연관된 신경 회로를 강화했다. 신경학자들의 연구에 따르면 함께 발화하는 뇌세포는 서로 연결된다).

사람들은 일상에서 자기도 모르게 하는 행동을 통해 가장 깊이 자리한 믿음을 드러낸다. 그리고 말을 통해서는 파괴적인 상처를 드러낸다. 그 청년의 두려움은 그의 욕망을 속였다. 믿지 못하는 그의 의심이 믿음직한 꿈을 앗아갔다.

주변 사람들에게서 듣거나 알게 된 잘못된 가정, 거짓 장벽, 거짓된 세계관은 우리가 무력한 피해자처럼 말하도록 가르친다. 있지도 않은 감옥 창살을 보도록 가르친다. 울타리로 둘러싸인 마당에 있었던 개가 울타리를 치워도 여전히 밖으로 나가지 않는 것처럼, 그 청년도 꿈으로 나아가는 출입구가 봉쇄되었다고 상상했다. 연예인이자 유머 작가인 윌 로저스(Will Rogers)는 다음과 같이 날카롭게 꼬집었다. "문제를 일으키는 것은 우리가 모르는 것이 아니라 우리가 잘못 알고 있는 것들이다."

나는 내가 하는 말에 매우 주의하는 편이다. 심지어 나는 가을을 'autumn'이라고 부른다. 'fall'이라고 하지 않는다. 'fall'이란 단어는 '떨어지다'라는 부정적 의미를 내포하고 있기 때문이다. 나는 'autumn'을 사랑하며 'fall'에는 관심이 없다. 그런 것들은 해롭다. 때로는 심하게.

내가 이끄는 라이브 행사에 참석하길 바랐지만 '대양을 건너야 해서' 못할 것 같다는 한 독자의 메시지를 읽었던 기억이 난다. 그는 한 달 동안 바다를 헤엄쳐 건너는 것이 행사장에 올 유일한 방법이라고 생각한 걸까? 요즘 바다를 운항하는 배가 낡아 빠진 노 젓는 배뿐이라고 믿었던 걸까? 행사에 참석하려면 에드먼드 힐러리 경(Edmund Hillary, 최초로 에베레스트 등정에 성공한 뉴질랜드 산악인－옮긴이)의 담대함과 잔 다르크(Jeanne d'Arc)의 용맹함이 필요하다고 생각했을까?

'불가능'이란 단어에 집착하는 청년의 모습(그는 그 저주의 말을 진지하게 되풀이했다)은 경직되고 건강하지 못한 사고방식을 보여주었다. 그리고 슬프게도 그의 제한된 믿음은 자기충족적 예언(self-fulfilling prophecy)이 되었다. 무언가가 가능하다고 생각하지 않으면 우리는 환상을 현실로 만들기 위해 노력하지도, 계속 노력할 끈기를 갖지도, 인내심을 발휘하지도 않을 것이다. 그래서 그 일은 일어나지 않는다. 결국 우리는 그 일이 정말로 불가능했다는 걸 확인한다.

나는 창의성과 생산성, 번영을 극대화하는 수단으로 단어를 신중히 선택하자는 주제에 관해 정말로 진지하게 이야기하곤 한다. 그렇기에 내 정신에 활기를 불어넣고 내 재능을 표현하며, 내 삶에 산소를 제공하고 다른 사람에게 봉사하게 해주는 내 일에 '빌어먹을'이란 단어를 절대로 쓰지 않는다. 또한 누구에게도 '안색이 나쁘다'라고 인사하지 않는다. 커다란 성취를 '미쳤다'라고 표현해 어렵게 얻은 성공을 깎아내리지 않는다. 누군가가 공연을 멋지게 해냈을 때 '죽인다'라고 말하지 않는다. 왜냐하면 '빌어먹을', '나쁜 안색', '미친', '죽음'은 나쁜 말이기 때문이다. 좋지 않은 말이다. 내가 보기에는 그렇다.

훌륭한 언어에는 카리스마가 있다. 그러니 당신이 하는 말, 당신이 사용하는 언어를 신중히 고르고 연습하도록 하라.

015

J. K. 롤링이 가르쳐준 끈기

《해리 포터》 시리즈를 쓴 J. K. 롤링(J. K. Rowling)은 여성 소설가로는 최초로 억만장자가 되었다. 그녀의 책은 전 세계에 5억 권 이상이 팔렸다. 가난과 무명을 딛고 부와 명성을 거머쥔 이 문학계의 거인은 이제 자선 활동에 앞장서고 있다.

그녀의 아버지는 롤스로이스 공장의 항공기 엔지니어였고 어머니는 롤링이 다녔던 학교의 화학실에서 일했다. 그녀는 어렸을 때 자신이 "얼굴에는 주근깨가 가득하고 보험공단에서 주는 무료 안경을 쓴 평범한 책벌레"였다면서 "책에 빠져 살았다"라고 했다. 사실 그녀는 여섯 살에 첫 책을, 열한 살에 소설을 썼다(저주받은 일곱 개의 다이아몬드에 관한 이야기였다. 나도 그렇게 상상력이 풍부했으면 좋겠다!).

《해리 포터》의 발상은 롤링이 맨체스터에서 런던의 킹스크로스로 가려고 열차를 탔는데 운행이 지연되어 열차 안에서 기다리는 동안 떠올랐다고 한다. 사실 이 시리즈의 첫 번째 책인《해리 포터와 마법사의 돌》의 중심 주제와 함께 일곱 권 모두의 아이디어를 그날 구상했다. 문뜩 떠오른 한 문장, "자신이 마법사인

줄 모르는 소년이 마법 학교에 간다"가 그 시작이었다. 그녀는 그 문장을 종이에 써두었고 나중엔 그 종이를 여행 가방(맞다, 여행 가방이다!)에 넣어 다니게 되었다.

에든버러의 니콜라스 카페와 엘리펀트 하우스에서《해리 포터》1권을 쓰던 당시 그녀는 이혼하고 기초생활수급자로 생활하고 있었다. 게다가 집필 도중에 사랑하는 어머니가 죽고 이후 오랫동안 우울증을 앓았다. 그녀는 어두운 감정을 인상적이고 다채로운 캐릭터들을 만들어내는 토양으로 삼으며 창작 활동을 계속해나갔다(고난은 정말로 창조적 승리의 든든한 동반자가 될 수 있다).

탈고 즉시 그녀는 세 챕터의 원고를 유명한 문학 에이전트들에게 보냈다. 그중 한 명만 답장을 보내왔고 훗날 롤링은 그것이 "평생 받은 편지 중 가장 반가운 편지"였다고 말했다. 그녀는 수많은 출판사로부터 상업적으로 성공하지 못하거나 독자들의 흥미를 끌지 못할 것이라는 말을 들어야 했다. 그러다 마침내 블룸즈버리 출판사에서《해리 포터와 마법사의 돌》을 출판하자고 제안해왔다. 하지만 여성임이 분명한 저자의 이름이 소년들의 관심을 끌지 못할 것이므로 이름 대신 이니셜을 쓰자고 했다(K는 할머니 이름이었던 '캐서린'에서 가져왔다).

그녀는 역대 최고의 베스트셀러 작가가 된 후에도 자신이 굉장한 작가라고 생각하지 않는다고 했다. 예술가로서 그녀의 주요 목표는 "어제보다 좋은 글을 쓰는 것"이다. 그녀는 로버트 갤브레이스(Robert Galbraith)라는 필명으로 범죄 추리 소설도 몇 권 출간했다. 당시 그녀는 정체를 밝히지 않고 출판사에 원고를 검토해달라고 보냈다. 역시 수많은 거절 편지를 받았고 심지어는 "작가 모임이나 글쓰기 강좌가 도움이 될 수도 있다"라는 조언까지 들었다(앞에서 내가 뭐라고 했는지 기억하는가? 누군가의 의견은 그저 누군가의 의견일 뿐이다. 당신의 발전에 도움이 되지 않는다면 믿지도 마라).

중국의 고사 중에 '칠전팔기(七顚八起)'라는 말이 있다. 일곱 번 넘어져도 여덟 번 일어난다는 뜻으로, 롤링은 정말로 그처럼 포기하지 않고 계속해서 도전했다. 그리고 그 덕택에 위대한 작가가 되었다.

016

프로 선수처럼 건강을 지켜라

역사학자 토머스 풀러(Thomas Fuller)는 "병에 걸리고 나서야 건강의 소중함을 알게 된다"라고 말했다. 매우 심오한 진실이다.

내가 카타르에서 최고경영자들을 대상으로 강연했을 때 있었던 일이다. 한 청중이 강연 직후 내게 구겨진 쪽지를 건네며 조용할 때 읽어보라고 했다. 그날 저녁 호텔 방에서 나는 종이에 휘갈겨 쓴 이런 글귀를 읽었다.

— 건강은 아픈 사람만 볼 수 있는 건강한 사람의 머리에 얹힌 왕관이다.

"운동할 시간을 내지 않는 사람은 언젠가는 결국 병에 걸릴 것이다"라고 영국의 정치가 에드워드 스탠리(Edward Stanley)는 말했다. 신체의 건강은 최고의 성과를 위해서도 정말 중요하다. 내가 소수 정예 멘토링 프로그램인 아이콘 엑스(IconX)의 고객들과 온라인 코칭 강좌인 서클 오브 레전드(The Circle of Legends)에서 교육과정 일부로 가르치는 '헬스셋(healthset)'을 시작해보길 권한다. 당신의 신체 능력뿐 아니라 일의 성과에서도 커다란 변화를 맞이하고 매일매일 활기로 가득할 것이다.

자기계발 분야의 수많은 권위자가 '마인드셋(mindset)'을 언급하면서 그 중요성을 강조한다. 나는 그들을 존중하지만 마스터리에 이르기 위한 과정에서는 그와 상반되는 접근 방식을 주장한다. 물론 탁월한 사고와 정신적 프로그래밍을 갖추기 위해 마인드셋을 조정하는 것은 필수적이다. 당신이 일상에서 하는 말과 행동은 분명 깊은 내면의 신념을 반영한다. 그리고 당신이 벌어들이는 돈과 커지는 영향력은 당신의 정체성과 지적 역사 이상이 될 수 없다. 따라서 마인드셋은 매우 중요하다. 하지만 그것이 전부는 아니다.

인간인 우리는 단순한 심리 작용 그 이상이다. 우리에게는 내가 '하트셋(heartset)'이라고 부르는 두 번째 차원도 있다. 이는 우리 각자가 심리와 더불어 정서성(emotionality)도 갖고 있다는 현실을 반영하는 것이다. 우리에게는 생각할 수 있는 능력뿐만 아니라 느낄 수 있는 능력도 있다. 오로지 이성만이 있다면 최고의 지식에 발을 들여놓거나 숨은 능력을 알게 되거나 놀라운 결과를 달성하거나 매일 감사함과 경이로움을 느낄 수 없다.

마인드셋을 조정하라. 하지만 하트셋을 정화할 시간도 반드시 내도록 하라. 사람으로 살면서 불운을 참고 견디는 동안 쌓이는 두려움, 분노, 슬픔, 실망, 억울함, 수치, 죄책감 같은 억압된 해로운 감정에서 벗어나는 시간을 가져라.

당신의 잠재의식에 도사리고 있는 '상처의 장(field of hurt)'을 다루고 꾸준히 치유하지 않으면 에너지와 창의성, 생산성의 정점에 도달하지 못할 것이다. 좀 더 뒤에서 나는 눈에 띄지 않는 이 짐들을 정리해줄 역동적 방법들과 변화 전략들을 설명할 것이다. 지금은 묵은 감정적 상처를 해소하는 작업을 하는 것이 성과를 높이는 데 필수적이라는 사실까지만 기억하자. 묵은 감정을 떠나보내지 않으면 당신의 뛰어난 지적 의도는 헬스셋 깊숙이 자리 잡은 비밀스러운 그림자의 방해를 받을 것이다.

마인드셋은 중요하게 여기면서 하트셋을 소홀히 하는 것은 대부분의 학습(책을 통한 학습이든, 디지털 교육이나 라이브 콘퍼런스를 통한 학습이든)이 지속되지 않는 주된 이유이기도 하다. 우리는 인지 차원에서 정보를 얻지만 이를 정서적 인식(emotional knowing)으로 체내에 통합하지는 않는다. 그래서 지속되지 않는다. 다시 말해 하트셋 안에 있는 묵은 감정 때문에, 진실로 느끼지 못하는 아이디어들을 수용하지 못하고 나약한 습관과 제한적인 행동들이 그대로 유지된다는 뜻이다.

따라서 마인드셋과 하트셋이라는 두 가지 내적 영역 모두를 돌보고 길러야 한다. 그래야 외적 영역에서 눈부신 창의성과 생산성을 발휘하고 이례적인 번영과 사회에 대한 헌신을 이룰 수 있다. 하지만 이렇게 함으로써 개인 마스터리의 여정이 끝나는 것은 아니다. 내 멘토링 교육과정에서는 셀프 리더십(self-leadership, 자율적 리더십 또는 자기 리더십이라고도 하며 스스로 리더가 되어 자신을 이끄는 리더십을 말한다 - 옮긴이) 알고리즘을 완성하는 내적 세계가 두 가지 더 포함된다. 바로 헬스셋과 '소울셋(Soulset)'이다.

네 가지 내적 영역

위 도표를 살펴보자. 이 네 영역 모두를 깨운 다음 성장해야 세상에 당신의 천재성과 고결함을 보여줄 수 있다. 가장 큰 성취를 이룰 뿐만 아니라 보기 드문 긍정성과 활력, 경이로움, 영적 자유의 삶을 경험할 수 있다. 자신을 알고자 하는 시도가 대부분 실패하는 주된 이유는 이런 역방향 접근법이 고려되지 않고 적용되지도 않기 때문이다(매우 중요한 사실이다).

마인드셋과 하트셋 다음의 세 번째 내면 영역은 헬스셋이다. 헬스셋은 신체의 영역이다. 아프거나 죽는다면 세상을 바꿀 수 없을 것이다. 이 이야기에서 중점적으로 다룰 헬스셋의 최적화에는 에너지를 증진하고 면역력을 높이고 염증을 줄여 질병을 물리치고 수명을 크게 늘리는 것이 포함된다.

마지막으로 소울셋은 영성, 즉 당신 안에 있는 영원한 존재와의 관계를 가리킨다. 그 존재는 나무랄 데 없이 현명하고 절대로 무너지지 않으며 지구상의 모든 인간과 연합한다. 그리고 무한히 뻗어나간다. 소울셋을 단련하는 방법은 자아(에고)가 내는 잡음을 줄이는 것이 핵심이다. 그래서 살아가는 동안 쌓인 의심과 불신의 층 아래 진정한 당신의 모습인 원초적 영웅의 속삭임을 들을 수 있도록 하는 것이다.

내면의 네 영역 각각을 성장시키기 위해 매일 노력하면 창의성, 생산성, 번영, 다수를 위한 봉사 등 외적 영역이 급격히 풍요로워지는 걸 경험할 것이다. 매우 중요하지만 좀처럼 논의되지 않는 이야기이기도 하다.

그러면 이제 헬스셋을 최적화하기 위해 우선순위에 두어야 할 것들에 집중해보자.

신체적인 측면을 개선하면 온갖 질병을 일으키는 만성 염증을 예방하고 잠을 더 잘 자게 되며 이로써 수명이 늘어난다. 또한 두뇌 능력이 향상되고 집중력이 개선되고 체력이 좋아지며 마음먹은 대로 이루거나 지키는 힘이 솟아나고 기분이 고양되는 것을 느낀다.

내 고객들이 최상의 헬스셋을 구축하고 프로 운동선수처럼 건강해지도록 도와준 학습 모델로 '넘치는 활력의 3요소(the trinity of radiant vitality)'라는 것이 있다.

넘치는 활력의 3요소

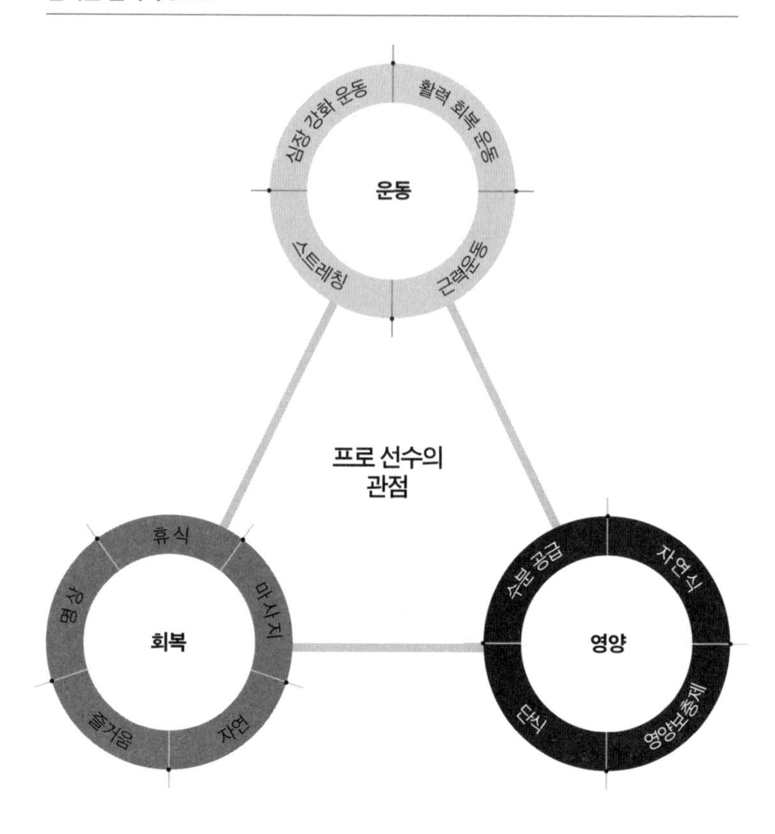

넘치는 활력의 3요소에서 첫 번째는 보다시피 운동을 권장한다(이상적으로는 매일 아침에 하는 것이 좋다). 최고의 성과를 내려면 (보충, 회복, 휴식의 시간을 제외하고는) 끝없이 가동되는 기계(PMM, perpetual movement machine)가 되고 싶을 것이다. 매일 운동하는 습관은 신경전달물질인 도파민(dopamine)을 분비해서 온종일 강한 영감을 얻게 해준다. 이 점 하나만으로도 당신의 영향력, 수입, 웰빙 면에서 얼마만큼의 가치가 있을지 한번 생각해보라.

아침에 일어나 러닝머신에서 뛰거나 줄넘기를 하거나 자전거를 타면서 땀을 흘리면 뇌유래신경영양인자(BDNF, brain-derived neurotropic factor)가 분비되어 신경 생성(새로운 뇌세포 생성)이 촉진되고 전날 스트레스로 손상된 뇌세포가 복구된다. BDNF는 신경 경로 간의 연결을 증가시킴으로써 뇌의 정보 처리 속도를 높여주며 이는 우리가 일하고 있는 새로운 세상에서 엄청난 이점이 된다.

아침 운동은 디지털 주의 산만이 압도하는 이 시대에 최고의 집중력을 활성화하는 노르에피네프린(norepinephrine)뿐만 아니라 불안을 조절하고 기억을 극대화하며 마음을 편안하게 해주는 세로토닌(serotonin) 분비를 촉진한다. 또한 운동은 신진대사율을 높여 에너지도 더 많이 만들어낸다. 그러니 아침에 일어나 활기차게 몸을 움직이는 간단한 리추얼로 탁월한 하루를 만들어보자. 해가 뜨기 전에 흠뻑 땀 흘리기는 내가 지키는 핵심 습관 중 하나다. 다른 모든 생활 영역에도 획기적인 영향을 미치기 때문에 당신도 꼭 운동 습관을 들이기를 바란다.

또한 늦은 오후나 이른 저녁에 '활력 회복 운동(2WW, second wind workout)'을 루틴으로 삼기를 권한다. 하루 일을 끝낸 후 2차 운동을 일정으로 잡으면 체력 단련이 제공하는 이점을 최대로 얻을 수 있다. 운동이 그토록 놀라운 생산성과 결과를 내고 긍정적 관점을 갖게 해준다는 내 주장에 진심으로 동의한다면 운동을 하루에 한 번만 하지는 않을 것이다.

나는 온종일 글을 쓴 후 집 근처의 숲에서 한 시간 정도 걷기

2WW 시간에는 숲속을 걷거나 자전거를 탄다.

를 좋아한다. 숲속에서 걷거나 산악자전거를 타면서 삼림욕을 하면 스트레스 호르몬인 코르티솔(cortisol)이 감소하고, 신체의 질병 퇴치 세포인 자연살해세포(natural killer cell)가 증가하며, 인지 기능이 강화되고 자신감이 향상되는 등 많은 이점이 있다.

나는 2WW 시간에 숲속을 걷거나 자전거를 탈 때 종종 오디오북이나 팟캐스트를 들음으로써 학습 시간을 한두 시간 더 늘리곤 한다. 학습은 시대에 뒤지지 않게 하는 예방주사다. 그래서 매일 운동하고 성장하려고 노력한다.

유산소 운동과 근력 운동의 균형을 맞춰 체력을 기르고 매일 스트레칭을 해서 유연성도 기르자. 누구라도 늙고 뻣뻣한 몸은 갖고 싶지 않을 것이다.

넘치는 활력의 3요소에서 두 번째는 영양이다. 그리스의 의학자 히포크라테스(Hippocrates)는 "음식이 약이 되게 하라"고 조언했다. 영양 관리 계획은 프로 선수처럼 몸을 건강하게 만들어줄 뿐만 아니라 오랫동안 열정적이고 활기차고 능률적이고 즐거운 삶을 유지하게 해주는 중요한 요소다.

가능한 한 가공식품 대신 자연식품을 먹도록 하라. 가공식품은 당신의 실행력을 떨어뜨리고 수명을 줄이는 화학물질과 독소로 가득하기 때문이다. 나는 유기농 음식을 먹기 위해 최선을 다하고 우리 지역 농민을 지원하기 위해 정말로 노력한다. 또한 요리 실력을 기르고 가족과 함께 집에서 준비한 건강한 자연식을 즐기며, 식사할 때마다 멋진 음악을 배경 삼아 흥미로운 대화를 나누려고 한다(내가 얼마나 더 책을 쓸지는 잘 모르겠다. 사람들이 찾기 힘든 장소에 좌석이 11석뿐인 식당을 여는 게 꿈이기 때문이다. 나는 내 식당까지 찾아오는 용감한 사람들을 위해 가장 신선한 재료로 한 접시, 한 접시 정성껏 만들어주고 싶다. 언젠가는 우리가 저녁을 함께할지도 모른다. 당신이 찾아온다면 정말 기쁠 것이다!).

적절한 영양 섭취의 또 다른 중요한 요소는 보충제다. 신체가 최상의 기능을 하는 데 필요한 영양소의 상당 부분은 우리가 먹는 음식만으로는 얻을 수 없다. 인류가 지구를 존중하지 않은 탓에 현재 우리가 먹는 음식은 사실 10년 전의 음식과 크게 다르고 영양가도 훨씬 낮다. 따라서 최상의 상태에서 활동하는 데 필요한 보충제를 따로 먹어야 한다.

게놈 분석을 통해 내 삶이 바뀌었다는 사실도 공유해야겠다. 유전학자는 나의 어떤 유전자가 최적이 아닌지 설명해주었고 나는 후성유전학(epigenetics, 의학 용어에서 epi는 '상향'을 의미하므로 후성유전학 연구는 생활 습관을 교정해 유전적 특징을 능가하고자 하는 것이다)의 힘으로 내 건강에 가장 도움이 될 유전자를 상향 조절할 수 있었다.

보충제를 복용하고, 일과를 개선하고, 휴면 상태의 유전자를 활성화하면서 이상적이지 않은 유전자는 발현되지 않게 하는 행동을 선택하는 것은 유전적 운명을 적극적으로 변화시키는 '바이오 해킹(biohacking)'의 방법들이다. **부모로부터 물려받은 유전자는 정말로 당신의 운명이 아니다.** 게놈의 발현 방식을 구체화는 당신의 힘은 생각보다 훨씬 크다.

영양에 관해 언급하고 싶은 나머지 두 가지는 단식과 수분 공급이다. 여기서 내가 제안하는 사항들은 의학적 조언이 아니므로 당신의 건강을 증진시키는 적절한 방법에 대해서는 의사와 의논하길 바란다. 나는 그저 나의 개인적 단식 경험을 공유하고자 한다. 단식의 실천이 내 건강뿐만 아니라 생산성에도 엄청난 도움이 되었기 때문이다.

나는 보통 새 책을 쓰거나 강연을 다니거나 온라인 강좌를 촬영하는 등 일하는 기간의 주중 대부분은 금식한다. 이 기간에는 저녁 9시경에 마지막으로 식사를 하고 다음 날 오후 4, 5시까지 아주 맛있는 블랙커피(커피는 항산화 물질이 풍부하고 엄청난 인지 기능 향상제다), 다량의 물, 민트 티(가끔 유기농 생강을 넣기도 한다) 외에는 아무것도 먹지 않는다.

단식은 집중력을 높이고 많은 영감을 받아들이고 활력이 넘치게 해서 내가 중요한 일을 많이 해내도록 도와주었다. 연구 결과에 따르면 단식은 BDNF의 생성을 높이는데, 이는 앞서 언급했듯이 뇌 기능의 향상을 가져온다. 또한 신경 퇴화를 늦추고 신경가소성(neuroplasticity)을 높여 학습 능력과 기억의 향상, 혈당과 인슐린 수치의 저하를 가져온다.

한 연구에서 칼로리 제한이 인간의 성장 호르몬 수치를 300퍼센트 이상 증가시킨다는 결과가 나왔다. 일주일에 몇 번만이라도 칼로리 섭취를 줄이면 세포에 자원을 보존하도록 지시하는 유전자를 활성화하고(후성유전학을 기억하는가?), 신체 시스템을 자가포식(autophagy) 상태로 밀어 넣어 낡고 손상된 세포 물질을 제거하고 스트레스로 손상된 세포를 바로잡는 작용이 왕성해지는 것으로 밝혀졌다.

한편 나는 영성을 강화하기 위해서도 단식을 이용한다. 성 프란치스코 살레시오(St. Francis de Sales)는 이런 글을 썼다.

> — 단식은 육신을 제압하고 정신을 고양하고 선함을 확인해서 하늘의 보상을 얻고자 하는 평범한 노력으로 보이지만 탐욕을 제어하고 육체적 욕구를 영적 법칙에 따르게 하는 중요한 일이다.

정중히 묻고 싶다. 먹는 것조차 통제할 수 없다면 어떻게 충동을 다스릴 수 있을까? 어떻게 걸작을 만들거나 아름다운 인생을 살거나 위대한 사명을 실현할 수 있을까? 나는 단식으로 현재에 더 충실하고 창의적인 사람이 되었으며 전보다 몇 곱절 강하고 어려운 일들을 잘할 수 있게 되었다. 나는 진정한 나 자신에 더 가까워졌다. 나는 온종일 물도 많이 마셨다. 수분의 적절한 보충은 미토콘드리아 기능을 향상해서 에너지를 배가시킨다.

넘치는 활력의 3요소에서 마지막 요소는 회복이다. 휴식은 최고의 성과를 내는 사람들의 비밀 병기다. 회복은 세계적인 수준의 생산성을 몇 년이 아니라 몇십 년간 유지하는 데 중요한 정도를 넘어 필수이며 우선 사항이다. 우리 문화의 지배적인 믿음과는 달리 고갈된 자원을 보충하기 위해 쓴 시간은 훌륭한 투자다. 챔피언이 된 선수들에겐 공통된 습관이 한 가지 있다. 바로 잠을 많이 잔다는 것이다.

하지만 나는 체력의 보존과 온전한 신체의 보호를 위한 회복의 중요성을 언급할 때 취침 전 의식이나 수면 위생, 낮잠, 정기적인 마사지만 언급하지 않는다. 때로 회복은 활동적일 수도 있다. 다만 일과 무관한 활동이어야 한다. 확실히 충전되려면 불안을 유발하는 어떤 영향력에서도 벗어나 있어야 한다. 독서, 흥미로운 사람들과의 대화, 좋은 영화 감상, 체육관 가기, 여행, 사랑하는 사람과의 외식 등이 그 예다. 개인적으로 나는 명상과 시각화, 기도가 있는 아침 루틴을 비롯해 종종 미술관을 방문하거나 자연에서 시간을 보낼 때 확실하게 재충전된다.

사업에서 승리하는 가장 확실한 방법은 동료들보다 오래 사는 것이다. 그래서 몇십 년 실력과 경력을 더 쌓고 그 분야에서 최고가 되는 것이다. 부를 축적하는 가장 현명한 방법은 돈을 벌어들이는 기간을 늘리는 것이다. 그래서 복리이자의 놀라운 마법을 보여줄 시간을 늘려야 한다. 주체적인 삶과 진정한 행복을 경험하는 가장 좋은 방법은 아주 오래 사는 것이다. 넘치는 활력의 3요소를 꾸준히 실행하면 그 모든 결과를 이룰 것이다. 그러니 프로 선수처럼 건강을 지켜라. 수도승처럼 절제하라. "행복이란 건강과 나쁜 기억력에 지나지 않는다"라고 알베르트 슈바이처(Albert Schweitzer)는 말했다. 나는 그가 옳았다고 믿는다.

017

지나친 절제는 충동을 부른다

앞서 말했지만 나는 매일 운동하고 자연식을 하고 단식을 꾸준히 하는 등 후성유전학의 힘을 빌려 삶을 변화시켰다. 하지만 그렇다고 해서 이런 생활 방식에서 한 번도 벗어나지 않았다거나 가끔 즐기지도 않았다는 건 아니다. 나는 사람들이 존경하는 '구루'가 아니다. 오히려 꽤 인간적인 사람이다.

약 2,500년 전 아리스토텔레스(Aristotle)는 도덕적 행동이란 금욕과 방종의 중간에 있다는 '중용의 원칙(the golden mean doctrine)'을 제시했다. 중용의 원칙은 과잉과 결핍 사이에서 절제를 요구한다. 삶의 어떤 면에서든 극단주의자가 되지 말라는 것이다. 여기서 기억해둘 만한 격언은 **'제약은 탐닉을 조장한다'**는 것이다.

그래서 고백하지 않을 수 없다. 나는 이 책을 쓰느라 거의 매일 해가 뜨기도 전에 일어나서 대단히 생산적인 작업을 할 준비를 꾸준히 해왔다. 생각이 명료해지고 에너지를 집필에 집중할 수 있도록 장시간 금식을 하며 몇 개월을 보낸 후, 어느 날 저녁 나는 그간의 노력을 스스로 보상해주기로 했다. 내가 간절히 원

내가 나를 위해 만든 부카티니 알 리모네.

했던 위로의 음식을 먹기로 한 것이다.

그래서 이탈리안 파스타용 생면을 배달시켰다. 그리고 그 면으로 내가 가장 좋아하는 이탈리아 요리인 부카티니 알 리모네(bucatini al limone)를 만들었다. 재료는 파스타와 엑스트라 버진 올리브유, 페코리노 치즈(양젖으로 만든 경질 치즈 - 옮긴이), 약간의 후추, 레몬 제스트, 레몬즙, 약간의 단맛과 접시에 담았을 때 장식 효과를 위한 민트였다. 위 사진은 그때 만든 요리다.

얼마나 맛있던지! 부카티니 알 리모네는 내 위를 달래주고 내 영혼에 세레나데를 불러주었다. 아무도 보지 않을 때 나는 부카티니 파스타에 달콤한 사랑의 노래를 짧게 불러주기까지 했다. 그 정도로 파스타 맛에 흠뻑 빠졌다. 그리고 탄수화물이 주는 행복에 취해서 도저히 멈출 수 없었다.

나는 세 종류의 치즈를 얹은, 킬리만자로산만큼 도우가 두꺼운 피자 한 판을 샀다. 그리고 마지막으로 오븐에서 갓 꺼낸, 아름답고 천상의 풍미를 자랑하며 경이로운 천국의 버터 맛이 진한 이탈리아 크루아상에 초콜릿을 채운 사코티니 알 초콜라토(saccottini al cioccolato)를 자그마치 네 개나 샀다(그렇다고 해서 내가 그 빵이나 다른 빵을 열렬히 좋아하는 것은 아니다). 그리고 아무도 쳐다보지 않는 것 같을 때 거리에서 하나씩 먹었다. 걸어가면서. 함박웃음을 머금은 채로. 내가 구루가 아니라고 말했던가? 그리고 너무나 인간적이라는 말도?

내 약점을 적나라하게 보여주는 이 이야기를 굳이 쓴 이유가 있다. '절제를 포함해' 모든 것을 적당히 하는 것이야말로 현명한 행동이다[이것은 소설가 오스카 와일드(Oscar Wilde)가 알려준 고마운 사실이다. 그는 "나는 유혹만 빼고 모든 것을 참을 수 있다"라고 말했다].

모든 것이 완벽하고 성공적이어야 하며, 하루에 83가지 성과 향상 습관을 실천하고 이를 점검표로 기록하지 않으면 죄책감을 느껴야 하고 자기비하를 해야 하는 문명에서 우리는 '균형'을 받아들이지 않으면 살 수 없을지도 모른다. 그리고 아리스토텔레스의 중용 원칙에 따라 때때로 세상이 제공하는 쾌락을 포용해야 비로소 숨통이 트일지 모른다. 융통성 없이 기계처럼 살기에는 인생이 너무 짧지 않은가?

심장마비로 급사한 마라토너들, 매일 밤 그라파(포도로 만든 이탈리아 독주 – 옮긴이) 두 잔을 마시면서 100세를 훌쩍 넘겨 살았던 할머니들이 생각난다. 나는 때때로 자신을 행복하게 하는 일을 함으로써(예컨대 다이어트 기간의 치팅 데이 같은) 긍정적인 신경화학 작용이 일어나도록 하는 편이 낫다고 생각한다. 초인간적 일과를 엄격하게 고수하고 매일 긴장하며 살아가다 보면 장수와 활력을 좀먹는 코르티솔을 더 많이 생성할 가능성이 있다.

내가 그날 폭식했던 이유는 자신을 너무 몰아붙였기 때문이었다. 작업 강도가 높은 집필 기간이었다. 만일 그보다 덜 나 자신을 몰아붙이고 조금 더 즐겼더라면 파스타 소량에 피자 한두 조각, 초콜릿 크루아상 한 개 정도를 즐기고 끝냈을 것이다. 그 따스한 여름날 저녁에.

018

변화를 위한 역설의 철학

20년 넘게 나는 같은 숲을 걷고 있다. 삶의 여정이 긍정적이었던 기간에 이 숲은 나의 창의력을 재생해주고 활력을 보충해주고 평온을 회복해주는 장소였다. 반대로 내가 어려움을 겪을 때나 비극을 헤쳐나갈 때, 허무맹랑한 일을 경험할 때면 이 숲은 일종의 수도원이자 성장과 변화를 위한 은신처가 되어주었다.

숲의 오솔길 중 하나를 따라가면 오리들이 활기차게 노니는 작은 연못이 나온다. 연못 옆에는 표지판이 하나 세워져 있는데 내가 불확실성을 헤쳐나가는 데 큰 도움이 되었던 다음과 같은 구절이 새겨져 있다.

— 숲은 바람, 화재, 해충, 질병 같은 자연 교란을 통해 스스로 재생합니다. 이런 교란으로 인해 나무들이 죽는 구역도 생기지만 그 속에서 새로운 숲이 자랍니다.

그렇다. 자연의 본질은 끊임없는 변화다. 그리고 때때로 우리가 서 있는 토대가 무너져야만 더 튼튼한 토대로 대체될 수 있다. 비

나의 수도원이기도 한 숲의 표지판.

약적 발전은 와해의 과정을 거쳐야 한다. 진보는 격변 없이 일어날 수 없으며 **더 나은 무언가의 탄생은 언제나 친숙한 무언가의 죽음을 요구한다.** 불편한 교란은 당신의 진화뿐만 아니라 생존 자체를 위해서도 필수적이다. 마치 이 숲처럼.

비전문가의 눈에는 교란이 나쁜 것, 잘못된 것으로 보인다. 우리는 상황이 원래대로 돌아가기를 바란다. 그래서 더 안전하다고 느낄 수 있기를 원한다. 그러나 성장의 불편함은 안전하다는 환상보다 항상 낫다. 정말이다. 가만히 있는 것은 일상의 영웅이 되려고 하는 누구에게나 굉장히 해로운 행동이다.

리더로서 당신의 발전과 인간으로서 당신의 최적화는 어려운 일을 해내야만 이뤄진다. **가장 하기 쉬운 일은 일반적으로 가장 가치 없는 일이다.** 변화는 폭풍우가 치는 계절에 일어나며 결코 편안한 시기에 일어나지 않는다.

위대한 성인들, 현자들, 영성의 천재들은 깨달음으로 가는 길의 주요 목표가 삶이 주는 어떤 혼란 속에서도 만족하고 용감하며 고요하고 자유로운 상태를 유지하면서 버티는 것임을 알고 있었다. 모든 것이 무너져 내리는 듯이 보이는 동안에도 평온을 유지하고, 외부의 어떤 것도 흔들 수 없을 정도로 강하면서도 유연한 내면의 힘의 축을 세워야 한다는 걸 그들은 알고 있었다. 외부에서 무슨 일이 일어나든 상관없이 우아하고 고요한 내면의 삶을 만드는 상상을 해보라. 통속적 안정이 아니라 당신의 원초적 영웅심에 의지하는 힘을 갖는 상상을 해보라.

개인적 삶이나 직업상 경력, 외부 환경의 변화에 대한 저항감을 버리고 운명이 보낸 새로운 환경을 받아들이면 그때부터 전개되는 모든 변동을 큰 축복으로 보게 될 것이다. 그 모든 변화를 세계의 마스터 플랜이라는 웅장한 교향곡에 필요한 음으로, 당신을 리더, 생산자, 전사, 친애하는 시민으로 만들어주기 위해 세심히 만들어진 성장과 진화의 디딤돌로 보게 될 것이다.

비행사이자 작가인 리처드 바크(Richard Bach)는 이런 글을 쓴 적이 있다. "애벌레가 세상의 끝이라고 하는 것을 우리는 나비라고 부른다." 철학자 프리드리히 니체(Friedrich Nietzsche)는 이렇게 표현했다. "내면에 혼돈을 안고 있는 사람만이 춤추는 별을 탄생시킬 수 있다."

019

지금의 당신도 충분히 가치 있는 존재다

"비교는 기쁨을 앗아가는 도둑이다." 미국의 사회운동가 엘리너 루스벨트(Eleanor Roosevelt)의 말이다. 오늘날 우리는 '비교의 문화' 속에 살고 있다. 어느 날은 자신이 낸 성과에 기뻐하다가도 다른 누군가가 더 인정받는다고 느끼면 기쁨을 잃고 만다. 어느 날은 연인에게 만족하다가도 더 근사한 사람과 팔짱을 끼고 가는 누군가를 보면 갑자기 불만을 토해낸다.

우리는 경제적 안정감을 느끼다가도 요트 위에서 일광욕을 하거나 전용기로 전 세계를 돌아다니거나 호화 저택의 정원에서 장미 향기를 맡는 사람의 사진을 보면 불안감을 느낀다. 자신의 외모가 괜찮다고 느끼다가도 더 마른 체격에 모델 같은 얼굴을 한 사람의 영상을 보면 자신감을 잃는다.

나의 정서적 치유는 주로 어느 선에서 만족하는 법을 배우는 데 집중되었다. 나라는 사람과 나의 삶의 방식, 내가 가진 것에 만족하는 법을 배웠다. 그리고 나의 삶을 다른 사람들의 삶과 비교하지 않는 법을 배웠다(우리가 흔히 멋지다고 생각하는 라이프스타일 대부분은 브랜드를 팔고 제품을 홍보하기 위해 세심히 조작된 환상에 지나지 않는다).

또한 나는 **지구상에 엑스트라인 사람은 없다**는 사실도 배웠다. 우리 각자는 가치 있는 존재다. 모두가 중요한 사람이다. 누군가의 계좌에 있는 현금이나 누군가의 집의 크기는 그가 당신보다 더 나은 사람이라거나 중요한 사람임을 의미하지 않는다.

영혼이 손상된 우리 사회는 왜 재벌을 단순 노동자보다 더 가치 있는 존재로 규정할까? 왜 국가 지도자를 교사나 응급구조사, 샌드위치를 만드는 사람보다 더 유능한 인물로 여길까? 돈은 성공의 한 척도일 뿐이며 부의 한 형태일 뿐이다. 성공의 척도와 부의 형태는 더 많다. 지금보다 더 좋은 사람이 되고, 자신이 만족하는 일을 하고, 흡족한 가정생활을 하고, 감사와 희망이 넘치게 해주는 친구들과 함께하는 건 어떤가? 많은 사람이 경제적인 투자수익률에는 집착하지만 성격이나 행복, 영혼에 대한 투자수익률의 가치는 무시한다.

수많은 산업계 수장들과 억만장자들, 연예계 거물들에게 조언했던 내 경험에 따르면 그들 다수는 온갖 자산을 보유하고 있지만 불안해하고 불행하고 걱정으로 가득했다. 너무 많은 돈은 복잡함과 어려움 그리고 종종 불행의 공식이 될 수 있다. 나는 개인적으로 경제적 이득보다는 내면의 자유에 훨씬 가치를 둔다.

다음과 같은 사람의 부를 생각해보자. 항상 시간을 잘 지키고 예의가 바르고 타인을 꾸준히 배려하고 환경에 관심을 가진 사람, 열의와 높은 윤리 의식과 흔치 않은 탁월함으로 단순한 일을 하면서도 엄청난 자부심을 가진 사람, 혹독한 환경에서도 긍정성을 발산하고 주변의 모든 것에서 좋은 면을 보고 자신이 가진 것에 감사하는 모범을 보이는 사람. 이런 사람이 우리 사회의 영웅이 아닐까? 마스터리의 모델이 아닐까? 비범한 사람들을 대표하지 않을까?

당신의 특별함을 인정하라. 당신의 미덕을 기려라. 당신의 선량함을 인식하라. 당신이 겪어온 일들 전부와 미래가 당신을 위해 준비해놓은 찬란한 축복에 경의를 표하라. **당신의 위엄을 과소평가하지 마라.** 현재 이 지구상에 당신과 똑같은 사람은 단 한 명도 없다는 사실을 확실히 이해하라. 인류 제국이 시작된 이래 당신이란 사람은 오직 한 명뿐이다. 놀랍지 않은가? 당신의 지문, 당신의 재능, 당신의 야망, 당신처럼 말하고 일하고 걷고 사랑하는 방식을 가진 존재는 단 하나다. 당신은 굉장한 존재다!

당신이 소비하는 미디어는 복부 근육이 멋지게 잡힌 사람의 사진과 멋진 스포츠카를 모는 배우들의 영상을 보낼 수도 있다. 그렇다고 해서 당신이 가치가 없는 사람인 건 아니다. 당신은 유일무이한 존재다. 날마다 삶의 모든 면을 계속 개선해나가는 건 매우 중요하지만 지금의 당신도 충분히 가치 있는 사람이라는 걸 믿기 바란다. 그러니 세상이 당신에게 해주기를 기대하는 말과 칭찬, 격려를 스스로 해주도록 하자. 당신 자신이 당신을 가장 응원하는 치어리더, 최고의 지지자, 최고의 팬이 되도록 하라.

020

하루는 여는 선언문

이제 소개할 선언문은 동네가 조용한 이른 아침에 당신이 낭독할 수 있도록 작성된 것이다. 하루 중 가장 조용한 시간에 당신의 빛나는 열정과 재능에 접근할 수 있길 바라며 작성했다. 사람들이 잠들어 있는 동안 이 선언문을 읽으며 가장 순수한 자신과 연결되고, 숨은 힘을 끄집어내고, 그날 당신이 무엇을 하고자 하는지 떠올려보는 시간을 갖길 바란다.

하루의 소음이 시작되기 전 만물이 고요한 이 시간에는 과거의 낙담을 떠올려 상처받을 일이 없다. 당신의 부정적인 성향과 패배주의에 무릎 꿇지 않을 수 있다. 얼마든지 변화할 수 있는 사람이길 바라는 자기 자신에게 더 가까워질 수 있다.

동틀 녘에 이 선언문을 소리 내어 읽다 보면 당신의 의식뿐 아니라 무의식도 조금씩 재구성될 것이다. 당신을 작아지게 하고 두렵게 만든 잘못된 믿음을 떨쳐버리고 당신을 더 크고 나은 존재로 만들어줄 생각과 감정이 들어오도록 해줄 것이다. 그리고 당신이 일하는 방식을 재설계해줄 것이다. 자, 그러면 선언문을 한번 읽어보자.

— 오늘은 내가 존중하고 음미하고 최대로 활용할 축복이다. 내일은 관념이고 오늘은 현실이다. 그래서 나는 오늘을 우아하게, 참을성 있게, 빈틈없이 살기로 한다.

나는 다가오는 순간들을 피해자가 아닌 리더로서 맞이할 것이다. 모방자가 아니라 창시자로서 맞이할 것이다. 추종자가 아니라 비전의 소유자로서 맞이할 것이다.

오늘 나는 평범하기보다는 비범해지는 쪽을 선택하기로 한다. 소심하지 않고 용감해지기로 한다. 비난, 불평, 변명으로 내 힘을 내주는 대신 나만의 방식으로 영웅이 되기로 한다.

나는 불안과 고분고분함, 거절에 대한 두려움으로 나의 생산성을 떨어뜨리지 않을 것이며, 사람들을 격려하고 존중하고 가치를 부여하는 내 능력을 억누르지도 않을 것이다.

오늘 나는 성찰하고 깊이 생각할 시간을 가질 것이다. 모든 시간 낭비에 저항하고 현재에 몰두하고 내 이상에 충실하면서 숙련된 모습을 보여주는 노동을 할 것이다.

오늘 나는 나 자신에게 한 모든 약속을 준수하고 가장 좋은 습관을 실천하며 내 마음이 노래하는 일들을 해낼 것이다. 내 안에는 많은 음악이 있기 때문이다. 그래서 더 이상 그 노래를 속에만 담아둠으로써 나 자신을 경시하지 않을 것이다.

지금 이 시각부터 나는 자제하고 집중하며 '바쁨'과 '중요한 목표 달성'을 혼동하지 않을 것이다. 휴식을 취해야 한다면 절대로 시간 낭비라고 생각하지 않을 것이다. 올바른 회복 없는 성과는 타고난 천재성을 떨어뜨린다는 사실을 이해하기 때문이다.

오늘 나는 위대한 통찰을 발견하고 이를 실천할 계획을 세울 것이다. 실행이 없는 관념은 어리석은 자들의 유희다. 그리고 놀라운 꿈을 현실로 만드는 것은 엄청난 자기애의 행위다.

오늘 나는 어제보다 더 용감하고, 엊저녁보다 더 낙관적이고, 어젯밤보다 더 친절할 것이다. 큰사람이란 나 자신보다 남들을 더 높이는 사람이다. 또한 죽음을 맞이할 때 가장 중요하게 여겨지는 것은 내가 영감을 준 사람들, 내가 베푼 보살핌, 내가 보여준 관대함일 것이다.

오늘 나는 의심의 말들 앞에서 세상을 놀라게 할 프로젝트를 진행하고 오랜 세월이 지나도 건재할 대단한 일을 해낼 것이다. 좌절은 침체의 소산이지만 꾸준한 발전은 재능의 증거임을 알기 때문이다.

이전의 난관과 상관없이 나는 링으로 한 걸음 더 다가갈 것이다. 어떤 자기 회의에도 불구하고 내가 열망하는 정상까지 계속해서 오를 것이다.

나는 말보다는 실천하는 사람, 조금 하다가 마는 게 아니라 결과를 내놓는 사람, 아마추어보다는 프로에 가깝다. 기념비는 한 번에 하나의 돌을 쌓아 만들어진다. 그래서 나는 시작할 것이다. 집중하고 현실에 기반을 두고 중심을 유지할 것이다. 방해물에 정신이 팔리지 않고 한 번에 몇 시간씩 집중해서 결과가 어떻든 간에 가장 중요한 승리를 거둘 것이다. 어두운 자아와 한때 나를 구속했던 약점을 이길 것이다.

나는 나의 가장 높은 이상을 향해 작은 발전을 계속해나가면서 내 안의 진실과 힘을 발견할 것이다. 그리고 그 힘과 연결되면서 한때 상처 입었던 나의 가장 영광스러운 자아와의 관계를 회복할 것이다.

2장

작은 깨달음이 모여 인생을 변화시킨다

사소한 행동이 고귀한 의도보다 항상 낫다.

실행 없는 관념은 망상으로 가는 통로다.

021

기회가 있을 때마다 호의를 베풀어라

이 이야기는 로마에서 쓰고 있다. 곧 스웨덴의 재계 지도자들 앞에서 강연을 하러 떠날 것이다.

이틀 전에는 두바이에서 고위 임원 400명을 대상으로 리더십 강연을 했다. 그렇게 보이지 않을 수도 있지만 요즘은 콘퍼런스 강연을 조금씩 줄이고 있다. 지금 나는 출장을 덜 다니고, 그보다는 요리 실력을 더 기르고, 작가의 삶을 더 살고 싶은 인생 주기에 와 있기 때문이다. 그래서 가끔 연단에 설 때는 그 시간을 굉장히 즐기고 있다.

어제 두바이의 거대한 공항에서 아주 멋있는 모자를 쓴 남자와 함께 엘리베이터를 탔다. 젊었을 적 나는 모터크로스 바이크를 탔는데, 함께 엘리베이터에 탄 남자의 모자에 근사한 바이크 브랜드 로고가 새겨져 있었다. 나는 모자가 멋지다고 말해주고 싶었지만 혹시라도 그가 불편해할까 봐 망설였다(상대방에게 환영받지 못할 것이라는 두려움 때문에 기쁨과 놀라움을 놓친 것이다! 예전에 할리우드 스타를 보고도 인사할 기회를 놓친 이야기는 조금 뒤에서 들려주겠다).

그러다 문득 이 신사의 모자를 아는 체할 기회가 다시 없을지도 모른다는 것을 깨달았다. 그래서 정말 하고 싶었던 행동을 했다. 조금 실없어 보인다 한들 어떤가? **인생의 가장 큰 위험은 위험을 감수하지 않는 것이다.**

"모자가 멋지네요."

드디어 말했다. 하지만 나는 어떤 대답이 돌아올지 여전히 확신하지 못한 채였다. 그런데 놀랍게도 그는 아무런 망설임 없이 모자를 벗으며 말했다.

"가지세요."

예전 같으면 예의상(그리고 받아도 되는지에 대한 약간의 불안감으로) 선물을 거절했을 것이다. 하지만 이번에는 바로 받았다(나도 제대로 행동할 때가 가끔 있다). 나는 그의 남다른 친절에 진심으로 감사하며 선물을 받았다.

그는 미소를 지었다. 너그러운 미소였다. 아주 보기 좋은 미소였다. 엘리베이터에서 내리면서 나는 그에게 잠시만 기다려달라고 부탁했다. 그러고는 기내용 가방을 열어 《변화의 시작 5AM 클럽》 최신판을 꺼냈다. 나는 수많은 사람의 삶을 변화시킨 이 책을 출장길에 몇 권 가지고 다니면서 친절한 승무원과 호텔 룸서비스 직원, 택시 기사들에게 주곤 한다. 이번에는 그에게 가야 할 운명인 게 분명했다.

나는 모하메드라는 그의 이름과 행운을 비는 글을 써서 다정히 건넸다. 그는 활짝 웃었다. 아름다웠다.

그 일요일 오후 혼잡한 공항에서 처음 보는 두 사람 사이에 일어난 마법을 공유하기 위해 그때 사진을 실었다.

두바이 국제공항에서 멋진 새 친구와 함께(이때만 해도 숱이 많았던 내 머리에 얹힌 모자가 그에게 받은 모자다).

지금 이 세상에는 부정적이고 해로운 사건과 비극들이 수없이 벌어지고 있다. 그 상황들의 부당함, 비열함, 무례함, 탐욕과 증오의 증거를 보노라면 마음이 아프다. 그렇지만 나는 또 다른 사실도 알고 있다.

나는 우리 이웃에 살고 있는 일상 속 영웅들의 품위 있는 행동을 이렇게 많이 본 적이 없다.

나는 수많은 나라의 다양한 사람들이 보여준 선한 마음에 끊임없이 감동하고 눈물을 흘린다.

나는 수많은 현명한 영혼이 대가를 바라지 않고 하는 고결한 행동에 마음속 깊이 고무되곤 한다.

공항에서 만난 그 신사는 호의가 무엇을 의미하는지, 낯선 사람에게 선의를 보이는 것이 어떤 것인지, 우호적이고 친절하며 이타적인 것이 어떤 것인지 아주 잘 보여주었다. 퀘이커 선교사인 에티엔 드 그렐레(Étienne de Grellet)는 다른 사람을 배려해야 하는 이유에 대해 다음과 같은 글을 썼다.

"우리는 이 세상을 단 한 번 살 것이다. 그러니 친절을 베풀거나 선한 행동을 할 수 있다면 지금 행하라. 미루거나 소홀히 하지 마라. 이 삶을 다시 살지 않을 것이기 때문이다."

스스로 관대함과 친절함의 미덕을 옹호한다고 말하기는 매우 쉽다. 그러나 그 말을 현실로 만들어주는 건 옳다고 믿는 일을 하는 것이다. 그것이 가장 영웅적인 행동이다.

나는 아직도 가끔 그 모자를 쓴다. 내가 되고 싶은 사람을 떠올리기 위해서다. 그리고 수염을 길렀던 내 친구를 기억하기 위해서다. 두바이 공항에서 만난 그 친구를 기억하기 위해서다.

022

혹독하게 가르치는 선생에게 배워라

내가 다니는 스피닝 강습의 선생님은 체격이 매우 좋다. 그녀는 힘차게 페달을 밟고 빠르게 몸을 흔들면서 수강생 모두에게 최선을 다하라고 다그친다.

몇 년 전 처음으로 그녀의 새벽 강습에 나갔을 때는 진도를 따라갈 수가 없었다. 이게 나한테 맞는 운동인지 알 수 없었고 그만두고만 싶었다. 나는 리듬에 맞춰 페달을 돌리지도 못했고 박자를 따라갈 수도 없었다(만일 그곳에 당신이 있었다면 어색하게 버둥거리는 내 모습을 보는 것만으로도 당황스러웠을 것이다!). 모두 뛰어난 운동선수처럼 보이는 수강생들과 달리 나는 그곳에 어울리지 않는 사람 같았다. 정중하지만 엄한 강사가 따라 하라는 동작을 제대로 못하고 헤맬 뿐이었다.

지금은 쉬운 모든 일이 한때는 어려웠다. 그리고 꾸준함은 숙달의 어머니다. 끈기야말로 영웅과 전설이 되는 가장 기본적인 조건이다. 그래서 나는 몹시 창피하고 무척 힘이 들고 실력도 늘지 않았건만 자존심을 굽히고 계속 강습에 나가 페달을 돌리며 땀을 흘렸다. 그렇게 계속하다 보니 생각보다 멋지고 고무적인 일, 심지어 아름답기까지 한(적어도 지친 내 눈에는) 일이 일어나기 시작했다.

이 혹독한 강사와 함께하는 자전거 타기가 조금은 편해지기 시작한 것이었다. 스피닝을 하는 날 오후 5시면 탈진하고는 했던 상태에서 조금 나아졌다. 나는 자전거 위에서 덜 바보 같아졌고 수업을 부드럽게 따라가게 되었다. 어둡고 촛불로 가득한 실내에서 나는 조금씩 용감해졌다. 몇 주, 몇 달이 지나면서 페달 밟는 속도가 빨라졌다. 드디어 박자에 맞춰 페달을 밟기 시작했다. 그리고 재미를 느끼기 시작했다. 진짜 재미있었다.

우리가 가장 크게 성장할 때는 하루아침에 로마를 건설하려 할 때가 아니다. 잃어버린 능력을 기억해내고 잠자고 있던 강점을 되찾아가는 작은 승리를 꾸준히 이룰 때다. 작고 일관되고 규칙적인 실천이야말로 열의와 허세에 넘쳤다가 흐지부지되며 끝나는 것보다 훨씬 낫다.

한 영역에서 성장하면 삶의 다른 모든 영역에서도 성장한다는 사실도 기억하라. 한 가지 일을 하는 방식이 다른 일을 하는 방식까지 전부 정해주기 때문이다. 그리고 자신에게 한 약속에 충실한 사람에게는 항상 놀라운 축복이 찾아온다는 점도 기억하라.

한편 내 이야기는 더 재미있어졌다. 종종 내 삶을 침범하는 요구와 복잡함, 산만함을 피해 13일 동안 글만 쓰려고 여기 트라이베카(미국 로어맨해튼의 한 구역 – 옮긴이)의 조용한 호텔 방에 머물며 이 글을 쓰고 있던 화창한 토요일 아침, 나는 집에서 다니던 체육관의 다른 지점에서 운영하는 스피닝 강습에 나갔다.

강사는 팝 스타처럼 유연하고 조각 같은 몸매를 가졌고 수강생들은 피트니스 챔피언처럼 보였다. 과연 내가 따라갈 수 있을지 확신이 서지 않았다. 나는 긴장되고 자신도 없고 불안했다. 마치 처음 스피닝을 경험했을 때처럼 말이다.

잠시 후 음악이 시작됐다. 강사가 페달을 밟았다. 촛불이 흔들렸다. 나는 열심히 페달을 밟기 시작했고 시간이 지날수록 힘이 났다. 이날 아침 나는 자전거에서 춤을 추면서 영혼이 날아오르는 듯했고 전에 없이 땀을 흠뻑 흘렸다. 우리 동네의 '스파르타' 강사와 했던 훈련 덕분에 수업은 식은 죽 먹기였다. 게다가 즐겁고 유쾌하고 아주 수월했다.

우리 인간은 놀라운 생명체다. 적응과 번영, 발전을 위해 완벽하게 설계되었다. 당신과 나 그리고 오늘 살아 있는 우리의 형제자매 모두는 새로운 것을 시도하고, 그 과정을 따라가고, 난관을 극복하고, 점점 숙달해가는 능력을 타고났다. 인생의 여정은 우리가 진정으로 어떤 존재인지에 관해 조금씩 깨달음을 얻어가는 과정이다. 우리는 항상 우리를 두렵게 하는 일을 향해 걸어가야 한다. 우리가 받을 선물이 거기에 있기 때문이다.

한 가지만 물어보자. **당신은 무언가를 처음 시도해본 지 얼마나 됐는가?** 만약 그래본 지 오래되었다면 무엇을 망설이는가? 과거, 심지어 어제의 당신이 어떤 사람이었는가가 오늘 당신이 할 수 있는 모든 것을 방해하도록 두지 말자. 당신을 성장하게 해줄 새로운 일을 시도해보라. 길을 안내해줄 훌륭한 스승과 함께.

023

적신호를 직시하라

아들의 스물다섯 번째 생일을 맞아 나는 내가 사랑하는 도시 로스앤젤레스에서 함께 긴 연휴를 보낼 계획을 세웠다. 일단 우리는 다저스 경기를 보러 가기로 했다(나는 야구를 좋아하지 않지만 아들은 좋아하고 나는 아들을 정말 사랑하니까). 그리고 아주 맛있는 초밥도 먹기로 했다. 산타모니카 부두도 걸을 계획이었다. 베니스 비치에서 운세를 들어볼 수도 있었다.

아들이 도착하기 며칠 전부터 나는 로스앤젤레스에 있었다. 언론 매체에 출연하고 비즈니스 회의에 참석해야 했기 때문이다. 아들이 호텔에 도착한 직후 우리는 유명하지만 소박한 이탈리안 레스토랑으로 향했다. 분위기도 좋고 사람들도 친절했을 뿐 아니라 카초 에 페페(cacio e pepe, 치즈와 후추로 만든 소스에 버무린 파스타 – 옮긴이)도 맛있었다.

메인 요리가 나오기 전에 옷을 잘 차려입은 남자 두 명이 식당에 들어와 우리 옆에 앉았다. 나는 인사를 건넸고 곧 우리는 시사 문제, 좋아하는 도시들, 세상이 어떻게 돌아가고 있는지 이야기하기 시작했다. 그리고 어느 순간 대화가 인간관계로 옮겨 갔을 때 한 남자가 아주 통찰력 있는 말을 했다.

"적신호가 보이면 직시해야죠."

나는 이 교훈을 배우는 데 50년이 훨씬 넘게 걸렸다. 그것도 아주 힘들게 배웠다. 시인 마야 안젤루(Maya Angelou)는 이렇게 말했다. "누가 어떤 사람인지 보여준다면 그 모습을 믿어라." 또 이런 금언도 있다. "한번 속으면 속인 사람 잘못이지만 두 번 속으면 속은 사람 잘못이다."

당신과 나는 모두 선량하고, 신의가 있고, 예의 바르고, 사려 깊은 사람들이다. 그리고 우리가 선량하고, 신의가 있고, 예의 바르고, 사려 깊은 사람들이므로 일로서나 개인적으로 상대하는 사람들도 마찬가지라고 생각한다. 그러나 그렇지 않다. 인간관계에서 빠지기 쉬운 함정 하나는 자신이 세상을 보는 방식이 모든 사람이 세상을 보는 방식이라고 생각하는 것이다. 그리고 상대방을 잔인하리만큼 있는 그대로 보지 않고 당신이 원하는 모습으로 보는 함정에 빠지면 더 큰 어려움을 겪을 수 있다(거기서 벗어나는 데 몇 년이 걸릴 수도 있다).

자기기만(self-deception)은 종종 비싼 대가를 치른다. 늘 꿈꿔왔던 연인, 친구, 직원을 드디어 찾았다고 믿고 싶어서 자신에게 거짓말을 한다면 마음이 찢어지고, 행복을 위협받고, 마음의 평화가 깨진다. 그것도 영원히. 조심하지 않으면 말이다.

나는 타고난 희망론자다. 기본적으로 사람들에게서 가장 좋은 점을 보려 한다. 독일의 문호 요한 폰 괴테(Johann von Goethe)는 이렇게 말했다. "사람들이 이미 바람직한 모습인 것처럼 대하

라. 그러면 당신은 그들이 바람직한 모습이 될 수 있도록 도와주는 것이다." 나는 아주 여러 해 동안 그의 말을 충실히 지키기 위해 최선을 다했다. 사람들은 자신에 대한 당신의 기대에 부응하기 위해 발전하곤 한다.

하지만 항상 그렇지는 않다. 세상에는 매우 심한 손상을 입은 사람들이 있다. 그들은 자신의 잘못이 아닌 가혹한 사건들로 트라우마가 생기고, 끔찍한 비극으로 상흔을 입고, 예상치 못한 배신으로 크게 다쳤다. 그들은 우리의 이해와 공감과 호의를 받아 마땅하다. 하지만 그들을 당신의 동업자나 친구나 배우자로 삼으려고 할 때는 숙고해야 한다. 심하게 상처받은 사람들은 대체로 사람들에게 심한 상처를 주기 때문이다. 그리고 심한 고통을 겪고 있는 사람은 당신에게 심한 고통을 줄 수 있다.

그들은 대부분 당신의 창의력을 파괴하고 생산성을 짓밟고 에너지를 고갈시킬 것이다. 그들은 자기 자신이기를 멈출 수 없기 때문이다. 적신호가 청신호였으면 하는 당신의 바람은 그저 희망사항일 뿐이다. 그리고 어리석음일 뿐이다. 물론 계속 그들에게서 최선의 모습을 보고 그들을 사랑할 수는 있다. 다만 멀리서 하라. 성공을 지속하는 사람들은 오로지 진실만을 거래한다. 비록 그 진실에 실망하더라도 말이다.

024

창의성에 관한 단상

"명작을 완성하는 데는 얼마나 걸립니까?"

한 제자가 스승에게 물었다.

"필요한 만큼."

스승은 간단히 대답했다. 잠시 후 이렇게 덧붙였다.

"그리고 신기(神氣)에 이를 때까지 멈추지 말아야 한다. 그렇지 않으면 시작조차 하지 않는 편이 낫다."

역작을 만들어내기란 쉽지 않다. 극도의 인내심을 발휘하고, 깊이 파고들고, 자기 안의 위대함을 끄집어내고 내면의 용과 마주해야 한다. 하지만 계속해서 완성해간다면 당신은 완전히 새로운 사람이 될 것이다. 그리고 그것을 만들면서 얻은 자신감과 전문성, 자존감은 평생 지속될 것이다.

025

완벽함은 창의성의 적이다

어떻게 실행할지 계획에 지나치게 신경 쓰다 보면 논리에 갇혀 천재성이 제약을 받는다. 모든 걸작은 냉정한 이성이 아니라 자유분방한 상태에서 만들어진다. '무엇'에 집중하면 '어떻게'는 저절로 나타난다.

완벽함에 대한 강박은 창의성의 적이 될 수 있다. 그리고 인류를 위해 좋은 일을 할 수 없는 길이기도 하다. 당신이 비전을 품은 도전, 활력으로 가득한 모험에 대해 사람들이 어떻게 생각하는지 지나치게 신경 쓰면 중요한 일을 아무것도 하지 못한다.

다시 말해 당신의 예술성과 독창성 그리고 장래성은 변절하려는 성향, 지적 논리에 반발하려는 성향이 있다. 당신의 고유한 개성은 내면의 괴짜를 움직여 해적선에 깃발을 올리고 잠재력이라는 미지의 바다로 나아가게 한다.

혁명가가 되어라. 평범하고 지루하고 흥미롭지 못한 모든 것에 대항하는 활동을 시작하라. 일상의 압박과 어리석은 기분 전환으로 폐쇄된 창의성의 틈새로 침입하라. **당신의 세계에서 유명해지는 유일한 길로 알려진 규칙들을 깨부숴라. 군중에서 벗어나**

라. 변화의 리더로서 당신의 명성과 운동가로서의 운명 그리고 당신이 추구하는 기쁨과 윤리적 힘이 여기에 달려 있다.

절대로 평균이 되지 마라. 당신의 영혼이 노래하는 일을 할 때 우리의 세상은 좀 더 힘을 얻고 살아날 것이다. 더 사랑스러워지고 나아가 영적 분별력이 생길 것이다. 물론 이런 모습을 보여줄 때 당신은 이해받지 못하고 인정받지 못할 것이며 심지어 당신의 뛰어남을 과시했다고 욕을 먹기도 할 것이다. 이런 일이 일어나면 윈스턴 처칠의 이 말을 기억하라. "짖는 개마다 멈춰 서서 돌을 던진다면 목적지에 결코 도달하지 못한다."

창의적인 슈퍼스타를 생각하면 니콜라스 코페르니쿠스(Nicolaus Copernicus), 윌리엄 셰익스피어(William Shakespeare), 코코 샤넬(Coco Chanel), 살바도르 달리(Salvador Dali), 월트 디즈니(Walt Disney), 헤디 라마(Hedy Lamarr, 배우이자 과학자－옮긴이), 필립 스탁(Philippe Starck, 프랑스 태생 산업 디자이너－옮긴이), 장-미셸 바스키아(Jean-Michel Basquiat, 미국의 그라피티 작가－옮긴이)의 이름이 떠오른다.

눈부시도록 창의적인 대가들과 산업 혁신가들을 생각하면 다음과 같은 사실들이 기억난다. 트럼펫 연주자 마일스 데이비스(Miles Davis)는 그의 영웅인 찰리 파커(Charlie Parker)와 듀크 엘링턴(Duke Ellington)을 모방하다가 자신만의 연주법(본질적으로는 자신감)을 발전시켜 독창적인 스타일을 만들어냈다.

알렉산더 맥퀸(Alexander McQueen)은 패션쇼에서 슈퍼 모델 샬롬 할로(Shalom Harlow)가 런웨이를 걸어가는 중간에 페인트 기

살바도르 달리의 작업실에서.

계로 페인트를 분사하여 드레스에 매혹적인 디자인을 만들어냈다. 청중은 우레와 같은 박수갈채를 보냈다. 그 드레스는 지금 전설이 되었다.

요하네스 구텐베르크(Johannes Gutenberg)는 인쇄기로 지식과 정보를 더 널리 보급함으로써 세상을 근본적으로 변화시켰다. 그 전에는 많은 사람이 읽을 수 있도록 대량의 출판물을 만드는 것은 불가능하게 여겨졌다.

영국의 예술가 데미언 허스트(Damien Hirst)는 난폭한 뱀상어 사체를 폼알데하이드 수조에 매단 그의 대표작 〈살아 있는 사람의 마음속에 있는 죽음의 물리적 불가능성(The Physical Impossibility of Death in the Mind of Someone Living)〉을 선보였다. 상어는 어부에게 돈을 주고 호주 퀸즐랜드 해안에서 잡아온 것이었다. "당신도 잡아먹을 만큼 큰" 상어를 잡아 오라는 것이 그의 유일한 지시였다.

모든 진정한 예술성, 즉 가정에 도전하고 가능성을 확장하며 창조적 무법자의 저 높은 자리에 이른 고무적인 작품은 선구적인 현실 인식에서 시작된다. 나의 믿음은 확고하다. **놀라운 창의성은 비정상을 요구하며 평범한 사람들에서 벗어나기를 요구한다.** 본연의 천재성을 실현하려면 반드시 정상의 족쇄 저편에 존재하는 기회를 볼 필요가 있다.

당신의 분야를 지배하고 주도해나갈 작품을 창작하려면 당신의 '이상함'을 존중해야 한다. 어릴 적 선생님들이 성공하려면 반드시 따라야 한다고 했던 가르침을 무너뜨리기 위해 정말로 노력해야 한다. 당신의 고결한 상상력을 드러내고 재능을 끝까지 발휘하려면 현상 유지에 반대하는 활동가가 되고, 다른 독창성의 궤도에서 움직이고, 당신이 그 분야에 입문하기 전에 존재했던 규칙들을 훨씬 흥미로운 내일에 대한 당신만의 신비롭고 기적적인 비전으로 바꿔야 한다.

스페인에 강연하러 가서 작은 어촌인 카다케스(Cadaqués)에 있는 달리의 기이한 집을 방문했을 때 읽었던 글귀가 생각난다. "식당에서 바닷가재구이를 달라고 하면 왜 한 번도 조리된 전화기를 내놓는 법이 없는지 이해가 안 된다."(달리의 자서전에 나오는 구절로 그의 작품 '바닷가재 전화기'에서 볼 수 있듯이 낯익은 사물에서 무의식과 꿈의 세계를 찾고 표현하려 했던 초현실주의를 설명하고 있다-옮긴이) 그러게나 말이다.

거장의 붓들.

026

용기가 필요한 순간

강한 자신감이 없다면 당신은 고요한 환상을 일상의 현실로 옮길 결심을 내지 못할 것이다. 또는 일이 엉망이 됐을 때 드높은 열정을 유지할 수 있게 해주는 용기도 내지 못할 것이다. 하지만 나를 믿어라. 그렇게 될 것이다.

할리우드의 상징적인 슈퍼 에이전트 어빙 스위프티 라자르(Irving Swifty Lazar)가 생각난다. 막 일을 시작했을 때 그는 마침 함께 일하고 싶었던 신인 연예인과 저녁 식사를 하고 있었다. 그리고 레스토랑 화장실에서 유명한 가수 프랭크 시나트라(Frank Sinatra)를 만났다. 그는 흥분해서 자신이 그의 팬이라고 밝혔다.

당시 한창 명성을 날리던 시나트라는 스위프티를 무시하려 했다. 하지만 청년 스위프티에겐 후츠파(chutzpah, 두둑한 배짱과 대담한 용기를 뜻하는 이스라엘어)가 있었다. 그는 시나트라와 관계를 트기 위해 계속 대화를 이어갔고, 결국 시나트라는 경계를 풀고 이 초보 에이전트의 말에 귀를 기울이기 시작했다.

"저희 테이블로 오셔서 인사 좀 해주시겠습니까?"

스위프티가 정중하게 요청했다.

"그건 안 되겠어요. 전 일행이 있어서요."

"인사해주시면 정말 감사하겠습니다, 시나트라 씨."

스위프티는 간청했다.

"제게 너무나도 중요한 일이에요. 시나트라 씨도 제 일행을 만나보시면 즐거우실 겁니다."

한참 동안 침묵하다 시나트라가 말했다.

"좋아요. 30분 후에 만나죠."

약 30분 후 프랭크 시나트라는 유명 인사들, 정치 지도자들, 재계 거물들이 앉은 촛불 켜진 테이블을 지나 스위프티가 앉아 있는 자리로 곧장 걸어갔다. 그는 스위프티의 어깨를 두드리고는 "안녕, 스위프티!"라고 환한 미소를 지으며 인사했다. 그러자 스위프티가 고개를 들면서 이렇게 말했다.

"지금은 안 돼요. 프랭크."

이에 깊은 인상을 받은 신인 배우는 그날 밤 스위프티와 에이전트 계약을 했다. 그리고 스위프티 라자르는 업계의 전설로 남았다. 중요한 순간에 대담하게 용기를 낸 덕분이었다.

027

트라우마는 사실 스승이다

고통은 학교다. 그리고 트라우마는 교사다. 우리가 흔히 보고 듣는 세상의 원칙에 따르면 트라우마는 깨지고 망가지고 패배한 사람들에게만 있는 것처럼 보인다. 예를 들면 전쟁이 일어난 지역에 살고 있거나 무차별 폭력을 경험했거나 성폭행을 당했거나 어려서 학대를 당했거나 사랑하는 사람을 갑자기 잃은 사람들 말이다. 하지만 실제로는 그렇지 않다(그리고 망가진 사람이란 없다. 우리 모두 다양한 정도로 상처를 입을 뿐이다).

당신과 공유하고 싶은 중요한 이야기는 이것이다. **누구나 트라우마를 경험한다.** 살아 있는 한 트라우마는 쌓이게 되어 있다. 트라우마는 출생부터 죽음까지 걸어가는 여정에서 피할 수 없는 결과물이다.

그렇다. 우리 중 일부는 다른 사람들보다 인생의 변화구를 더 세게 맞는다. 그래서 내가 위에서 열거한 비극적 사건들을 경험한다. 이들은 내가 멘토링 방법론에서 말하는 '중대 트라우마(macro-trauma)'를 겪는다. 그런 트라우마는 심각하다. 몸과 마음에 깊은 상처를 내고, 떨쳐버리거나 회복되기 힘들다.

반면에 화난 운전자에게 욕을 먹거나 배우자와 다투거나 자격 미달의 경쟁자에게 사업 계약을 잃는 등의 '미세 트라우마(micro-trauma)'를 입은 경우는 트라우마에서 좀 더 쉽게 벗어난다. 그러나 아무도 살면서 트라우마를 피할 수 없다는 사실은 여전하다[고마워요, 짐 모리슨(Jim Morrison, 록 밴드 도어즈의 메인 보컬이었던 그는 어릴 적 가족 여행 중에 목격한 교통사고가 트라우마가 되었다고 고백한 적이 있다 - 옮긴이)].

자, 이제 좀 더 깊이 들어가 보자. 트라우마는 우아한 칵테일파티와 정중한 대화에서는 피하는 게 상책인 금기어가 아니다. 전혀 그렇지 않다. 내 경우 트라우마는 나의 가장 훌륭한 스승이었다. 트라우마는 내가 역경을 우아하게 헤쳐나가도록 축복해주었고, 내가 잊고 있었던 창의성에 다가가게 해주었으며, 나를 더 친근하고 겸손한 사람으로 만들었고, 한때 나의 여린 마음을 지켜주던 방패를 부숴다.

운명이 내가 가는 길에 놓아둔 힘든 시간이 아니었다면 나는 지금 같은 창작자, 아버지, 배우자, 형제, 아들이 되지 못했을 것이다. 그래서 예술적 발전과 정서적 성장, 정신적 자유를 위해 활용한다면 축적된 트라우마는 최고의 학교가 될 것이라고 장담한다. **트라우마는 당신을 실패로 이끄는 게 아니라 유리한 길로 이끈다.**

억압된 감정을 해소하고 오랜 상처의 묵은 고통을 처리하는 치유 작업을 하는 법을 배운다면 당신의 가장 특별한 능력, 가장 큰 재능, 가장 현명한 자아가 분명 발휘될 것이다. 하트셋을 정화하는 이 뜻깊은 실천은 자기애의 자주적 행위이기도 하다. 자신을 더 건강하고, 더 행복하고, 더 자유로운 사람으로 만들고 있는 것이기 때문이다.

과거의 트라우마를 드러내고 없애는 것은 나약한 사람의 소일거리가 아니다. 유별나거나 부적절한 일 또는 시간 낭비가 아니다. 사실은 현명한 전사들이 하는 일이다. 진정한 세계 건설자들이 하는 일이다. 이런 치유는 남은 인생을 성공적이고 즐겁고 평화롭게 보낼 수 있는 가장 좋은 방법이다.

깊이 묻힌 상처를 다루고 억압된 감정을 해소하는 것은 매우 실리적인 일이다. 특히 자신의 가장 큰 장점을 알고, 사람들을 위해 봉사하고, 세계적 수준으로 비상하고자 하는 사람에게 매우 의미 있는 작업이다. 분명 당신은 크게 발전하고 성과를 극대화하며 낙관적인 관점을 갖게 될 것이다.

심층적 감정을 청산하는 일은 당신을 훨씬 창의적으로 변화시킨다. 왜냐하면 트라우마는 뇌를 변형시키는데 오래된 상처의 치료는 인지 기능을 최적화하기 때문이다. 흥미로운가? 잠재의식으로 내려보낸 힘든 사건들의 스트레스는 주요 지각 장애를 일으키고, 최고의 예술성에 필수인 (도파민과 세로토닌 같은) 신경전달물질의 분비를 방해하며, 좌우 뇌반구의 이상적인 연결을 약하게 만든다. 마음의 짐과도 같았던 과거의 고통, 분노, 슬픔, 죄책감, 수치심, 후회를 놓아주어라. 그러면 이전에 당신의 시야에서 가려졌던 가능성에 눈뜨기 시작할 것이다.

하트셋의 치유는 가장 왕성한 생명력 또한 발휘하도록 보장해줄 것이다. 트라우마를 끌어안고 있으면 많은 에너지와 자연적인 영감이 탕진된다. '누적된 흉터(accumulated scarring)'를 무시한다면 변연계의 생존 두뇌가 사고를 독점하고 '투쟁-도피-경직(fight, flight or freeze)' 모드가 되어 거의 변연계에 장악된 상태로 살게 된다. 고차원적 사고를 담당하는 전전두피질(prefrontal cortex)이 덜 진화되고 더 원시적인 뇌 영역인 편도체(amygdala)에 장악당하면서 실제 위협 또는 감지된 위협 모두를 이성적으로 관리할 능력을 잃는다.

그렇게 되면 아드레날린과 코르티솔 같은 스트레스 호르몬이 분비되고 공포, 불안, 분노 같은 감정이 발화된다. 과거의 상처가 심각할수록 현재 자극받았을 때의 반응이 더 격렬해진다는 점에 유의하라. 과잉 반응의 정도를 보면 당신 또는 다른 사람이 지닌 트라우마의 크기를 알 수 있다. 히스테리 반응을 보인다면 오래된 트라우마다.

우유를 쏟았다고 격노하는 배우자는 어릴 때로 퇴행해 질식할 듯한 과거의 고통을 그대로 겪는 중이다. 직원들을 학대하고 사업 동료들을 방해하는 상사는 단순히 자신의 응어리를 드러내는 것이다. 일부러 자신의 차 앞으로 끼어들었다고 생각해서 차를 세우고 주먹다짐을 할 듯 위협하는 운전자는 앞서 언급했던 상처의 장, 즉 마음속에 남겨둔 보이지 않는 트라우마들 속을 달리는 중이다.

한번은 비행기를 탔는데 옆자리에 앉은 고위 임원이 내게 배정된 자리가 더 좋다면서 자리를 바꾸자고 한 적이 있었다. 내가 그냥 내 자리에 앉겠다고 거절하자 그는 내 서류 가방을 걷어차기 시작했다. 그리고 목적지에 도착하면 나를 "처리하겠다"라며 협박했다. 그런 행동은 과거에 입은 감정적 상처를 해결하지 못하고 떨쳐버리지 못한 결과다. 하트셋의 상처를 치유하면 자신에게 잘못하지도 않은 사람들을 몰아세우는 일은 더 이상 하지 않을 것이다. 그리고 자신에게 상처 주지 않은 사람들이 피를 쏟게 하는 일도 사라질 것이다.

미세 트라우마와 중대 트라우마의 해결은 건강 수준 또한 크게 높여줄 것이다. 트라우마는 신체 시스템에 기억되어 일상에서 스트레스 반응을 드러내고 생존 모드로 살게 한다. 그러다 보면 면역력이 감소하고 염증이 증가해 당뇨, 심장마비, 뇌졸중, 암 같은 치명적 질병에 취약해진다. 감정적 고통을 해결하고 하트셋의 구조를 재구성해서 독소가 덜 분비되고 신체 능력을 향상시킬 신경화학 작용이 많이 일어나도록 해야 한다. 그러면 수명도 연장된다.

감정적 삶을 최적화하면 행복, 감사, 삶의 기적을 이성적으로 분석하기보다 느낄 수 있는 능력이 분명히 향상될 것이다. 하지만 트라우마는 인간이 신체와 분리되어 지적 기계로 삶을 영위하게 한다. 내가 이런 치유 작업을 스스로 시작하기 전에는 해돋이를 보며 감상에 푹 빠지기보다는 해돋이의 장관에 대해 생각하고 마치 예술 작품 같은 화려함에 대해 추론하곤 했다. 하트셋을 다시 끌어들이고 감정을 활성화하는 것은 장담하건대 완전히 다른 존재 방식이다.

마음이 잘하는 일에 마음을 사용하기 시작하라. 그리고 가슴을 열고 인생의 다른 모든 즐거움을 충분히 경험하라.

굳어버린 트라우마는 우리가 감정적 생기와 친밀해지지 못하도록 차단하고 머릿속으로 도피하게 한다. 바로 자신을 보호하기 위해서다. 현재 어떤 사건이나 자극으로 묵은 고통이 새롭게 되살아나면 우리는 또다시 그때의 고통을 경험하고 싶지 않기 때문에 감정으로부터 달아난다. 그리고 그런 감정을 피하고자 과로나 마약, 과음과 같은 탈출구나 우회로에 빠진다. 또는 온라인 중독과 소셜미디어로 주의를 돌린다. 우리는 마법 같은 일을 하는 사람이 아니라 관심에 목매는 사람의 삶을 살기 시작한다. 그리고 왜 인생에서 반드시 맞이한다고 하는 극도의 행복감을 느낀 적이 한 번도 없는지 의아해한다.

많은 사람이 어려움이나 비극을 맞으면 외상 후 스트레스(PTS, post-traumatic stress)를 겪게 된다. 하지만 지혜를 발휘해 어려운 선택을 한다면 우리 각자는 개인적 변화를 위해 좌절을 활용할 능력을 지니고 있다. 즉 외상 후 성장(PTG, post-traumatic growth)을 위해 분투할 수 있다. 세상에 진정한 위대함을 보여주었던 사람들을 떠올려보라. 넬슨 만델라, 마더 테레사, 마하트마 간디, 마틴 루터 킹 같은 진보적인 영혼들은 공통점이 있었다. 그들은 보통 수준을 훨씬 넘어서는 고통을 받았지만 고난이 자신을 허물어뜨리게 두기보다 지렛대 삼아 자신을 재창조했다. 전보다 더 강해졌다. 자신의 최고 미덕과 영적 강점을 기억했다. 통렬한 고통을 비범한 능력으로 바꾸었다.

다음 이야기에서는 당신의 위대함을 해방하고 가슴속 무한한 천재성을 활성화할 수 있도록 가둬둔 감정을 자유롭게 해줄 전술과 도구들을 알려줄 것이다. 지금 여기서는 트라우마를 지혜롭게 다룰 때 진실하고 창의적이고 영웅적인 자아로 나아갈 수 있다는 사실만 기억하라. 그러니 부디 트라우마를 스승으로 보길 바란다.

028

타인을 일으켜 세우는 주문

한 카페에 매우 유능한 점장이 있었다. 그녀는 고객들을 진심으로 아꼈다. 만나는 모든 사람에게 쾌활하고 공손하게 인사했으며 최고의 음료와 음식을 제공하고, 공정한 가격을 받고, 직원들이 늘 친절하도록 교육했다.

그녀가 가장 좋아했던 고객은 전직 학교 교사였던 한 여성이었다. 80대인 그 고객은 항상 완벽하게 차려입고 매우 우아한 모습으로 카페에 나타났다. 매일 아침 그녀는 남편인 노신사의 손을 잡고 카페를 방문했다. 그녀는 남편을 아주, 아주 많이 사랑하는 듯 보였다. 부부는 커피숍에 오면 조심스럽게 주문대로 걸어와 항상 같은 것을 주문했다. 커피 두 잔과 페이스트리 한 개, 포크는 두 개를 달라고 했다. 그런 다음 늘 같은 테이블에 앉아 대화를 나눴다.

사업은 대화다. 팀원, 고객, 공급업체와 대화가 되지 않으면 사업도 잘 되지 않는다. 훌륭한 가정생활 또한 대화다. 계속 스마트기기만 갖고 놀거나 텔레비전을 너무 많이 보거나 항상 일만 하느라 대화하지 않으면 가족을 잃을 것이다. 그리고 그전에 어떤 사람이 되고 싶고 세상을 위해 무엇을 하겠다고 약속할지 자신과의 대화부터 시작해야 한다. 더 높은 자아와 대화가 이뤄지지 않으면 자신이 무엇을 원하는지 알 수 없다.

커피숍 이야기로 다시 돌아가 보자. 어느 날 점장은 자신이 가장 좋아하는 고객이 어느 날부턴가 카페에 오지 않는다는 사실을 깨달았다. 그녀는 걱정하기 시작했다. 진심으로 마음이 가는 고객이었기 때문이다.

몇 주 후 점장은 은행에 줄 서 있는 노부인을 봤다. 하지만 노부인은 완벽히 차려입지 않았고 여유로워 보이지 않았다. 그녀는 흐트러진 차림새였고 혼란스러워 보였다. 또한 잔뜩 겁먹은 모습이었다. 점장은 그녀에게 다가가 물었다.

"무슨 일 있으셨어요?"

"남편에게 있었죠. 몇 주 전 그이에게 심한 뇌졸중이 왔고 세상을 떴어요. 난 무엇을 해야 할지 모르겠어요. 어디로 가야 할지 모르겠어요. 나 혼자 살아갈 수 있을지 모르겠네요."

점장은 잠시 머뭇거렸다. 그러고는 나지막하고 부드러운 목소리로 말했다.

"카페에 다시 나오시지 않겠어요? 그리고 맛있는 커피 한잔 드세요. 그러면 기분이 나아지실 거예요."

"하지만 누구랑 마시겠어요?"

노부인이 떨리는 목소리로 물었다.

"제가 함께 마셔드릴게요."

두 사람은 커피숍으로 갔다. 노부인은 평소처럼 커피 두 잔과 페이스트리 하나를 주문하고 포크 두 개를 달라고 했다. 그리고 두 사람은 대화를 나눴다.

마야 안젤루는 이런 지혜의 글을 남긴 적이 있다. "사람들은 당신이 한 말을 잊을 수도 있고, 당신이 한 행동을 잊을 수도 있다. 하지만 당신이 그들에게 어떻게 느끼게 했는지는 결코 잊지 않을 것이다."

그러니 사람들을 격려해주어라. 절대 남을 깎아내리지 마라. 도움이 필요한 사람을 도와라. 좋은 말을 해줄 게 아니라면 하지 마라. 모든 사람을 예의와 친절로 대하라. 구닥다리처럼 보일지 모르지만 여러 면에서 좋은 구닥다리다.

당신이 만나는 모든 사람이 전보다 나아지고 그들이 당신을 처음 만났을 때보다 더 성장한다면 그보다 환상적인 대화는 없다. 친절한 대화를 인생의 지침으로 삼아라.

029

마스터리의 여정을 방해하는 일곱 가지 함정

이번에는 전설적인 창작자, 지도자, 기업가, 운동선수, 활동가가 될 수 있는 사람들이 잠재력을 깨우지 못하는 일곱 가지 이유를 설명할 것이다. 어떻게 보면 이 책에서 가장 가치 있는 내용이라 할 수 있겠다.

이 이야기의 출발점은 다음 격언이다. **마스터리의 진정한 목표는 전설이 되는 것이 아니라 그 지위를 유지하는 것이다.** 일상의 영웅이 가져야 할 목표는 원대한 포부에 이를 수 있는 조건을 만드는 것이 아니다. 남은 평생 그 이상적인 상태를 유지하고 개선하는 것이다.

당신이 세계적 수준에 도달하기 위해 노력한다면 환상적이다. 그러나 도달하는 데 그치지 않고 계속 그 수준에 머무는 것을 더 중요한 목표로 삼아야 한다. 최고가 되기 위한 조건과 환경을 만들고 긴 생명력을 유지할 때 비로소 사람들의 칭송을 얻는다. 자기 분야에서 동료들보다 오랫동안 정상의 자리를 차지하고 있는 것만큼 당신을 불굴의 존재, 많은 사람에게 유용한 존재로 만들어주는 건 없다.

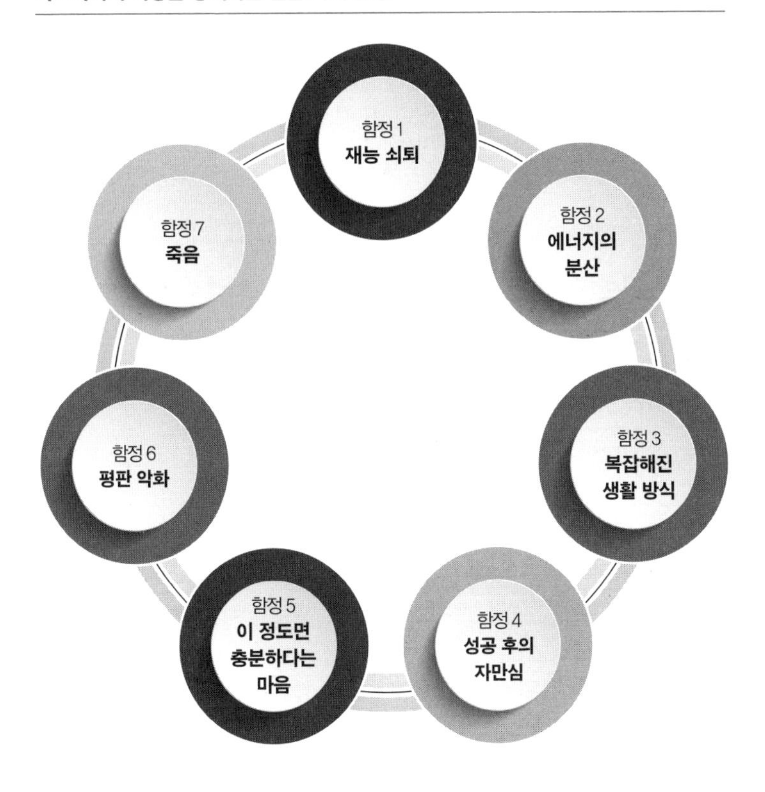

그렇다면 어렵게 오른 정상의 자리를 어떻게 유지할 수 있을까? 간단하다. 이제 설명하고자 하는 일곱 가지 함정을 기억하고 적극적으로 대처하면 된다. 당신이 직면할 함정을 인식하고 그에 맞서 자신을 강화하도록 하라.

지난 25년 동안 나는 세계 최고의 기업인, 금융인, 운동선수, 영화배우들이 자기 분야에서 최고의 자리를 차지하고 유지하도록 도와왔다. 이 경험을 바탕으로 우리가 각자의 분야에서 성장하고 발전할 때 직면할 수 있는 위험을 다음과 같이 분석했다.

함정 1: 재능 쇠퇴

재능의 쇠퇴는 천재성을 파괴하는 끔찍한 위협이다. 세계적인 블록버스터 1위 작품에 출연했던 뮤지컬 세계의 거성이나 오스카상을 수상한 배우를 생각해보라. 그들이 이룬 성취는 굉장한 것이었다. 그러나 정점에 도달하자마자 대체로 그들의 기량은 떨어지기 시작한다. 세계 최고란 이름에 걸맞은 실적과 산출물을 내는 데 지쳐 나가떨어지기 때문이다. 세상의 관심과 박수와 찬사는 오히려 그들을 고갈시키고 그들은 종종 "모든 것에서 벗어나고 싶다"라고 생각한다.

많은 슈퍼스타가 경력의 절정에 이르렀을 때 대중의 시야에서 (때로는 수년 동안) 사라진다. 그들은 더 이상 기술 향상에 신경 쓰지 않으며 연습할 시간을 매일 내지도 않는다. 계속해서 빛나는 재능의 경계를 넘나들며 그 누구도 상상하지 못한, 한계 너머의 수준에 이르려는 열의를 잃는다. 세계 최정상으로 가는 격렬하고 힘든 여정뿐만 아니라 슈퍼스타로서의 경험이 그들을 고갈시켰기 때문이다.

함정 2: 에너지의 분산

명성과 부와 막대한 영향력은 예기치 못한 다른 위험을 동반한다. 따라서 미리미리 자신을 보호하는 현명한 조치가 필요하다 (나는 저명한 고객들을 일대일로 멘토링할 때나 온라인 멘토링 프로그램 서클 오브 레전드를 진행할 때 그리고 리더들이 세계 정상이 되어 활동할 때 해결해야 할 '위협과 취약점' 그리고 '중심축과 보호책' 템플릿을 제공한다. 이 이야기의 끝부분에 이 워크시트를 이용할 수 있는 사이트 주소를 적어두었으니 찾아서 연습해보도록 하자).

당신은 공기가 희박한 성층권을 여행하는 동안 당신의 비상을 보고 질투하는 비평가들과 성난 트롤들의 맹렬한 공격에 직면할 것이다. 당신의 성공은 그들이 실현하지 못한 잠재력을 바라보는 고통을 촉발한다. 그리고 꿈을 이루지 못한 자신에 대한 혐오를 불러일으킨다. 조심하지 않으면 이들은 당신을 물어뜯고 에너지를 앗아갈 것이다.

그뿐 아니라 당신이 위로 올라갈수록 (당신에게 최적인가 아닌가와는 무관한) 놀라운 기회를 권유받는 일이 기하급수적으로 늘어날 것이다. 당신과 함께 있는 모습만 보여도 근사할 거라는 이유로 당신과 어울리고 싶어 하는 새로운 친구들도 모여들 것이다. 당신의 돈을 원하는 사업 동반자들로부터 소송을 당할 수도 있다. 혹은 야망에 사로잡혀 모든 에너지를 쏟아붓는 바람에 인생의 다른 측면, 예를 들면 인간관계에 문제가 발생할 수도 있다.

나는 이 모든 일이 내 고객들에게 일어나는 걸 보았다. 그래서 있는 그대로를 말해주는 것이다. 이 모두를 처리하면서 지금의 당신을 이뤄낸 창의적이고 생산적인 실행 에너지가 어떻게 될지 상상해보라. 당신의 에베레스트 정상에 도달하기 전에 이 모두를 어떻게 관리할지 미리 생각해두도록 하라.

함정 3: 복잡해진 생활 방식

두 번째 방해물과도 관련된 세 번째 방해물은 세계적인 성공을 이루는 사람들은 여러모로 복잡해진 생활 방식의 문제에 직면한다는 것이다. 슈퍼스타가 되기 전 무명의 연기자로 막 일을 시작할 때는 대개 연기에만 집중한다. 스타트업 사업가는 사업 확장에만 집중한다. 아직 챔피언이 되지 못한 프로 선수는 훈련, 식사, 코칭, 수면만으로 하루를 보낸다. 고도의 기교에 도달하고 찬사가 쏟아지기 전의 뛰어난 음악가는 검소한 원룸에서 살고 라면을 먹으며 밤새 스튜디오에서 작업하면서 나중에 수백만 명을 즐겁게 해줄 마법 같은 곡들을 만들어낸다.

그러나 회사가 상장되고 유니콘 기업이 되어 창업자가 수십억대 부자가 되고, 선수가 출중한 능력으로 대중의 우상이 되고, 음악가의 재능이 세계적인 센세이션을 일으키면 모든 것이 복잡해진다. 그리고 큰돈이 들어오면 일단 집과 차를 사고 개인 제트기를 이용하며 매니저와 경호원과 직원들을 고용하려고 한다. 이 모두는 그들이 지금 누리는 성공이 오랜 세월 지속되리라는 잘못된 가정에 근거한 행동이다.

하지만 그런 경우는 드물어서 한때 성공했던 사람들 다수가 파산한다. 매우 중요한 사실이므로 다시 강조하지 않을 수 없다. 성공의 가장 큰 덫은 "한번 성공했으니 항상 성공할 것"이라는 믿음이다. 그래서 많은 A급 인재들이 정상의 자리에 오르고 나면 그 자리에서 내려오는 일은 결코 없으리라고 생각한다. 지금 성공하고 있으니 나중에도 그리고 영원히 성공할 것이라고 믿는 심리적 함정에 빠진다. 수많은 앨범이 판매되고 있으니 항상 많은 앨범이 판매되리라고 믿는다. 지금 엄청난 수입을 올리고 있으니 항상 엄청난 수입을 올리리라고 믿는다. 그래서 더 나아지기를 멈추고, 저축하기를 멈추고, 일찍 일어나기를 멈추고, 운동을 멈추고, 탁월한 삶을 살기를 멈춘다. 그리고 결국 파산과 추락으로 이어진다.

함정 4: 성공 후의 자만심

내가 함께 일했던 유명 인사 일부는 오만함이라는 흔한 실수를 저질러 실패했다. **지나친 자부심은 비즈니스, 스포츠, 예술, 과학, 정치 분야에서 활동하는 세계 톱클래스들이 직면하는 가장 큰 직업상 위험이다.**

내가 보기에는 엄청난 재산과 최고의 지위, '당신은 특별하다'는 사람들의 말에 자부심이 자만심 수준에 이르는 것 같다. 자만심은 과도한 자부심과 과장된 자신감으로 정의된다. 성공한 기업가 대부분이 저지르는 실수 또한 자만심에 빠지는 것이다. 사업이 성공하고 일정 궤도에 오르면 이들은 고객이 진정한 상사라는 사실을 잊어버린다. 고객을 위해 혁신하고 이익을 제공하지 않고, 고객의 삶을 풍요롭게 해주기보다 기업의 이름이 박힌 고층 사옥을 마련하는 데 신경 쓴다면 한순간에 경쟁에서 밀려날 수 있다는 사실을 잊어버리는 것이다.

세계 최고의 선수와 챔피언에게도 같은 일이 일어날 수 있다. 그들은 기념비적 승리를 거둔 날 밤 샴페인을 머리에 붓고 자신의 승리에 반해버린다. 내년의 챔피언 반지가 이미 새끼손가락에 끼워진 듯이 생각한다. 그들은 연습을 거르고, 팬들에게 무례하게 굴고, 동료들과 싸우고, 술을 너무 많이 마시고, 너무 많이 먹고, 도박을 하면서, 왕관을 획득하게 해준 천재성을 높이는 데 집중하지 않기 시작한다. 그들은 내가 멘토링 교육과정에서 '블루칼라 마인드셋(blue-collar mindset)'이라고 부르는 태도와 그들을 승리자로 만들어준 '흰 띠 정신(white-belt mentality)'을 잃은 것이다(이 글을 쓰는 동안 NBA 챔피언십 우승팀의 주장이 생각난다. 그는 일반 선수들처럼 여름에 쉬지 않고 우승한 다음 날 새벽 5시에 연습을 하러 나왔다. 그리고 기량을 더욱더 높이기 위한 과정에 들어갔다).

함정 5: 이 정도면 충분하다는 마음

정상에 오르려면 거의 아무도 하지 않는 일을 해야 한다(내가 머리에 새기라고 했던 말을 기억하라. **인구의 5퍼센트만 가진 것을 얻으려면 95퍼센트가 내켜 하지 않는 일을 기꺼이 해야 한다**). 극도의 노력을 하고(잊지 못할 성실성은 언제나 타고난 재능을 능가한다), 수많은 희생을 치르고(자신이 하는 일을 너무 좋아해서 사실 희생처럼 느끼지도 않는다), 특별한 습관을 확립하고, 자신을 폄훼하려는 사람들을 상대하고, 문제의 해결책을 끊임없이 찾는 것은 한 분야의 패권이라는 매우 조용한(대개는 비어 있는) 전당에 입장하기 위해 치러야 하는 비용이다.

물론 그에 따르는 보상은 충분히 가치가 있다. 그리고 정상을 향해 오르는 여정과 영웅적 이상에 따라 사는 것은 광산의 다이아몬드보다 값비싼 보물이다. 하지만 성공의 정점에 가까워질 때 직면하는 또 다른 문제는 타성에 빠지기 시작한다는 것이다. 당신도 이런 현상을 경험하리라고 장담한다.

예를 들어 당신이 그토록 꿈꾸던 정상에 올라 그 누구보다 많은 것을 이뤄냈다고 하자. 당신은 생각했던 것보다도 놀라운 결과를 달성했다. 기술, 수입, 생활 방식, 영향력 측면에서 누구도 넘보기 어려운 존재가 되었다. 만일 그렇게 되었다면 그저 그 결실을 즐기고 싶은 마음이 아주 커질 것이다. 골프를 더 자주 치거나, 해외여행을 다니거나, 지금의 성과로 충분하다고 생각하고 싶을 것이다. 때론 왕성한 활동의 궤도에서 벗어나 은퇴하고 싶다는 치명적인 생각이 들 수도 있다(제발 은퇴하지 말기를 간청한다. 은퇴는 당신을 나이 들게 하고 당신의 빛을 조금씩 갉아먹을 것이다).

당신의 능력이 최고조에 이르렀을 때 이런 생각과 기분이 든다면 사실 어쩔 수 없다. 당신의 인생이다. 그리고 어떤 한 가지 길이 다른 길보다 나은 것도 아니다. 하지만 이 정도로 충분하다고 생각한다면 그랜드 마스터의 위치를 유지할 수 없다. 즉 당신은 절대로 전설이 될 수 없다. 그냥 그렇다는 말이다.

함정 6: 평판 악화

정상에 오르면 사람들은 당신을 무너뜨리려 할 것이다. 경쟁자는 질투심에 당신의 뒤를 노리고, 비방자들은 자신이 할 수 없는 일을 해낸 당신에게 화가 나서 당신을 비판할 이유를 만들어낼 것이며, 공격자들도 난데없이 나타날 것이다. 이런 일에 대비하라. 그리고 당신이 무언가를 잘못해서 이런 일이 일어나는 게 아님을 알고 있어라. 사실은 **당신이 모든 것을 잘했다는 신호다.** 불건전한 의도를 품은 사람들이 나타나 당신이 어렵게 얻은 평판을 떨어뜨리고 당신의 성과를 폄훼할 것이라는 사실만 알아두도록 하라.

이런 위협에 대비해 훌륭한 보호 장치를 계획해두기를 권한다. 명성을 잃으면 가장 중요한 자산 하나를 잃기 때문이다. 여기서 만일 자만심에 빠져 판단력을 잃고 어리석은 짓까지 한다면 큰일이다. 그동안 힘겹게 쌓아 올린 지위는 추락할 것이다. 다시 말하지만 내가 아는 업계의 전설 중 다수가 빠졌던 이 함정들을 피할 수 있도록 충분히 생각하길 바란다.

함정 7: 죽음

우리는 모두 언젠가는 죽는다. 그렇기에 **당신의 죽음을 가능한 한 뒤로 미뤄야 한다.** 이른 아침의 운동, 매일의 명상, 냉수욕, 사우나와 광선 요법, 삼림욕, 간헐적 단식, 마사지 치료, 침술, 영양 보충제 등 오랜 세월 효과가 검증된 습관과 함께 수명 연장에 관한 최신 과학 연구 결과를 적용해(예를 들면 내 경우처럼 후성유전학에 기대어) 건강을 지켜라. 건강을 지킴으로써 수명을 재조정하고, 지금보다 더 경력을 쌓고, 부를 늘리고, 사회에 봉사하고, 평생 기념비적인 성공을 거두면서 보상도 충분히 즐기는 상상을 해보라.

지금까지 당신이 정상에 오르는 것을 방해하는 위험 요소들을 살펴봤다. 이 일곱 가지 방해물이 당신과 당신 주변에도 있는지 분석해보길 바란다. 나는 나 자신의 전략을 수립할 때 종종 50년 후의 상황이 어떻게 전개되기를 바라는지 곰곰이 생각해본다. 그런 다음 화이트보드에 지나치리만큼 세세하게 묘사해서 현재까지 거슬러 올라오며 역설계한다(TheEverydayHeroManifesto.com/7ThreatsWorksheet에 들어가면 내 고객들이 매우 좋아했던 워크시트를 볼 수 있다). 구체적인 계획과 꼼꼼한 준비로 당신의 이름과 지위를 높이고 계속 그 위치를 지켜가길 바란다.

030

감사할 줄 모르는 사람들을 예상하라

부디 나를 냉소적이라고 생각하지 말았으면 한다. 나는 감사할 줄 모르는 사람들을 미리 알아보도록 오랜 시간 훈련했다. 긍정적 사고에 관한 고전인《노먼 빈센트 필의 긍정적 사고방식》에서 저자 노먼 빈센트 필(Norman Vincent Peale)은 "감사할 줄 모르는 사람들을 예상하라"라고 말한다.

필이 말하고자 하는 요점은 사람들 대부분은 결코 당신의 선함과 온화함에 진심으로 감사해하지 않는다는 것이다. 이는 (우리 종의 현재 진화 단계에서) 일반적인 인간의 본성이 아닐 따름이다. 그렇다면 왜 감사를 받기를 희망하며 마음의 평화와 소중한 에너지를 잃겠는가? 다른 말로 하자면 **부당함의 수집가가 되지 않도록 하라.** 그런 식으로 세상을 보면 지칠 뿐이다. 결국은 자책하게 된다.

대다수는 당신에게 받은 것들보다 받지 못한 것들을 기억하며 당신이 관대히 베푼 것들보다 해주지 않았던 것들만 기억한다. **사람들이 감사해하는 마음이나 예의, 품위, 동정심, 공정 의식이 부족한 것은 당신과 아무런 관련이 없다.** 그것은 그들과 관련이 있다. 사람들은 자신을 대하는 방식으로 타인을 대한다. 그러니 그들의 행동을 당신에 관한 문제로 만들지 마라.

당신 자신의 도덕적 본능에 충실하라. 당신의 진정성과 흠결 없는 성품을 인정할 이들은 극소수다. 이를 기억하면서 긍정성, 선의, 탁월성, 모든 사람에 대한 존중을 보여주어라. 상대가 감사해하지 않는다고 해도 관대함과 선의를 베풀어라.

031

산꼭대기에 혼자 남겨졌던 때

내 인생의 일화들을 지어낼 수는 없다. 지금 들려주려는 이야기도 사람들의 비웃음거리가 될 만큼 부끄러운 경험이지만 당신이 이 이야기로 깨달음을 얻을 수 있다면 나는 괜찮다.

40대가 되었을 때 나는 스키 강사를 해보자는 생각을 했다. 예전부터 산을 좋아했고 능숙하게 스키를 타고 내려올 생각을 하면 신이 났다. 이 야망에 생명을 불어넣기 위해 나는 훌륭한 코치의 주간 강습에 등록했고 기량을 높이기 위해 엄청난 노력을 했다. 진척은 더뎠지만 나는 꾸준히 발전했다.

2년 동안 강습을 받고 일주일간 슬로프에서 스키 강사 자격증 교육을 받은 끝에 초보자들을 가르칠 수 있는 1급 전문 스키 강사 자격을 취득했다. 나는 아직도 강사 유니폼인 파란 재킷과 검은 스노 팬츠를 가지러 갔던 날을 기억한다! 그날 난 사랑하는 아이들을 데리고 건물로 들어갔다. 그리고 유니폼을 손에 들고 나오면서 춤을 추었다. 그렇다. 춤을 췄다.

물론 여전히 국제 강연 일정이 많았지만 인근 스키장에서 최저 임금을 받는 강사 자리를 구했다. 그리고 며칠에 한 번씩 비행

꿈에 그리던 스키 강사가 되어 유니폼을 받아왔던 날.

기를 타지 않을 때면 새벽 4시에 일어나 (종종 눈보라를 뚫고) 두 시간 동안 운전해서 스키장에 가 아이들에게 스키 타는 법을 가르쳤다. 내 인생에서 정말로 멋진 시간이었다.

그 무렵 나는 높은 산에서 스키 타는 기술을 개발하려고 혼자 해외로 스키 여행을 가기로 했다. 장비를 챙겨 비행기를 타고 지금까지 봐왔던 것보다 훨씬 높은 산봉우리들이 있는 머나먼 곳으로 날아갔다. 나는 매일 아침 체인을 감은 버스에 올라탔고 버스는 작은 마을들을 지나 얼음이 덮인 좁고 위험한 도로를 달려 광활한 산기슭에 나를 내려주었다.

저녁이면 잠깐 잠을 자고 나서 당시 쓰고 있던 책《직함 없는 리더(The Leader Who Had No Title)》 작업을 했다. 그리고 소박한 주방에서 신선한 재료로 간단한 음식을 만들어 밖으로 들고 나가 낡은 의자에 앉아 별빛 아래에서 먹었다.

약 일주일이 지나고 거기서 사귄 친구가 함께 헬리스키(heli-ski)를 타자고 권했다. 이 용어가 익숙하지 않은가? 말 그대로 헬리콥터로 여러 봉우리를 지나 산 정상에 가서 스키로 내려가는 것이다. 전문가들만 하는 스포츠였다. 잘못된 동작 하나로 죽기 십상인 까닭이다.

드디어 헬리스키를 타는 날, 우리를 태운 헬리콥터가 절묘한 햇살과 환상적으로 파란 하늘 속으로 이륙했다. 산봉우리를 하나씩 넘을수록 심장 박동이 빨라지기 시작했다. 헬멧과 고글 아래로 땀방울이 맺혔다. 헬리콥터는 가장 높은 봉우리의 꼭대기에 착륙했고 네 명의 스키어와 나는 새로 내린 눈 위로 뛰어내렸다. 헬리콥터는 가버렸다.

그리고 당신이 믿지 못할 일이 벌어졌다. 함께 간 스키어들은 프로였다. 그들은 나도 그럴 거라고 짐작했다. 나는 자존심 때문에 두려움을 드러낼 수 없었고 창피해서 내 실력을 솔직히 밝힐 수 없었다. 산이라기보다는 언덕인 우리 지역 스키장에서 했던 훈련 덕분에 나도 일반적인 눈 위에서는 스키를 꽤 잘 탔다. 그러나 거대한 산맥에 쌓인 부드러운 파우더 스노(powder snow) 위에서 스키를 타는 건 완전히 달랐다. 마치 동네 수영장에서 하는 수영과 극도의 지구력이 필요한 바다 수영의 차이와도 같았다. 나는 이런 조건에서 스키를 한 번도 타본 적이 없었다.

가이드는 안전한 상황인지 확인하고 눈사태로부터 우리를 보호하기 위해 제일 먼저 내려갔다. 다음으로 친구와 그의 아내가 내려갔다. 둘 다 스키 실력이 대단했다. 그들은 새로 쌓인 눈 위로 스키 자국을 내며 내려가면서 어린아이처럼 신이 나서 깔깔댔다. 그 뒤로 젊지만 경험이 풍부한 프로 스키어가 출발했다. 서른 살쯤 되는 친구였다. 그가 스키를 타는 모습을 보며 나는 아흔 살이 된 것처럼 느껴졌다.

그 산꼭대기에 나는 혼자 남겨졌다. 파우더 스노 위에서 스키를 타본 적도 없었던 나는 살려달라고 기도했다. 먼저 아이들이 생각났다. 그런 다음 이마에 줄줄 흐르는 땀을 닦았다. 다른 사람들이 내려가기 직전에 찍어준 아래 사진을 보면 내 경험을 조금이나마 느낄 수 있을 것이다.

인생은 때때로(사실은 항상) 다음 단계로 나아가는 데 꼭 필요한 교훈을 알려주기 위해 말 그대로 완벽히 설계된 시나리오를 보낸다. 인생은 당신이 실패하는 것을 보려고 펼쳐지는 게 아니며

부드러운 파우더 스노로 뒤덮인 산꼭대기에서.

혹시 그렇게 보이지 않을 때라도 모든 일이 당신에게 유리하게 진행된다고 앞에서 말했던 것을 기억하는가?

산꼭대기에서 홀로 남겨진 나는 **두려움에 가장 가까이 있을 때 살아 있음을 느낀다**는 사실을 배웠다. 어려움을 헤쳐나갈 수 있을지 의심이 들 때 우리는 가진 줄도 몰랐던 재능을 깨닫고 인정하게 된다. 그리고 일단 이 재능을 알게 되면 남은 평생 사용하기로 선택할 수 있다. 그리하여 결국 인간의 위대함을 알게 된다.

삶이 그렇기에 나는 지진으로 흔들리는 찻잔처럼 다리가 떨리고 아라비아반도의 엠프티 쿼터(룹알할리) 사막처럼 입안이 바짝 마른 채 앞으로 조금씩 나아갔다. 농담이 아니라 나는 초보 스키어처럼 스키 앞을 V자로 모으고 전제동(全制動)을 걸며 나아갔다. 그게 더 안전하리라 생각했기 때문이다. 그 후로는 정말 꼴불견이었다. 거대한 산에서 중년의 남자가 스키 위로 몸을 잔뜩 웅크린 채 휘청거리고 내려오면서 목청껏 엄마를 외쳤다(그렇다. 목청껏 엄마를 불렀다는 부분은 사실이 아니지만 다른 모든 것은 사실이다. 정말이다!).

물론 결국에는 무사히 내려왔다. 일행들이 나를 보고 아연실색했지만 아무 말도 하지 않았다. 그러나 나를 보는 그들의 동정 어린 시선이 확 느껴졌다. 터미널로 돌아가는 헬리콥터 안에서 나는 그날의 경험을 되돌아봤다. 우선 헬리스키 초대에 응하길 잘했다고 느꼈다. 진정한 실패는 시도조차 하지 않는 것이기 때문이다. 그리고 인간으로서 우리는 쉬운 슬로프를 내려올 때보다 험난한 길을 시도할 때 훨씬 강해진다. 물론 도전이랄 게 없는 길이 훨씬 더 안전해 보인다. 하지만 그런 길이 결국에는 더 위험하다. 그런 삶은 우리의 진정한 모습인 대담함, 생동감, 위대함을 질식시키기 때문이다.

나는 기회를 제안받았다. 그리고 최선을 다했다. 바보 같은 모습도 보였지만 그 과정에서 지혜와 강인함, 통찰력을 키웠다. 나는 숙소로 무사히 돌아왔다. 별빛 아래 저녁 식사를 할 시간에 맞춰.

032

최고의 생산성을 내기 위한 전략들

이 이야기는 예비 거장 또는 그랜드 마스터들을 위한 것이다. 만약 당신이 그런 사람이 되는 데 관심이 없다면 그냥 다음 이야기로 넘어가면 된다. 하지만 관심이 있다면 일단 브라보를 외치고, 소매를 걷어붙이고, 지금부터 배울 내용을 완전히 흡수하도록 하라. 대단히 가치 있는 내용일 것이다.

지금 알려주려는 학습 프레임워크는 역사에 흔적을 남길 만한 생산성을 자극하는 전술이다. 참담할 정도로 디지털 기기에 중독되고, 피상적인 일들이 악착같이 방해하고, 중요하지도 않은 온라인 오락이 엄청나게 유혹해대는 이 시대에는 어떻게 산업계 거물들과 탁월한 예술가들이 그들의 능력을 키우고 보호해 걸작을 만들어내는지 이해하는 것이 그 어느 때보다 중요하다.

가짜 작업에서 진짜 작업으로 전환하는 것은 매우 어렵다. 이제 당신은 바쁜 것과 생산적인 것을 혼동하지 않는 게 얼마나 중요한지 알고 있다. 천재적 수준의 작업물을 정기적으로 내놓기는 더 어렵다. 그리고 수십 년이 지나도 그럴 수 있기는 더더욱 어렵다[나는 이를 실행하는 사람들을 '다수의 걸작 제작자(multiple-masterwork producer)'라고 부르며 그렇게 수십 년을 유지해야 한다고 주장한다].

이 시스템을 설명하기 전에 생산성의 세 가지 원칙을 언급하고자 한다.

원칙 1: 인지 대역폭은 요새화해야 한다

프린스턴대학교의 심리학자 엘다 샤피르(Eldar Shafir)는 인간의 뇌가 하루에 사용할 수 있는 한정된 주의력을 '인지 대역폭(cognitive bandwidth)'이라고 부른다. 그의 연구에 따르면 일단 가난부터 해결해야 하는 사람들은 걱정과 스트레스로 인지 능력이 대부분 소진되어 다른 과업에 쓸 여력이 별로 없는 터널링(tunneling)을 경험한다. 그래서 결국 타고난 지적 탁월성을 발견하지 못하고 (문제를 해결하고 기회를 포착하고 더 큰 부를 가져올 자기만의 생산성을 실현하게 해줄) 타고난 독창성을 발휘하지 못하게 된다. 게다가 생존에 대한 걱정과 수시로 찾아오는 위기에서 도피하기 위해 디지털 기기만 들여다보는 습관은 우리의 인지 대역폭을 고갈시켜 놀라운 위업을 달성할 집중력과 천재성을 떨어뜨린다.

원칙 2: 마스터리를 위해 주의 잔류를 관리해야 한다

미네소타대학교의 소피 리로이(Sophie Leroy) 경영학 교수가 처음 제시한 주의 잔류(attention residue) 현상은 인지 대역폭과 밀접한 관련이 있다. 기본적으로 주의 잔류는 다른 활동으로 옮겨 갔을 때 이전 활동에 주의력 일부가 남는 현상을 말한다.

모든 활동에는 창의성 비용이 수반된다. 예를 들어 끊임없이

디지털 기기를 확인하는 사람은 곧 디지털 치매(digital dementia, 디지털 기기에 지나치게 의존한 나머지 두뇌 활용 능력이 저하된 상태 – 옮긴이)를 겪는다.

메시지를 확인하거나 무언가를 검색할 때마다 귀중한 인지 대역폭의 일부를 해당 활동에 남기기 때문이다. 당신도 매일 그렇게 한다면 주의 분산 장애(fragmented attention disorder)로 어려움을 겪고 당신이 바라는 어떤 일도 해낼 수 없을 것이다.

원칙 3: 생산성이 고갈된 경우 회복의 시간이 필요하다

생산성 고갈(productive exhaustion)은 내 코칭 교육과정에서 우수한 성과를 내는 사람이 오랜 시간 치열하게 일했을 때 발생하는 현상을 설명할 때 쓰는 용어다. 구체적으로는 생산성과 전문성을 극도로 끌어올릴 때 지적, 정서적, 신체적, 영적 피로를 주기적으로 경험하는 것을 말한다.

하지만 이 피로감은 뭔가 잘못되었다는 게 아니라 모든 것을 올바로 하고 있다는 신호다. 불타는 열정과 맹렬한 노력으로 그야말로 걸작을 만들려고 할 때 당신은 역량과 재능, 원초적 자산을 100퍼센트 사용하기 때문에 자주 소진 상태가 된다. 그리고 이는 생산성 고갈을 초래한다. 그러면 어떻게 해결해야 할까? 단순하다. 정기적인 휴식과 재충전을 가져야 한다. 분석심리학을 창시한 칼 융(Carl Jung)에 따르면 "특별한 능력은 특정 방향으로 많은 에너지를 쓴다는 의미이므로 결과적으로 삶의 다른 측면의 에너지가 유출된다."

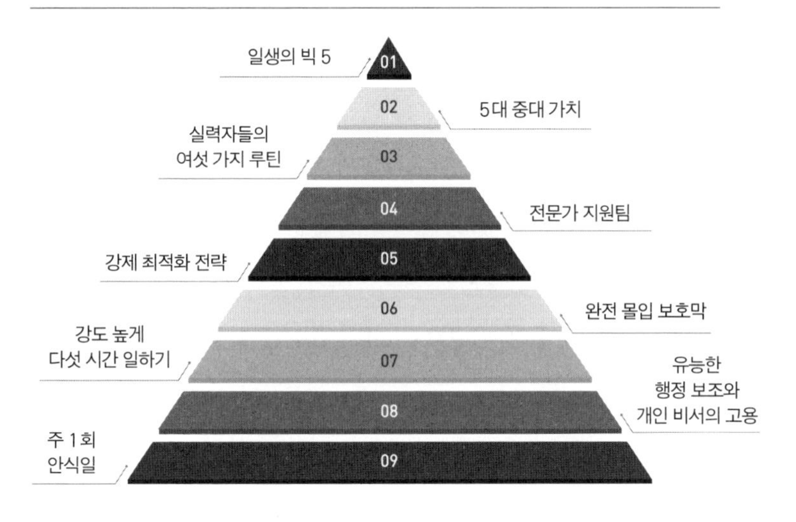

그러면 '최고 생산성 전략 피라미드(peak productivity strategies pyramid)'에 대해 알아보도록 하자.

전략 1: 일생의 빅 5

수년 전 남아프리카에 처음으로 갔을 때의 일이다. 내 고객이 나를 위해 사파리 투어를 준비했다. 우리와 그날 하루를 보낸 가이드는 아프리카의 야생동물 중 가장 강한 동물 '빅 5'에 대해 말해주었다. 빅 5는 사자, 표범, 버펄로, 코뿔소, 코끼리였다.

사바나에서 잊을 수 없는 하루를 보낸 그날 저녁 내가 경험한 축복받은 날을 기록하고 분석하기 위해 일기장을 꺼냈다. 그리고 머릿속에 '나의 빅 5는 무엇일까?'라는 질문이 떠올랐다. 내가 남은 삶 동안 추구해야 할 우선순위 다섯 가지는 무엇일까?

그날 저녁 이후로 나는 이 다섯 가지 주요 지표에 따라 살았고 그때부터 '일생의 빅 5'라는 아이디어는 나의 생산성을 엄청나게 높였다. 목표가 명료할수록 마스터리에 더 가까워진다. 아무리 큰 가치가 있는 목표라도 그것이 무엇인지 분명히 알지도 못하면서 달성할 수는 없다. 당신의 여생을 바칠 다섯 가지 핵심 목표를 기록해두면 한 시간, 하루, 일주일, 한 달, 1분기, 1년 동안 그 목표에만 집중하게 되므로 인지 대역폭을 보호할 뿐만 아니라 에너지도 절약된다.

예외주의의 기초는 당신의 천재성을 한 가지 또는 몇 가지 일에만 쏟아부어 그 일에 매우 능숙해지는 것이다. 나는 토머스 에디슨의 다음 조언을 항상 좋아했다.

> — 당신은 온종일 무언가를 하지 않는가? 모두가 그렇다. 7시에 기상해서 11시에 취침한다면 16시간이 남고 대부분은 그 시간 내내 무언가를 했을 게 분명하다. 산책하거나 책을 읽거나 글을 쓰거나 생각을 했을 것이다. 하지만 다른 점은 그들은 아주 많은 일에 그 시간을 쓰고 나는 한 가지 일에 그 시간을 쓴다는 것이다. 만약 그들이 문제의 시간을 한 방향, 한 대상에 쓴다면 성공할 것이다.

전략 2: 5대 중대 가치

당신이 가장 소중히 여기는 가치는 당신이 무엇을 중시하는가를 규정한다. 그리고 자신이 소중히 여기는 가치를 아는 것은 정상에 오르는 데 필수적이다. 당신의 영혼이 당신이 옹호하고자 하는 가치를 배반한다면, 세속적 자아가 작동하는 방식이 영웅적 자아가 원하는 행동 방식과 일치하지 않으므로 '진실성 격차(integrity gap)' 현상이 생긴다. 이 심각한 불일치는 세계적 수준의 결과를 달성하는 데 사용될 수 있었던 엄청난 에너지와 창의력을 빼앗아간다. 당신의 지혜가 당신이 진정한 자신을 존중하지 않는 모습을 지켜보고 있기 때문이다.

핵심은 5대 중대 가치를 정하고 계속 추구하는 것이다. 당신은 결코 다른 사람의 삶을 살다가 생을 마감하고 싶지 않을 것이다. 삶이 끝나갈 때 그동안 무의미한 일로 좋은 시절을 보냈다며 한탄하고 싶지 않을 것이다. 도움이 되기를 바라는 마음으로 이야기하자면 나의 5대 중대 가치는 개인적으로 마스터리에 이르기, 가족에게 헌신하기, 일과 관련된 역량 높이기, 아름다움을 자주 경험하기, 사회에 봉사하기다.

전략 3: 실력자들의 여섯 가지 루틴

내 고객들의 생산성이 급격히 오르고 수입이 늘어나고 생활 방식이 바뀌고 영적으로 크게 성장한 것은 대부분 내가 권장한 몇 가지 습관을 거의 종교적으로 실천한 결과다. 나는 그 여섯 가지 습관을 '월드 클래스의 표준 운영 절차(The SOPs of AWC, the standard operating procedures of absolute world-class)'라고 부른다. 이 행동들을 습관으로 만들어서, 행동하는 게 하지 않는 것보다 쉬워지는 수준에 이르면 이른바 초격차 경쟁 우위(GCA, gargantuan competitive advantage)를 갖게 되어 당신을 따라올 동료가 별로 없을 것이다.

사실 탁월한 성과를 내기는 상당히 쉽다. 비범한 성과와 기교에 요구되는 노력을 하는 사람이 매우 드물기 때문이다. 비범한 기교에서는 경쟁이 심하지 않다. 그렇다. 저층은 매우 혼잡하다. 하지만 높은 천재성의 성층권에 자리한 사람은 많지 않다. 그곳에 도달하기 위해 무엇을 해야 하는지 알고 이를 나무랄 데 없이 정확하게 규칙적으로 실행하는 사람은 거의 없기 때문이다.

내가 멘토링을 제공하는 유명 인사들에게 가장 생산적인 결과를 가져다준 여섯 가지 루틴은 다음과 같다.

첫째, 5AM 클럽에 가입해 마인드셋을 업그레이드하고 하트셋을 정화하며 헬스셋을 최적화하고 소울셋을 확장하는 '승리의 시간(victory hour)'을 갖는다. 하루를 시작하는 방식은 남은 시간들에 엄청난 영향을 미친다. 60분간의 자기 강화로 아침을 시작하면 계속해서 긍정적이고 풍요롭고 아름다운 날을 경험할 것이다. 그리고 스파르타 전사들이 말했듯이 "훈련에서 땀을 더 흘리면 전쟁에서 피를 덜 흘릴 것이다."

둘째, 매일 10분 이상 감사 일기를 쓰면서 두뇌의 부정적 편향을 밀어내고 감사의 마음이 차오르게 한다. 매일 저녁 작은 성공이나 희망을 주는 경험 세 가지를 기록해보자. 감사 일기는 우리를 더 효율적이고 행복하게 만들어주는 강력한 방법임이 과학적으로 입증되었다. 긍정심리학의 아버지 마틴 셀리그만(Martin Seligman)은《마틴 셀리그만의 플로리시》에서 이렇게 말했다.

— 진화적 측면에서 우리 대부분은 나쁜 사건을 분석하는 만큼 좋은 사건을 곱씹지 않는다. 재난에 대비했어야 할 시간에 좋은 일의 햇살을 즐겼던 선조들은 빙하기에 살아남지 못했기 때문이다. 그래서 뇌의 이 부정적 편향을 극복하려면 잘된 일들을 생각하는 기술을 따로 연습해야 한다.

셋째, 앞서 '프로 선수처럼 건강을 지켜라'라는 제목의 글에서 언급했던 대로 하루 일을 끝내고 활력 회복 운동(2WW)을 한다. 이상적인 운동은 자연에서의 걷기다. 나는 개인적으로 탄탄한 몸을 갖기 위해 훈련할 때 삶이 훨씬 잘 돌아가는 것을 느낀다. 그리고 운동을 하루 두 번 한다면 당신도 이런 이점을 얻을 것이다.

넷째, 리더십 성장을 촉진하는 책을 읽거나, 관계 구축 또는 대기업 건설에 관한 오디오북을 듣거나, 자기 분야의 지식을 늘려줄 온라인 강좌를 수강하는 등 하루 중 최소 60분간 공부에 몰두하는 '60분 학습' 습관을 들인다.

다섯째, '90/90/1' 규칙은 원래 내가 마스터마인드 참가자들이 매일 아침 직면하는 끊임없는 방해 요소를 차단하게 하려고 마련한 습관이다. 지금부터 90일 동안 일을 시작할 때 처음 90분은 오로지 자기 분야를 선도할 가장 좋은 기회에만 집중하는 리추얼을 갖도록 하라. 그러고 나면 앞으로는 가장 귀중한 시간을 가장 가치 없는 활동에 쓰고 싶지 않을 것이다.

여섯째, 주간 설계 시스템(WDS, weekly design system)은 생산성을 극도로 높일 뿐만 아니라 대단히 균형 잡힌 삶을 유지하기 위해 내가 개발한 방법이다. 삶의 균형은 신화가 아니다. 다음 이야기에서 알려줄 이 시스템은 당신에게도 완전한 게임 체인저가 되리라고 장담한다. 일단은 계획한 일은 반드시 해야 한다는 것만 알아두자. 그리고 경이로운 수준의 한 주를 꾸준히 계획하는 것은 최고의 자리를 지키면서 건강과 사랑, 무한한 기쁨의 삶으로 가는 유력한 관문임을 알아두어라(내가 주간 설계 시스템의 전 과정을 가르치는 영상을 보고 싶다면 TheEverydayHeroManifesto.com/WeeklyDesignSystem을 방문하라).

전략 4: 전문가 지원팀

CEO나 거물 기업가들을 대상으로 멘토링을 시작할 때 나는 그들이 과거의 승리를 넘어 나까지 초빙해가며 달성하고자 하는 목표를 신속히 추구할 수 있도록 전문가들로 자문팀을 꾸린다. 이 전략은 세계 챔피언인 프로 선수들이 지원팀을 구성하는 것과 유사하다. 혼자서 마스터 수준의 기량에 도달하기란 불가능하기 때문이다.

최고의 선수 대부분은 최상의 사고를 유지하게 해줄 마인드셋 코치, 부상 없이 선수 생활을 하게 해줄 물리치료사, 식단과 보충제 복용 계획을 조정해줄 영양사, 경기력 향상을 도와줄 전략가에게 투자한다.

예산이 허락한다면 지금까지 만난 트레이너들 중에서도 가장 강한 체력을 갖게 해줄 트레이너를 구하도록 하라. 돈은 많이 들 것이다. 하지만 워런 버핏은 평균의 성과를 내는 사람들은 비용에 집착하지만 탁월한 성과를 내는 사람들은 지출에서 나올 투자 수익에 초점을 둔다고 말했다. 흔히 가장 저렴한 선택은 매우 비싼 선택으로 판명되곤 한다. 이탈리아 기업가 알도 구치(Aldo Gucci)의 현명한 지적을 귀띔해주자면 "품질은 가격이 잊힌 후에도 오래도록 기억된다."

최상의 건강을 유지하도록 독려하는 개인 트레이너를 고용하면 창의성과 예술성, 영향력이 완전히 달라질 뿐만 아니라 더 활기차고 회복력이 커지고 영감을 받을 수 있어 수입도 극적으로 증가한다. 혼자서는 결코 트레이너와 같이할 때만큼 열심히 운동하지 않을 것이다. 나는 매우 숙련된 피트니스 코치와 함께 운동하면서 책을 쓰고, 수십 년 동안 아프지 않고 세계로 강연을 다니고, (여전히 혼자만의 시간을 가지면서도) 가족들과 하고 싶은 모든 것을 할 수 있는 에너지와 건강을 경험했다.

또한 나는 고객들에게 유능한 마사지 치료사를 찾아 주 2회 90분씩 마사지를 받으라고 지시한다(이는 그들의 긍정성을 엄청나게 높여준다. 또한 새벽 5시 기상이 쉬워지고 수명도 상당히 연장된다). 이 모든 처방과 함께 최고의 심리치료사를 소개해주어 정서적 짐이 더 이상 그들의 생산성을 방해하지 않도록 한다. 또한 기능의학 클리닉(기능의학이란 각 개인의 생화학적 대사가 다르다는 데 중점을 두고 질병에 걸리기 전에 최상의 신체 기능을 회복하고 유지하는 것을 목표로 한다-옮긴이)에 다니면서 바이오 해킹으로 노화를 역전시키고 인지 저하 문제를 해소하도록 한다.

마지막으로 나는 고객들이 매달 영적 상담자를 만나 자기 안의 더 높은 자아에 접근할 수 있도록 한다. 다시 말하지만 혼자서는 세계 정상에 도달할 수 없다. 그러니 빨리 최고의 전문가로 구성된 지원팀을 구성하도록 하라.

전략 5: 강제 최적화 전략

생산성, 소득, 영향력을 빠르게 높일 수 있는 또 다른 생활 시스템으로 강제 최적화 전략(FOS, forced optimization strategy)이 있다. 우리가 목표, 약속, 의무를 실행하지 않는 진짜 이유 중 하나는 실행하지 않기가 너무 쉬워서다. 새벽 5시에 일어나 달리기를 하지 않더라도 보통은 자신의 불편한 양심만 처리하면 된다. 자신의 재정 상태를 분석하거나 경력을 쌓거나 마사지를 받으려고 계획했던 시간을 놓친다 해도 대개는 반발이 크지 않다. 그래서 우리의 규율이 느슨해진다. 그러고는 약속을 지키지 못한 어설픈 핑계를 찾는다(물론 나도 가끔 그런다).

이런 나약함에 대한 해결책은 무엇일까? 자신의 생활에 끼워 넣고 싶은 루틴의 최적화를 강제로 시도하면 된다. 일단 시작하고 강제 최적화 전략을 써라. 예를 들어 지금부터 90일 후에 인생 최고의 신체 상태를 만들고 싶다고 가정해보자. 물론 가능한 일이다. 그리고 주중에는 새벽에 일어나 강도 높은 운동을 하는 습관을 들여 매일 놀라운 하루를 누리면서 이런 결과를 얻고 싶다고 하자. 아마도 대부분 사람은 일주일쯤 하다 그만둘 것이다. 어쩌면 2주쯤 버틸 수도 있다.

하지만 만약 훌륭한 개인 트레이너를 3개월 동안(일주일에 단 두 번이라도) 고용해서 집이나 체육관에서 운동함으로써 새로운 루틴을 강제적으로 최적화할 수 있다. 힘들게 번 돈을 들였으니 아까워서라도 운동을 하지 않을 수 없기 때문이다. 그리고 트레이너는 합의된 시간에 집으로 오거나 체육관에 있을 것이기 때문이다. 또는 주 2회 마사지를 받을 준비를 해놓고 그 지역 최고의 마사지 치료사를 찾아 3개월간 주 2회 마사지 비용을 결제하라. 예약도 했고 비용도 냈으니 이제 가야 할 것이다.

이처럼 여러 생활 영역에 강제 최적화 전략을 실행하면 지금보다 더 특별한 삶을 살고자 하는 갈망을 현실로 만들어줄 결과를 신속히 그리고 계속해서 얻을 것이다.

전략 6: 완전 몰입 보호막

완전 몰입 보호막(TBTF, tight bubble of total focus)은 타의 추종을 불허하는 생산성을 위해 스스로 준비하는 또 다른 주목할 만한 방법이다. 이 방법은 일할 때 주의가 산만해지거나 방해를 받거나 사소한 일에 사로잡혔을 때 당신의 일과를 말끔히 정리해줄 것이다.

저명한 예술가, 세계적인 억만장자, 탁월한 운동선수, 세계 최고의 과학자에게도 여러분이나 나와 똑같이 하루 24시간이 주어진다. 그러나 **세계 최정상들이 시간을 활용하는 방식은 우리의 시간 관리 방식과는 완전히 다르다.**

완전 몰입 보호막은 내가 말한 '다섯 가지 천재성 자산(five assets of genius)' 주위에 벽을 치는 것이다. 다섯 가지 천재성 자산은 정신 집중, 신체 에너지, 개인적 의지, 일상의 시간, 핵심 재능이다.

긍정성을 보호하고 기술을 향상하고 재능을 키우고 공공 봉사를 늘리는 영향력만 허용하는 보호막 안에서 최고의 집중력을 발휘하도록 직업 생활 전체를 조정하라. 부정적인 자극들, 예를 들면 겉만 번지르르한 소셜미디어 인플루언서들, 유치한 장난이나 어색한 춤을 추는 사람들의 영상, 주류 뉴스, 당신의 열정에 찬물을 끼얹는 고약한 사람들, 요청하지 않은 디지털 메시지, 쓸데없는 알림 등 인생의 빅 5에 발전을 가져오지 않는 어떤 활동도 보호막 안으로 들어오지 못하게 막는 것이다. 생산성이 급증하려면 집중력이 확실히 발휘되어야 한다. 이 강력한 전략은 그럴 수 있도록 도와준다.

당신은 곧 지나갈 이 소중한 기회의 창이 닫히기 전에 마음의 속삭임, 지혜의 갈망, 일상 속 영웅의 소명을 실현할 수 있는 몇 가지 주요 우선순위에 광적으로, 엄청나게 집중하게 될 것이다. 일단 안으로 들어가면 중요하지 않은 일들이 절대로 중요해지지 않도록 할 것이다.

단순히 기억해야 할 아이디어가 아니라 절실히 바라고 느끼는 수준으로 마음속에 새겨야 할 핵심은 이것이다. 불멸의 천재들이 지닌 비밀은 '은둔'과 '절제력'이다. 그들은 마법을 제대로 발휘할 수 있도록 세상에서 물러나 독방에 스스로를 가둔다. 위대한 역사의 창조자들은 공통으로 이런 특징을 지니고 있었다. 그들은 주의가 산만해지지 않도록 따로 작업 공간을 마련해 매일 상당

시간 동안 사회에서 벗어나 있었다.

토머스 에디슨의 멘로 파크(Menlo Park) 실험실을 생각해보라. 또는 드와이트 아이젠하워(Dwight Eisenhower) 장군이 제2차 세계대전 동안 피난처로 사용했던 작은 별장인 텔레그래프 코티지(Telegraph Cottage)를 생각해보라(참모들은 그가 텔레그래프 코티지에 있는 동안 압박감에서 벗어나 전략과 작전을 구상할 수 있도록 전쟁을 연상시킬 만한 어떤 것도 별장 안에 두지 않도록 조심했다).

당신의 창의적 토끼굴은 어디서든 가능하다. 단순히 일하는 날에 주의를 분산시키는 요소들을 차단하고, 디지털 기기를 치워두고, 몇 시간은 역작을 만드는 데만 할애하는 방식을 쓸 수도 있다. 또는 예술적 공간을 마련해 연락을 차단하고 그 무엇도 자신의 인지 대역폭과 생산성을 갉아먹지 못하게 할 수도 있다. 매일 이렇게 하는 것은 필요에 따라 언제든 탁월성을 발휘하게 하는 몰입 상태를 제도화할 아주 좋은 방법이다.

도서관이나 인근 대학의 스터디룸, 호텔의 침실에서 일할 수도 있다. 나는 주요 프로젝트를 끝내야 할 때면 종종 내가 좋아하는 도시의 아름다운 호텔을 몇 주 동안 예약한다. 가끔은 일상적 책임과 (최고의 결과를 만들어내는 데 전혀 도움이 되지 않는) 사소한 행정 업무에서 벗어나기 위해 우리 동네 호텔의 스위트룸을 예약하기도 한다.

사실 이 단락을 수정하는 동안에도 나는 집에서 한 시간 거리에 있는 호텔 방에서 영감을 주는 음악을 틀어놓고 문에 '방해하지 마세요' 메모를 붙여두었다. 휴대전화도 '방해 금지'로 바꾸고

이 글을 쓰는 동안 묵었던 호텔 방의 책상.

회의나 미디어 출연 일정도 잡지 않았다. 여기서 내가 해야 할 일은 진짜 일을 하고, 룸서비스로 식사하고, 좋은 침대에서 자는 것뿐이다. 집에서 일했다면 안 써도 됐을 돈이 들기는 했다. 그러나 아이디어와 창의력을 놓치면 그 돈의 천 배는 더 잃는 셈이다.

전략 7: 강도 높게 다섯 시간 일하기

예전의 작업 방식은 대다수가 공장 생산 라인에서 육체노동자로 일했던 시대에 생긴 것이다. 그때는 (근로자가 지치고 다음 교대 조로 바뀔 때까지) 더 오래 생산하면 더 많은 상품이 만들어졌다.

지금 우리는 전혀 다른 시대를 살고 있다. 많은 사람이 아이디어를 떠올리거나 사람들에게 도움이 될 만한 무언가를 발명하거나 지구의 가장 큰 문제들에 대한 해결책을 찾아주고 보수를 받는다. 많은 사람이 육체노동자가 아닌 지적 노동자(cognitive laborer)다. 따라서 더 오래 일해봐야 도움이 되지 않는다. 장시간 일하면 창의성이 고갈되고 생산성이 저하되기 때문이다. 이것이 내가 '허슬 앤드 그라인드(hustle and grind, '악착같이 열심히 일하기' 정도로 번역할 수 있다 – 옮긴이)' 문화에 공감하지 않는 이유다.

지구상에서 가장 생산적인 사람들은 365일 24시간 쉴 새 없이 일하지 않는다. 하지만 일할 때는 최대 강도로 일한다. 그들은 기술을 연마하거나 일하는 중간에는 디지털 오락을 하거나 TV 프로그램에 관해 잡담하지 않는다. 그들은 진지하다. 그들은 제너럴리스트(generalist)가 아니라 스페셜리스트(specialist)다. 일할 때면 '매우 넓게'가 아니라 '매우 깊이' 들어간다. 일을 시작하면 자기 안의 천재성을 모두 꺼내어 일에 쏟는다. 그리고 일을 끝내면 회복에 들어간다. 낮잠을 자고 논다. 근면함의 결실과 노력의 기쁨을 즐긴다. 이런 주기적 작업 방식은 타의 추종을 불허하는 생산성과 멋진 인생을 위한 최고의 비결이다.

나는 '인도의 피카소'로 불리는 화가 마크불 피다 후사인(Maqbool Fida Husain)의 열렬한 팬이다. 이 예술계의 전설은 하루를 어떻게 보내느냐는 〈가디언〉 기자의 질문에 이렇게 대답했다.

"저는 아침 일찍 작업합니다. 새벽 대여섯 시에는 일어나죠. 항상 그날이 첫날 같은 기분이 들어요. 일출은 아무리 봐도 질리지 않죠. 그러고는 서너 시간 열심히 작업합니다."

나머지 시간에는 무엇을 하느냐고 기자가 묻자 그는 이렇게 대답했다.

"아, 나머지 시간에는 그냥 빈둥거리는 게 중요하다고 생각합니다."

그냥 빈둥거린다? 정말 마음에 드는 답변이다! 그래서 나는 고객들에게 하루에 다섯 시간만 일하기를 권한다(방해받지 않고 집중해서 몰입하는 다섯 시간의 작업이 내게는 이상적이다). 그 이상의 시간은 전적으로 불필요하고 피로로 인해 사실상 효용이 떨어진다(실질적인 무언가를 산출하지 못한다면 시간을 낭비할 이유가 무엇인가?). 일하는 날에는 딱 다섯 시간 동안 영광스럽고 장엄하고 기념비적인 성과를 내라. 그리고 회복의 시간을 가져라. 재생하라. 재충전하라. 그리고 나머지 시간을 즐겨라.

내가 자문해주는 사람들은 거의 항상 처음에는 강도 높게 다섯 시간 일하기의 가능성에 저항한다. 너무 비정통적인(사실 이단적인) 아이디어이기 때문이다. 하지만 일단 더 적은 시간 동안 일하고도 수개월 동안 한 것보다 더 많은 일, 더 수준 높은 일을 일주일 안에 해낼 수 있다는 사실을 알게 되면 내게 감사를 표한다. 그리고 일에서 해방된 시간에는 가족과 함께 보내거나 서재에서 책을 읽거나 미술관에 가거나 자연과 교감하거나 스포츠를 즐기는 데 쓴다.

전략 8: 유능한 행정 보조 겸 개인 비서의 고용

분량이 많았지만 실행하기만 하면 너무나 큰 가치가 있는 이 이야기도 거의 끝나간다. 산업계 거물들은 지금 설명하려는 이 특별한 전략이 그들의 재산을 두 배로 늘리고 성과를 크게 높였으며 개인 생활에 혁명을 일으켜 삶에서 행복과 균형, 영적 평화를 누리게 되었다고 말했다.

놀랍게도 처음 일을 시작했을 때처럼 출장 예약, 식당 예약, 집수리 감독, 생활용품 구입 같은 일을 아직도 직접 하는 CEO나 억만장자, 기업가들이 너무나 많다. 왜 그들은 지금도 그런 일을 직접 하는 걸까? 습관이 된 탓이다. 그 일들을 너무 많이 하다 보니 무의식적으로 하는 것이다. 하지만 시작 단계에서는 도움이 되었던 그 활동들이 이제는 일생의 빅 5를 정하고 그들의 제국을 건설해 많은 사람의 삶에 변화를 가져올 시간을 빼앗고 있다.

재능 있고 신뢰할 수 있는 숙련된 행정 보조 겸 개인 비서를 고용하라. 업무의 정리와 조정뿐 아니라 개인 생활의 관리까지 맡기면 엄청난 인지 대역폭과 에너지, 시간을 확보할 수 있다. 행정 보조 겸 개인 비서는 당신의 모든 일정을 관리하고, 모든 전화를 받고, 모든 복잡한 일을 처리하는 등 기본적으로 당신이 싫어하는 모든 일을 처리해줄 것이다. 그리고 당신은 당신이 하는 게 나은 일들, 당신이 뛰어나게 잘하는 일들, 당신이 좋아하는 일들에만 온전히 집중하면 된다. 그렇게 향상될 당신의 생산성과 행복, 평온을 상상해보라. 이 방법은 당신이 사랑하는 삶을 만들어 갈 중요한 길이다.

전략 9: 주 1회 안식일

좀 더 단순했던 시대에는 일주일에 하루 동안 노동으로부터 휴식하는 '안식일'이 있었다. 이날은 쟁기질을 멈추고 가족과 함께 시간을 보내고 책을 읽고 식사를 했다.

최고 생산성 전략 피라미드의 마지막 전략은 휴일을 누리는 데 능숙해지기다. 적어도 일주일에 하루는 쉬어라(그다음에는 매달 일주일, 최종적으로는 매년 최소 2개월은 일을 쉬길 바란다). 일하는 인간으로 존재하지 말고 그냥 인간으로 존재하면서 휴식 시간을 훨씬 많이 갖도록 하라. 우리는 일하지 않을 때 정말로 최고의 아이디어를 얻는다. 그리고 지치면 절대로 분야를 선도할 수 없다.

앞서도 말했듯이 오래 사는 것은 전설이 되기 위한 기본 요소다. 가족과 함께 시간을 보내고, 멋진 여행을 하고, 좋은 책을 읽고, 돈독한 우정을 쌓고, 매주, 매월, 매년 충분한 휴식 기간을 가지면 이후로도 수십 년 동안 창의적이고 숙련된 삶, 신체적 강인함뿐만 아니라 정신적 강인함까지 보장받을 것이다.

지금까지 열렬한 격려와 진지한 열정을 담아 최고의 생산성을 내기 위한 전략들을 제시했다. 이제 당신은 가능성의 대성당에 들어갈 수 있다. 그리고 약속의 성전에서 살 수 있다. 이 전략들이 당신의 승산을 끌어올리는 데 도움이 되기를 기도한다.

추신:

최고 생산성 전략 피라미드를 실행하는 워크시트를 다운로드하고 싶다면 TheEverydayHeroManifesto.com/Productivity를 방문하라.

033

희망 여단에 합류하라

내가 쓴 시를 당신과 공유하고 싶다. 그래서 벤 하퍼(Ben Harper)의 노래 〈실례합니다, 미스터(Excuse Me Mr.)〉가 내 서재에 울려 퍼지는 지금 이 시를 조용히 들려주고자 한다.

— 어둠과 파멸이 있고
사람들은 패배감을 느끼는 곳에서
의심은 위대한 사기꾼임을 이해하라.
그리고 희망 여단에 합류하라.

당신이 정직함 때문에 벌을 받을 때
당신의 천재성을 이해받지 못할 때
그런 비겁함에 저항하라.
그리고 희망 여단에 합류하라.

불운의 시기, 단념하고픈 생각이 들 때
두려움이 거짓 자아를 매혹할 때

절망이 폭력을 행사할 때 내부의 적들을 침묵시켜라.
마법을 행할 수 있는 당신의 능력을 떠올려라.
그리고 희망 여단에 합류하라.

무리가 그들처럼 되라고 손짓할 것이다.
떠들썩하게 살고 풍족해도 더 갈망하라고
당신의 본성을 무시하고 당신의 능력을 폄훼하라고
단순함에 끌리는 본능을 억압하라고
평범함이 당신의 시간을 침범하게 두라고.
그들의 요구를 거절하라.
자주적인 당신의 분노를 인식하라.
그리고 희망 여단에 합류하라.

당신이 중요한 존재일지 궁금할 때
우리 모두 언젠가는 죽는다는 것을 기억하면서
유혹적인 불안의 아침에
당신의 용기의 근저에 있는
평온을 생각하라.
불확실성 속에서도 결연히 나아가라.
그리고 희망 여단에 합류하라.

사랑이 당신의 마음을 찢어놓았는가?
삶이 너무 힘들어 보이는가?

외로움을 느끼는가?

역경이 승리보다 더 흔한가?

환호보다 걱정이 당신을 반겼는가?

새로운 새벽이 오고 있다.

당신이 보여준 선의의 결실이 곧 나타날 것이다.

운명의 여신은 공평하다는 사실을 믿어라.

그리고 희망 여단에 합류하라.

034

마흔에 알았더라면 좋았을 40가지 사실

1 가족, 꽃, 숲속의 산책은 자동차, 시계, 집보다 큰 행복을 안겨준다.

2 건강은 창의성, 생산성, 번영을 키우고 유지하게 해준다.

3 반려자를 선택하는 일은 인생의 성공과 실패, 기쁨과 불행, 평온과 걱정을 좌우한다.

4 사무실 책상에 앉아 있을 때보다 호텔 방이나 비행기 안에서 일할 때 최고의 효율성을 발휘한다.

5 돈독한 우정은 값진 보물이다. 오랜 친구는 가장 소중한 친구다.

6 하늘은 스스로 돕는 자를 돕는다. 그러니 최선을 다하고 나머지는 신에게 맡겨라.

7 사람들이 당신을 깎아내린다는 것은 당신이 점점 더 성공하고 있다는 신호다.

8 젊었을 때 가장 중요하게 생각했던 우선순위는 사실 나이가 들면서 가장 관심이 없어진 것들이다.

9 침묵과 고독은 당신 안의 뮤즈를 매혹하는 달콤한 노래다.

10 오랜 기간 절제하며 매일 이뤄내는 작은 승리는 혁명적인 결과로 이어진다.

11 원하는 것을 얻지 못했을 때는 우주가 훨씬 좋은 것을 염두에 두고 있었기 때문이다.

12 두려움은 곧 성장할 것임을 의미한다. 불편함은 발전에 속도가 붙었음을 의미한다.

13 사랑에 모든 것을 걸었지만 잘 안 됐더라도 실패는 아니다. 왜냐하면 모든 사랑 이야기는 사실 영웅담이기 때문이다. 심장의 어떤 성장도 헛되지 않다.

14 보상에 관심을 두지 않고 부지런히 일하는 것이야말로 보상을 가져오는 행동이다.

15 사람이 나이가 든다고 해서 성장하는 것은 아니다.

16 인생은 당신이 이기고 있는 것으로 당신이 올바로 하고 있음을, 당신이 좌절하는 것으로 당신이 개선해야 할 점을 보여주는 멋진 피드백 시스템을 갖추고 있다.

17 일반적으로 무명으로 작업한 지 20년이 지나야 비로소 작품에서 무엇을 덜어내야 비범한 작품이 되는지 알 수 있는 지혜와 전문 지식이 생긴다.

18 겸손할수록 인격이 굳건해진다.

19 당신의 수입은 결코 당신의 자아 정체성을 넘어설 수 없다. 당신의 영향력은 결코 당신의 개인적 이야기보다 클 수 없다.

20 우리는 타협한 만큼 얻게 된다. 그러니 원하지 않는 것과 타협하지 마라.

21 때때로 침묵은 당신이 줄 수 있는 가장 우렁찬 대답이다.

22 사람들과 교류할 때 느껴지는 감정은 그들에 대해 알아야 할 모든 것을 말해준다.

23 쉬는 시간을 늘릴수록 생산성은 높아질 것이다.

24 트롤에게 먹이를 주는 것은 시간 낭비다. 비평가들 대부분은 자신이 하지 못한 일을 당신이 해냈기 때문에 질투한다. 그들을 무시하라. 그리고 실력으로 대응하라.

25 약자를 괴롭히는 자들은 당신이 맞서면 겁쟁이가 된다.

26 일기는 종이에 적는 기도다. 모든 기도는 응답받는다.

27 진정으로 풍요로운 삶은 생각보다 훨씬 적은 비용이 든다.

28 당신에게 무언가 대단한 것을 해주겠다고 하는 사업가들을 믿지 마라. 일단 계약이 체결되면 그들은 아무것도 해주지 않을 것이다.

29 당신에게 기쁨을 주는 활동들과 장소들은 당신의 지혜가 원하는 활동들과 장소들이다.

30 돈을 가장 잘 쓰는 법은 경험과 기억을 만드는 것이지, 물건과 재산을 확보하는 것이 아니다.

31 의지력은 어려운 일을 하면서 생긴다. 그러니 매일 더 어려운 일을 하라.

32 많은 책을 가볍게 읽기보다 몇 권의 책을 깊이 읽는 편이 낫다.

33 고난은 영웅적 자질의 발생지다. 상처가 지금의 당신을 만들었으므로 상처들을 존중하라.

34 사람들 대다수는 훌륭한 마음을 갖고 있다. 당신이 안전하다고 느끼게 해주면 그 마음을 보여줄 것이다.

35 노인들은 최고의 사연을 가지고 있다. 그리고 최고의 존경을 받을 자격이 있다.

36 모든 생명체는 엄청난 가치가 있다. 거미 한 마리도 절대 밟지 마라.

37 당신이 가장 외로울 때 당신의 신은 가장 가까이에 있다.

38 하루 동안, 한 주 동안 너무 고되게 일할 필요는 없다. 낮잠을 자고, 별을 바라보고, 때로 아무것도 하지 않는 것은 무한히 아름다운 삶에 절대적으로 필요한 일이다.

39 자신을 존중하는 것이 다른 사람에게 호감을 사는 것보다 훨씬 중요하다.

40 당신의 고결함을 작게 펼치기에는 인생이 너무 짧다.

035

미스티 코플랜드의 자신감 형성 기법

미스티 코플랜드(Misty Copeland)는 우리 문명이 낳은 최고의 발레리나 중 한 명이다. 그녀는 아프리카계 미국 여성으로는 처음으로 아메리칸 발레 시어터의 수석 무용수가 되었고 뉴욕 메트로폴리탄 오페라 하우스, 모스크바 볼쇼이 극장, 도쿄 문화회관에서 공연하며 관객들의 마음을 단숨에 사로잡았다.

코플랜드의 어린 시절은 알코올 중독자인 부모와 잦은 이사, 온갖 역경으로 가득했다. 하지만 그녀는 비참한 과거를 연료 삼아 빛나는 성공을 이뤄냈다. 신참 발레리나였을 때 그녀는 그 누구보다 열심히 해야 자신의 잠재력을 모두가 인정하는 실력으로 바꿀 수 있음을 이해했다. 그래서 매일 동이 트기 전에 일어나 연습을 시작하곤 했다.

발레 재능도 타고났지만 노력하는 재능을 더 타고났던 그녀는 첫 발레 수업 후 몇 개월 만에 발끝으로 서는 앙 푸앙트(en pointe)를 할 수 있었다. 보통 아이들은 몇 년이 걸리는 동작이었다. 코플랜드의 발레 선생님은 그녀에게서 천재성을 발견했다. 그래서 그녀가 발레를 그만두려고 했을 때도 계속하라고 격려했다.

"완벽한 발레리나는 머리가 작고, 어깨선이 예쁘고, 다리가 길고, 흉곽이 작단다."

선생님은 유명한 안무가 조지 발란신(George Balanchine)이 말했던 슈퍼스타 발레리나의 특성을 인용하며 말했다.

"그게 너야. 너는 완벽해."

이후 코플랜드는 훈련에 전념하게 되었고 점차 자신을 바라보는 시선도 바뀌어갔다. 그녀는 기술을 습득하고 기량을 다듬었다. 연기력이 늘면서 자아 정체성도 향상됐다. 자신이 매우 특별하고 소질이 있으며 어쩌면 천부적 재능이 있을 수도 있다는 사실을 받아들이기 시작한 것이다.

세계적인 정상의 자리에 오르는 것은 어쩌면 자신감을 겨루는 시합이라고도 할 수 있다. **자신의 활동 무대에 돌풍을 일으키려면 자신에 대한 믿음부터 강화해야 한다.** 불굴의 정신과 정서적 강인함을 구축하는 가장 빠르고 지속력 있는 기술은 자신이 가장 되고 싶은 사람처럼 행동하는 것이다. 심리학자들은 이렇게 말한다. **새로운 행동 방식으로 생각하기보다 새로운 사고방식으로 행동하기가 더 쉽다.**

가장 되고 싶은 사람처럼 행동하라. 단순히 바라기만 하지 말고 끊임없이 연습함으로써 자신감을 키워라. 사소한 행동이 고귀한 의도보다 항상 낫다. 실행 없는 관념은 망상으로 가는 통로다. 매일의 실행으로 뒷받침되지 않는 비전은 장래성을 등한시하는 실수다.

036

같은 책을 여러 권 사는 습관

우리 집은 책으로 가득하다. 책만큼 수익률이 높은 투자를 나는 알지 못한다. 적은 돈으로 세상에서 가장 가치 있는 아이디어와 지구에서 가장 현명한 생각들을 접할 수 있으니 말이다. 어떤 재계 거물들의 집을 방문하든 텔레비전을 본 적이 거의 없다. 그리고 거의 항상 거대한 서재가 있다. 올바른 책 한 권으로 인생 전체가 바뀔 수도 있다.

나는 같은 책을 여러 권 살 때가 많다. 우리 집 서재 서가에는 제임스 앨런(James Allen)의 고전《위대한 생각의 힘》이 여섯 권 꽂혀 있다. 사무실 책상 위에는 셸 실버스타인(Shel Silverstein)의《아낌없이 주는 나무》여덟 권이 놓여 있다. 작업실 탁자 위에는 방문자들에게 나눠 주려고 파울로 코엘료(Paulo Coelho)의《연금술사》11권을 두었다. 로마 황제 마르쿠스 아우렐리우스의《명상록》은 40권을 샀다. 왜 그러는지 궁금한가? 영국의 철학자이자 정치가인 프랜시스 베이컨(Francis Bacon)이 했던 이 말 때문이다.

— 어떤 책은 맛만 보면 되고 어떤 책은 삼켜버리면 되지만 몇몇 책

은 곱씹어 소화해야 한다. 즉 어떤 책은 일부만 읽으면 되고 어떤 책은 읽되 호기심을 가질 건 없지만 몇몇 책은 부지런히 그리고 주의 깊게 전부를 읽어야 한다.

당신의 책 사랑이 커지기를 희망하며 이야기를 하나 들려줄까 한다(나는 평생 읽을 양보다 많은 책을 사들이는 책 중독자다. 모든 중독이 건강에 해로운 것만은 아니다. 나는 소장한 책들을 자식들에게 물려준다면 훗날 훌륭한 유산이 되리라 믿어 의심치 않는다).

나는 사랑하는 로마에 갈 때마다 피우미치노 공항에 착륙하면 내가 머물 아파트로 가서 가방을 내려놓고 샤워를 간단히 한 다음 스페인 광장 바로 옆에 있는 작고 매력적인 서점으로 직행한다. 그곳에 가면 먼지를 뒤집어쓴 책들이 바닥에 쌓여 있고, 할인 판매 중인 책들은 로마제국에서 남겨진 듯한 표지판으로 표시되어 있다. 마치 영혼이 깃든 공간 같은 게 바티칸과 같은 기분을 느끼게 하는 곳이다.

나는 훤히 꿰고 있는 철학 서가로 곧장 걸어가 내가 좋아하는 판본의 《명상록》을 찾아본다. 그리고 항상 미소 짓고 있는 서점 주인의 감미로운 인사에 중국어처럼 들릴 게 뻔한 초급 이탈리아어로 답한다.

그리고 숙소로 돌아가서는 책을 읽는다. 낮잠을 잔 뒤 또 책을 읽고, 일광욕을 하고 다시 책을 읽는다. 그런 다음 아마트리차나(토마토 파스타) 또는 카르보나라(크림 파스타)를 만들어 친구들과 먹으며 시간을 보낸다. 친구들이 돌아가면 로마 중심부에 있는 매혹적인 교회 트리니타 데이 몬티(Trinità dei Monti) 위로 하늘이 온통 분홍빛으로 물들어가는 석양을 보며 또다시 책을 읽는다.

내가 같은 책을 여러 권 사고 여러 번 반복해서 읽는 이유는 우리에겐 **현재 수준에 맞는 지혜가 찾아온다**는 것을 배웠기 때문이다. 우리는 현재의 이해 수준을 넘어서는 어떤 것도 이해하지 못한다. 그리고 당신과 나는 당장 이해할 수 없는 책의 진가를 알아보지 못한다.

그러니까 내 말은 이런 의미다. 처음 《연금술사》를 읽었을 때 나는 왜 사람들이 그 책을 두고 호들갑을 피우는지 이해가 되지 않았다. 이제 그 책을 읽으면 그 안에 담긴 영적 천재성이 보인다. 책은 변하지 않았다. 하지만 시간이 지나면서 내가 성장했다. 그리고 지식과 경험이 늘면서 파울로 코엘료가 쓴 지식과 경험을 알고 받아들일 수 있게 되었다.

처음 《갈매기의 꿈》을 읽었을 때는 새에 관한 책이라고만 생각했다. 이제는 최상의 자아 표출을 지향하는 걸작으로 본다. 그리고 무슨 일이 있어도 자신에게 충실할 것을 강조하는 책이라고 생각한다.

약 15년 전 세계의 위대한 대통령들과 수상들, 마에스트로들과 구루들, 정치인들과 인도주의자들이 침대 머리맡에 두는 책이라는 이야기를 듣고서 처음으로 《명상록》의 페이지를 넘겼을 때는 난해하고, 혼란스럽고, 전혀 흥미롭지 않았다. 잠시 들여다보고는 내려놓았다. 하지만 그 책을 더 자주 읽고, 좀 더 살고, 인간으로 성장하면서 자비로운 황제가 쓴 일기의 의미를 이해하는 능력도 (유럽이 역사상 최악의 감염병 중 하나를 견뎌내는 동안) 나와 함께 성장했다.

다시 말하지만 이 책들은 변하지 않았다. 내가 변했다. 더 중요한 사실은 당신도 그럴 수 있다는 것이다.

037

불명예의 의미

마르쿠스 아우렐리우스의 《명상록》에서 내가 가장 좋아하는 구절 하나를 소개한다. "육신은 여전히 강한데 영혼이 포기하는 것은 부끄러운 일이다."

나는 당신에게 시인이자 전사가 되라고 제안한다. 조용하고 온화하게 살아라. 모든 사람에게 다정함을 보여주어라. 소박한 우아함을 간직하고 적당히 멈춰야 할 때를 알고 엄격하면서도 간결하고 창조적인 생활 방식의 마법을 즐겨라. 성실한 시인이 그렇듯이.

그렇지만 웅대한 사명을 실현하기 위해 어려운 행동에 나서고 꿈을 이루기 위해 오롯이 헌신할 때는 절대로 굴복하지 마라. 용감한 전사의 신조에 따라 생활하고 항상 자신의 비전과 성전(聖戰), 자신과의 약속에 충실하며 평생 한결같이, 성실히 규칙적으로 작은 승리를 거둔다면 그것들이 쌓여 영웅이 된다는 것을 기억하라. 오로지 결의와 인내로 당신은 열망하는 곳에 도달할 것이다. 게으름과 무관심, 굴복은 후회의 근원이다.

항복은 패자의 영역이다. 목표와 욕망, 이상의 추구를 중단하는 것은 본연의 천재성에 대한 잔인한 모욕이다. 당신은 두려움에 포기하거나 현실에 순응하는 것 이상을 경험할 자격이 있다. 물론 인생길을 걷다 보면 겁이 나기도 할 것이다. 나도 무섭다. 하지만 두려움은 우리 마음속에 두려움을 불러일으키는 실제 사건보다 더 해롭다.

죽음 이야기를 꺼내서 미안하지만 우리는 모두 언젠가는 죽는다. 그리고 언제가 될지는 아무도 모른다. 그렇다면 우리가 만들어가야 할 변화를 만들고, 우리가 따라야 할 길을 가는 것이 최선이 아닐까? 그리하여 우리의 탁월함을 알도록. 그리고 불명예를 피하도록.

038

놀라운 번영을 위한 기본 모토

가장 먼저 생각하고 가장 중심에 둘 모토는 다음과 같다. **해결책이 보이지 않는다고 해서 해결책이 없는 것은 아니다.** 스트레스로 가득할 때 우리의 인식은 위축되고 독창성은 닫힌다. 기회를 볼 수 있는 능력을 잃는다. 마치 두려움이 우리의 눈을 가려 가능성을 알아차리지 못하게 막는 것과 같다. '소심증 고글(timidity goggles)'을 통해 보기 시작한다(무슨 말인지 알 것이다).

나와 가장 친한 친구 한 명이 1년 넘게 그의 일에서 가장 많은 수입을 벌어들였을 때였다. 나는 그에게 어떻게 한 건지 물었다.

"쉬웠어."

그는 에스프레소를 홀짝이며 대답했다.

"나와 우리 팀은 어떤 문제가 발생하든 해결책을 찾는 데만 집중했어. 우리는 문제가 일어났다고 해서 하던 일을 중단하지 않았어. 그리고 나는 자네와 가끔 나누곤 했던 이야기를 했지. 연꽃은 진흙 속에서 피어난다는 이야기 말이야. 그래서 우리는 어떤 일이 일어나도 긍정적이고 탄력적이고 민첩한 태도를 유지했지. 그렇게 이겨냈어."

사실 이런 그의 태도야말로 그와 더 가까운 사이가 된 계기였다. 그리고 그가 엄청난 부자가 된 이유였다.

039

두려움을 끌어안아라

옛날 한 스승이 신령스러운 수도원을 찾아가고 있었다. 그가 산길을 올라가는 동안 구경꾼들과 그의 놀라운 능력의 비밀을 알고 싶어 하는 사람들이 뒤를 따랐다. 수도원에 들어가기 전에 일행은 형형색색의 깃발과 세심히 조각된 석조 조각들로 장식된 넓은 안뜰을 통과해야 했다. 그들이 정문을 들어서는데 사나운 개 세 마리가 두꺼운 쇠사슬을 끊고 그들을 향해 전속력으로 달려왔다. 모두 헉 소리를 내며 순간 얼어붙었다. 그리고 돌아서서 달리기 시작했다. **늙은 스승만 빼고 모두가 달렸다.**

스승은 그 자리에 서서 미소를 지었다. 그러고는 하품을 했다. 그런 다음 모두가 기이하다고 생각할 만한 행동을 했다. 그는 개들을 향해 곧장 달려갔다.

개들은 속도를 높여 안뜰을 더 빠르게 질러왔다. 스승도 하품을 한 번 더 하고는 속도를 높였다. 개들이 속도를 더 높이자 스승도 더 힘껏 달렸다. 이제 그는 전력 질주하면서 노래를 부르고 허공에 대고 주먹을 흔들었다. 마치 자신의 승리에 대한 더없는 믿음을 보여주는 몸짓 같았다. 구경꾼들은 홀린 듯 바라봤다. 개들은 더 강해 보이는 스승에게 겁을 먹었는지 곧 몸을 돌려 모퉁이로 되돌아갔다.

두려움도 이런 식으로 작용한다. 두려움으로부터 도망치면 더 강하게 다가온다. 그러나 맞서 다가가면 두려움은 마치 나타나지 말았어야 한다고 깨달은 불청객처럼 돌아서서 물러간다. 당신 안의 위대한 영웅을 떠올리며 정기적으로 두려움이란 괴물들을 안아주기를 권한다.

두려움이란 괴물을 지하실에 넣어두면 당신은 점점 그것이 정말로 포악하다고 생각할 것이다. 하지만 계단을 내려가 전등을 켜고 그 괴물의 눈을 똑바로 바라보라. 아마도 만화 속 작은 캐릭터처럼 보일지도 모른다. 어쨌든 전혀 해롭지 않아 보일 것이다.

나는 대학에 다닐 때 공개적인 자리에서 말하는 일이 엄청나게 두려웠다. 고작 10명 앞에서 발표할 생각만 해도 심장이 쿵쾅거리고 목소리가 떨렸다. 강의 시간에 말을 해야만 할 때는 심장이 요동치기 시작하고 맥박이 빠르게 뛰곤 했다. 정말로 엉망진창이었다.

그러다 문득 중요한 성과를 내려면 무엇보다 이 두려움을 극복해야 한다는 걸 깨달았다. 내게는 불안에 지배당하기를 거부하는 큰 꿈과 야망이 있었다. 나는 나 자신을 위해 더 나은 삶을 만들고 싶었고 가능한 한 많은 사람이 그럴 수 있게 만들고 싶었다. 그래서 더 이상 피해자처럼 행동하지 않기로 마음먹었다. 한순간에 인생을 바꾸는 선택을 한 것이다.

나는 도서관에 가서 발표 공포증을 극복하는 법을 다룬 책을 몇 권 대출했다. 몇 주 동안 거의 방에만 머물며 그 책들을 한 줄 한 줄 읽었던 기억이 아직도 난다. 방에만 틀어박혀 외출도 하지 않았다. 텔레비전도 보지 않았다. 게임도 하지 않고 빈둥거리지도 않았다. 청중 앞에 자신 있게 설 방법만 공부했다. 그리고 사람들 앞에서 발표하면서 신속히 대응하는 법도 연구했다.

그다음에는 데일 카네기 대중 연설 강좌에 등록했다. 매주 월요일 밤 나는 방을 가득 채운 참가자들 앞에서 짧은 연설을 했다. 아직도 그때가 또렷이 기억난다. 당연한 이야기 같겠지만 나는 변해갔다. 발표를 거듭할수록 쉬워졌다. 두려움이란 개들을 향해 달려갈수록 그들은 내게서 점점 더 달아났다.

꿋꿋이 인내하며 심층 연습을 한 결과 대중 앞에서 말하는 게 갈수록 재미있어졌다. 정말 재미있었다. 이제 나는 1만 명, 2만 명, 3만 명, 심지어 4만 명 앞에서도 무대에 오를 수 있고 무대가 우리 집 거실처럼 편하게 느껴진다. 두려움을 연료로 바꾸는 계획과, 약점을 용기로 바꾸는 싸움을 밀고 나갈 때 그런 힘이 생긴다.

나는 소설 《듄》에서 이런 점을 설득력 있게 피력한 프랭크 허버트(Frnak Herbert)의 이 글을 아주 좋아한다.

— 두려워해서는 안 된다. 두려움은 정신을 죽인다. 두려움은 완전한 소멸을 초래하는 작은 죽음이다. 나는 두려움에 맞설 것이며 두려움이 나를 통과해서 지나가게 둘 것이다. 두려움이 지나가면 나는 마음의 눈으로 그것이 지나간 길을 살펴보리라. 두려움

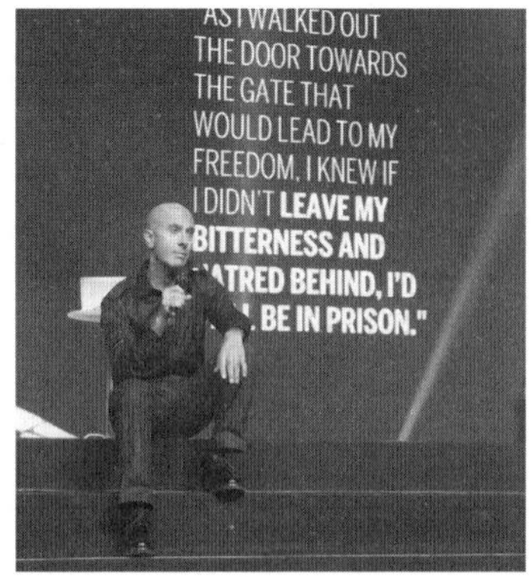

브라질 상파울루에서 열린 리더십 행사의 4만 청중 앞에서(왼쪽). 고위 경영자 1만 명이 모인 경기장 무대 위에서(오른쪽).

이 사라진 곳에는 아무것도 없을 것이다. 오직 나만 남아 있을 것이다.

그러니 소심해질 때 지혜로운 스승의 이야기를 떠올려보라. 그리고 풍성한 축복을 받은 인생의 남은 시간에 매일 당신의 못된 개들을 확실히 쫓도록 하라. 가장 큰 괴물을 끌어안아라. 그래서 전부 달아나게 하라.

040

세상에서 가장 비싼 디저트의 의미

프렌치 리비에라(코르다쥐르)의 오텔 뒤 카프(Hôtel du Cap)는 제트족(세계 각국을 유람 다니는 부유층 – 옮긴이)들이 지구에서 가장 선호하는 장소 중 하나다. 건물도 아름답고 위치도 아주 좋을 뿐 아니라 서비스도 유명하다.

어느 날 아침 한 손님이 브리오슈 번에 크림을 채운 디저트인 타르트 트로페지엔느(tarte tropézienne)를 요청했다. 프랑스의 배우 브리지트 바르도(Brigitte Bardot)가 생트로페에서 〈그리고 신은 여자를 창조했다〉를 촬영하는 동안 이 디저트를 즐기면서 이런 이름이 붙었다. 주방장은 그 디저트가 100킬로미터가량 떨어진 생트로페 지역의 특산품이라 호텔 메뉴에는 없다고 정중히 답했다. 하지만 손님은 고집을 부리며 원하는 것을 먹어야겠다고 말했다.

이를 전달받은 호텔 컨시어지는 헬리콥터를 전세 내고 생트로페의 가장 훌륭한 빵집에서 갓 만든 타르트 트로페지엔느를 사 오라고 직원에게 시켰다. 커피를 즐길 시간에 딱 맞춰 그 디저트는 손님의 테이블에 올랐다. 청구서와 함께.

청구서에 적힌 금액은 2,005유로였다. 타르트가 5유로였고 나머지는 헬리콥터를 빌린 비용이었다. 하지만 손님은 기뻐했다. 그렇게 오텔 뒤 카프는 전설로 남을 만한 서비스를 또 한번 탄생시켰다. 대부분 기업이 마케팅으로 약속한 것도 이행하지 않는 시대다. 이럴 때일수록 고객을 놀라게 하고 그들의 기대치를 훌쩍 넘는 운영 절차를 통해 조직을 차별화해야 한다.

언젠가 나는 프라하의 한 호텔에 묵으면서 프런트 직원에게 와이셔츠를 아주 빨리 드라이클리닝해서 가져다줄 수 있는지 물은 적이 있었다. "무엇이든 가능합니다"라던 직원의 대답이 지금도 잊히지 않는다. 모리셔스의 열대 낙원에 있는 또 다른 호텔에서는 직원들이 버릇처럼 "네, 됩니다. 말씀하시죠"라고 대답하도록 교육받는다. 멋지지 않은가?

그러니 다음에 까다로운 고객을 만나면 약간의 배려와 이해, 독창성과 감사로 대하라. 모든 고객을 광적인 팬으로 만들 수 있을 것이다. 그리고 그런 변화는 한 번에 하나의 관계에서 만들어진다는 사실도 생각하라. 창의성, 브랜드를 지키려는 열정, 다른 사람을 행복하게 만들어주려는 사랑만 마음속에 있으면 된다. 2,005유로짜리 타르트를 찾아낸 컨시어지처럼.

041

게으름뱅이가 되지 마라

어느 날 내 친구가 나무늘보(sloth)를 입양했다고 말했다. 그 나무늘보가 실제로 친구와 함께 살지는 않는다. 친구는 야생동물보호단체를 통해 어려움에 처한 나무늘보가 훨씬 나은 삶을 살 수 있도록 매달 돈을 보내준다.

내 친구의 나무늘보 후원은 우리가 함께하는 저녁 식사 자리에서 유쾌하고 지적인 대화의 무한한 원천이 되어주었다. 나는 나무늘보에 대해서 잘 몰랐지만, 친구가 들려준 나무늘보에 대한 이야기를 흥미롭게 들었다.

물론 내가 나무늘보후원자연합에 가입할 것 같진 않다. 동물 그 자체를 보호하고 존중하고 사랑해야 하는 것과는 별개로, 나무늘보는 현존하는 포유류 중 가장 느리게 움직이는 동물로 게으름을 상징하기 때문이다. 'sloth'은 나태, 태만의 의미를 갖고 있기도 하다.

이것이 바로 나무늘보 얘기를 꺼낸 이유다. 이 짧은 글에서 내가 하고 싶은 말은 간단하다. 나무늘보 같은 게으름뱅이가 되지 말라는 것이다.

042

벤저민 프랭클린의 13가지 미덕

일상에서의 훌륭한 습관은 비범한 재능보다 훨씬 많은 것을 얻게 해준다. 여기까지 이 책을 읽었으니 당신도 아마 알 것이다. 나는 천재성을 타고난 사람들이 잠재력을 전혀 발휘하지 못하는 것을 너무 많이 봤다. 그리고 평균적인 능력으로 놀라운 경지에 이른 사람도 많이 봤다.

물론 매 순간 자신과의 약속을 착실히 지키고, 매일 오랜 시간 연습하고 개선해나가며 일하기는 어려울 수 있다. 하지만 나는 수월한 일보다 힘든 위업을 선택하며 보낸 삶이 알고 보면 가장 쉬운 삶의 방법이라고 주장한다.

왜 그런지 궁금한가? 해가 뜰 때 일어나고, 소파에서 빈둥거리는 대신 운동하고, 과소비하는 대신 저축하고, 재능을 믿기보단 최적화하고, 만나는 모든 사람을 배려하는 등 쉬운 일보다 힘든 일들을 자주 하면 (깨끗한 양심과 함께) 창의성, 생산성, 건강, 경제적 풍요, 직업적 명성, 많은 사람으로부터 존경받는 삶이 보장되기 때문이다. 그리고 이 모두는 당신의 삶을 대단히 수월하게 만들어주기 때문이다.

습관 형성의 또 다른 중요한 기본 원칙은 **훌륭한 습관을 유지하기가 중지했다가 다시 시작하기보다 훨씬 쉽다**는 것이다. 젊은 시절 내게 큰 영향을 미친 책 중 하나는《벤저민 프랭클린 자서전》이었다. 지금도 여전히 눈에 띄는 내용은 벤저민 프랭클린(Benjamin Franklin)이 성공과 행복, 영향력을 얻고 유지하는 삶에 가장 중요하다고 믿었던 13가지 미덕이다. 맥락을 알 수 있도록 그 책의 한 구절을 알려주고자 한다.

— 도덕적으로 완벽해지겠다는 대담하고 힘든 계획을 구상했을 때가 이 무렵이었다. 나는 언제나 어떤 잘못도 저지르지 않고 살고 싶었다. 무엇이 옳고 무엇이 그른지 알고 있었기에 내가 항상 옳은 일만 할 수 없고 그른 일을 피할 수 없다는 생각은 들지 않았다. 하지만 내가 상상했던 것보다 어려운 일에 착수했음을 곧 알게 되었다.

프랭클린은 매우 도덕적인 사람이 되기 위해 무엇을 해야 하는지 알고 있었지만 종종 자신이 실수한다는 것을 알게 되었다. 해결책은 더 강력한 습관을 꼼꼼히 구축함으로써 약한 습관을 깨뜨리는 시스템을 구축하는 것이었다. 이 정치가가 훌륭한 삶을 위한 주요 덕목으로 꼽은 것은 다음과 같다.

1 절제(Temperance): 과음, 과식하지 않도록 주의한다.
2 침묵(Silence): 쓸데없는 대화와 악의적인 말을 피한다.

3 질서(Order): 물리적 공간의 간소함을 실천하고 각각의 일을 정확히 수행한다.
4 결단(Resolution): 하겠다고 자신에게 약속한 일을 반드시 해낸다.
5 검소함(Frugality): 지출에 주의하고 낭비를 피한다.
6 근면(Industry): 시간을 잘 관리하고 불필요한 활동을 피한다.
7 성실(Sincerity): 절대 남을 속이지 않고 어떤 상황에서도 자기답게 행동한다.
8 정의(Justice): 모든 사람을 동등하게 대하고 어떤 잘못도 범하지 않는다.
9 중용(Moderation): 게으름과 금욕주의의 양극단을 피한다.
10 청결(Cleanliness): 몸과 생활 공간, 환경을 깨끗하게 유지한다.
11 평온(Tranquility): 내면의 평화를 유지하고 사소한 일을 반추하지 않는다.
12 순결(Chastity): 무의미한 성행위를 하지 않는다.
13 겸손(Humility): 위대한 성인, 현자, 선지자를 본보기로 삼는다.

또한 프랭클린은 13가지 덕목으로 구성된 표를 만들어 그가 '작은 책'이라고 불렀던 일지에 그려놓았다. 다음 쪽에 있는 그가 그린 표를 살펴보자. 왼쪽 열에는 각 덕목의 머리글자가 있고 상단에는 요일이 표시되어 있다.

그는 매일 밤 잠들기 전에 자신의 행동을 깊이 살펴보며 습관으로 삼으려고 노력 중인 각 덕목과 견주어 평가했다. 프랭클린

	월	화	수	목	금	토	일
T.							
S.							
O.							
R.							
F.							
I.							
S.							
J.							
M.							
C.							
T.							
C.							
H.							

은 일주일에 한 가지 미덕에 집중했는데 이런 식으로 하면 "13주만에 전체 과정을 완료하고 1년에 네 번 이 과정을 되풀이할 수 있었다."

또한 프랭클린은 13가지 미덕이 연속적이라고 믿었다. 일주일 동안 절제력을 기르기 위해 노력하면 침묵을 지키려는 의지가 더 강해지고, 일주일 동안 침묵의 미덕에 집중한 후에는 삶의 질서를 극대화할 절제력을 더 갖게 되는 식으로 말이다.

내가 특히 좋아하는 《벤저민 프랭클린 자서전》 판본.

이 방법은 이 책의 나중에 나올 자기 인식과 3단계 성공 공식(the 3 step success formula)에 따라 매일 노력할 때 생기는 변화의 힘을 아주 잘 보여준다. 지금은 벤저민 프랭클린의 필수 덕목을 생각하며 몇 시간을 보내보자. 그리고 그가 제시한 시스템을 정기적으로 적용하면 당신의 성과, 번영, 평온, 영성이 얼마나 향상될지도 생각해보자.

추신:

내가 서클 오브 레전드 온라인 멘토링 프로그램 회원들에게 제공하는 13가지 미덕 워크시트를 사용해보고 싶다면 TheEverydayHeroManifesto.com/13Virtues를 방문하라.

043

공작새의 불평

나는《이솝 우화》를 즐겨 읽는다.《이솝 우화》는 인생에서 무엇이 중요한지 일깨워주고 지식과 확신, 명료함을 갖고 살도록 도와준다. 이 짧은 이야기들은 내가 가야 할 길을 인도해준다.

오늘 아침에는 '공작새의 불평'이라는 우화를 읽었다. 어느 날 사랑스러운 공작새가 최고의 여신 주노에게 항의 편지를 보냈다. 꾀꼬리가 자신보다 훨씬 고운 소리를 갖고 있는 게 불공평하다고 주장하는 편지였다. 주노 여신은 모든 생명체에게 고유한 재능을 주었고 공작새에게 주어진 축복은 아름다움이라고 대답했다. 독수리는 힘이 세고, 앵무새는 사람 말을 흉내 낼 수 있고, 비둘기는 평화롭다. 그리고 공작새는 고혹적인 깃털로 사람들의 눈길을 끈다.

"모두가 자기 모습에 만족하는데 너도 비참한 기분에 빠지고 싶지 않다면 그들과 같은 태도를 지니는 게 좋겠구나."

여신은 충고했다. 공작새는 여신의 가르침을 받아들였다. 그리고 곧 자신의 매력에 빠져서 깃털을 자랑스럽게 펼쳐 보이게 되었다. 온 세상이 볼 수 있도록.

044

어떤 싸움도 평화를 잃을 만큼의 가치는 없다

인생에서 가장 귀중한 세월을 싸움에 휘말려 허망하게 보내는 사람들이 있다. 내가 아는 한 신사는 대기업에 맞서 싸웠다. 자신이 부당한 대우를 받았다고 느꼈기 때문이다. 그는 자신이 옳다고 확신했다. 하지만 협상을 벌이고 토론하거나 어쩌면 약간의 타협으로 문제를 해결할 수도 있었다. 하지만 그는 정당성을 입증할 필요성을 느꼈다. 완전하고 완벽하게.

그래서 그는 20년 동안 전쟁을 치렀다. 그렇다. 무려 20년이었다. 결과는 어떻게 됐을까? 그가 이겼다. 하지만 뇌졸중으로 쓰러져 재산을 거의 다 잃고 결국 휠체어 신세까지 지게 됐다. 분쟁이 종결됐을 즈음에는 거의 말도 할 수 없었던 그는 간신히 이렇게 중얼거렸다.

"봐, 내가 따끔한 맛을 보여주었잖아?"

물론 나도 옳은 일을 위해 싸워야 한다고 마음속 깊이 믿는다. 마틴 루터 킹 목사는 "우리가 중대한 일에 침묵하는 순간 우리 삶은 종말을 고하기 시작한다"라고 말했다. 자신의 원칙을 지키고, 자신에게 중요한 가치를 옹호하는 것은 인격을 강화하고 자기 안에 있는 영웅의 자질을 자극하며 자존감을 높여준다.

하지만 나는 내가 겪은 시련을 통해 **어떤 싸움도 자신의 창의성과 생산성, 행복, 마음의 평화를 잃을 만큼의 가치는 없다**는 사실 또한 배웠다. 이 보물들을 잃는다면 모든 것을 잃는 것이다.

중요한 것은 적절한 균형이 아닐까? 당신의 싸움을 신중히 골라라. 때로는 명예를 지키고 맞서 싸워야 한다. 하지만 때로는 더 큰 그림을 보고, 자신의 옳음을 입증하기보다는 소중한 기쁨을 지키고, 순탄한 길을 가라. 장기적인 관점으로 자신에게 가장 도움이 되는 선택을 하라. 때론 갈등을 피하고 앞으로 나아가는 현명한 게임을 할 필요가 있다.

045

아끼는 부분이라도 죽여라

앞서 나는 사람들에게 희망을 주고 격려하고 영감을 주는 말을 하라고 했다. 이 글의 제목과는 사뭇 다른 이야기였다. 여기에 이런 제목을 적은 것은 작가로서 어떻게 글을 써나가는지 설명하기 위해서다.

이 책이 여기까지 오는 데는 12개월이라는 시간이 걸렸다. 길고 힘들고 고되면서도, 신나고 활기차고 행복이 넘치기도 했던 시간이었다. 다음 쪽에 실린 사진은 창작 과정에서 나를 몹시 힘들게 했던, 세밀함과 세부 사항에 대한 강박을 보여준다.

왜 내가 그토록 정성을 들여 책을 쓰는지(《변화의 시작 5AM 클럽》은 4년이 걸렸다), 왜 한 줄 한 줄 올바로 쓰기 위해 그토록 많은 시간을 들이는지 물어볼지도 모르겠다. 광고계의 아이콘인 데이비드 오길비(David Ogilvy)는 이런 글을 쓴 적이 있다. "나는 카피라이터로는 별로지만 편집자로는 훌륭하다. 그래서 초안을 편집하는 데 공을 들인다. 네다섯 번 수정하고 나면 고객에게 보여줘도 될 정도로 좋아진다."

내가 왜 그토록 글쓰기에 몰두하고 매달리는지, 왜 광적일 만

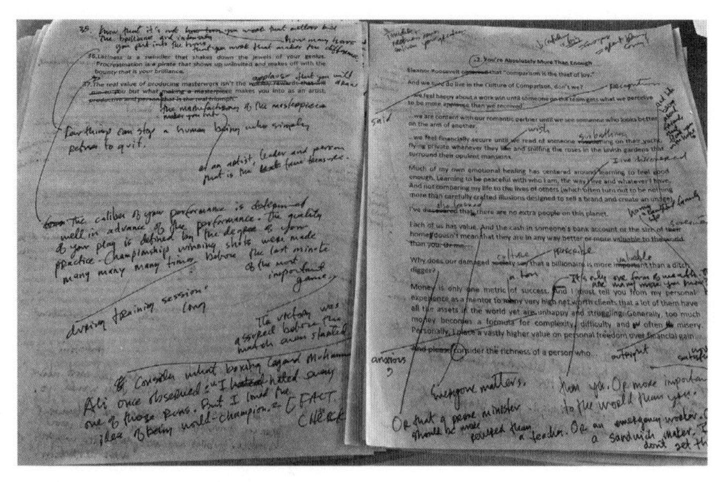

내가 책을 완성해가는 방식을 보여주는 예.

큼 최고에 이르려 하는지 물어본다면 나는 예술에 대해 내가 정해둔 다음과 같은 규칙들로 답할 것이다.

첫째, 나는 독자들을 깊이 존경한다. 따라서 할 수 있는 최선을 다해야 한다. 그들은 최고의 책을 받을 권리가 있다.

둘째, 새 책이 과거에 썼던 책들을 능가하도록 밀어붙일 때 그 한계가 확장되기 때문이다. 그리고 작가로서 나의 성과를 높여주기 때문이다.

셋째, 결코 월계관에 안주해서는 안 된다. 거기서 작가로서의 여정이 끝날 수 있기 때문이다. 더 나은 성과라는 위험과 영광을 감수하지 않고 지난번 베스트셀러에서 효과가 있었던 걸 반복한다면 시대에 뒤처질 수밖에 없다.

넷째, 내 책의 표지에는 내 이름이 실린다. 내가 오롯이 전념한 결과물이 아닌 것을 세상에 내놓아서는 안 된다.

내가 글을 쓰는 동안 책상 위에 둔 쪽지.

다섯째, 카르마는 실재하며 신은 우리가 하는 전부를 지켜본다. 독자들을 향한 사랑의 마음과 그들의 삶이 향상되도록 돕고 싶다는 마음으로 글을 써야만 내 개인적 꿈이 현실이 되고 사랑하는 사람들에게도 좋은 일이 생긴다.

여섯째, 우리의 문명은 더 많은 진실과 아름다움을 발견해야 한다. 따라서 내가 진실과 아름다움을 세상에 쏟아낼 수 있다면 그렇게 해야만 한다.

그래서 나는 글을 자꾸 다듬게 된다. 위 사진은 내가 해변의 작은 별장에서 원고를 다듬는 작업을 하던 광경을 찍은 것이다. 자세히 봐주었으면 한다. 글을 쓰는 동안 볼 수 있도록 원고 가까이 있는 촛대에 기대놓은 쪽지가 보일 것이다. 쪽지에는 “아끼는 부분이라도 죽여라”라고 쓰여 있다. 이 말은 노벨문학상 수상자인 소설가 윌리엄 포크너(William Faulkner)가 한 말로 알려져 있다.

이 말은 아주, 아주 유익한 규칙이다. 진지한 창조적 생산자들과 영향력 있는 예술가들에게도 그렇다(대본을 수정하고 있든, 스타트업을 추진하고 있든, 팀을 이끌거나 어떤 운동을 시작했든 당신은 창조적 생산자다). 내가 보기에 이 말은 매력적인 작품, 더 나은 작품을 위해서는 절대적으로 필요하지 않은 내용을 빼야 한다는 의미다. 그래서 나는 책상 위의 쪽지를 보며 글은 간결할수록 나을 때가 많고, 내 마음에 드는 문구나 장이 있어도 더 좋은 책으로 만들기 위해서는 기꺼이 덜어내야 한다는 점을 깨닫곤 한다.

사실 걸작을 만들어내는 데는 여러 면에서 모든 것을 담기보다 덜어내는 배짱이 있는가가 훨씬 중요하다. 무언가를 단순하게 보이게 하려면 오랜 시간이 걸린다. 진정한 전문성의 척도는 중요한 것만 빼고 모두 제거하는 것이다. 본질적인 것만 남기려면 대단한 안목과 지식, 용기, 기술이 필요하기 때문이다.

작가 스티븐 킹(Stephen King)도 이렇게 충고했다. "아끼는 부분이라도 죽여라. 그것이 자기중심적인 저자의 마음을 아프게 할지라도 아끼는 부분들을 죽여라." 나는 그 말을 내 영혼에 새겨놓았다. 당신도 그렇게 하기를 간절히 기도한다.

추신:

이 책에 포함하지 않겠다고 결정한 여러 글을 TheEverydayHeroManifesto.com/LostChapters에 모아두었다.

046

그냥 베풀고, 보상을 바라지 마라

선물을 주고 답례를 기대한다면 그건 선물이 아니라 교환이다. 베푸는 일을 신비로운 기적에 가까울 만큼 행복한 행위로 만드는 것은 베푸는 의도다. 무언가를 되돌려 받고 싶은 마음으로 선물을 한다면 선물의 빛이 퇴색된다.

이 글을 쓰기 전에 로마 황제 마르쿠스 아우렐리우스가 쓴 구절을 또다시 읽었다(아마도 이제 당신은 이 고대의 철학자가 나의 멘토이자 영웅임을 알 것이다). 그는 '자비로운'이라는 단어를 사용했는데, 오랫동안 와닿기를 바랐던 그 단어가 드디어 내게 와닿았다. 이제 이해가 된다. 그 단어에 깔린 의미를 머리가 아니라 마음으로 이해하기까지 수년이 걸렸다.

자비로운 사람(또는 지도자, 창작자, 생산자)은 순수한 마음으로 좋은 일을 한다. 옳은 이유로, 진실한 마음으로, 주로 다른 사람들의 이익을 위해 한다. 자신을 위해 좋은 일을 하는 것이 나쁘다고 말하는 건 아니다. 그렇지만 기본적으로 받기 위해서가 아니라 주기 위해서 줄 때 행복한 본성에 다가가고 고귀함의 낙원으로 들어가며, 가장 성스러운 성공의 열반을 경험할 것이다.

다시 마르쿠스 아우렐리우스 이야기로 돌아가도록 하자. 당시 지구상에서 가장 강력한 제국이었던 로마의 복지와 시민들의 사정을 세심하게 배려했던 현명하고 용감한 통치자는 이렇게 썼다. "당신이 선한 일을 했고 그로써 다른 사람이 편해졌다면 **왜 바보들처럼 당신이 선행을 베풀었다는 평판이나 답례 같은 제3의 보상을 받으려 하는가?"**

병원 건물에 당신의 이름을 새기기 위해 하는 자선 활동은 자선 활동이 아니다. 그것은 허영이다. 좋은 일에 도움을 주고서 브랜드 구축을 위해 가는 곳마다 기부 사실을 광고한다면 진정한 도움을 준 것이 아니다. 그것은 자기 홍보다(여러분은 어떨지 모르겠지만 나는 주목받지 않을 때는 전혀 관심이 없으면서 이슈로 떠오를 때는 '사회적 양심'을 보이곤 하는 기업의 가식적 행동에 점점 질려간다). 사랑하는 사람이나 이웃, 팀원에게 친절을 베풀고 감사 인사라도 기다린다면 당신이 지혜롭게 했던 행동의 훌륭함은 파괴된다.

그들에게 그냥 베풀고, 보답받고자 하는 열망을 버려라. **당신이 베푼 도움이 당신의 눈부신 포상이다.** 아무런 조건 없이 혜택을 제공하라. 보답은 필요 없다. 박수도 필요 없다. 그때 비로소 당신은 관대해지고 순수해진다. 명예로워진다. 이렇게 행동할 때마다 당신은 굶주린 욕망과 자아의 끊임없는 요구, 당신의 빛나는 능력을 방해하는 불성실함을 통제할 수 있을 것이다. 그것이 보답으로 받을 수 있는 최고의 선물이 아닐까?

047

방치했던 마음을 치유할 때 위대한 거장이 된다

우리 사회는 마음을 열고 감정을 드러내는 행동은 굴복의 표시라고 여긴다. 사실 약하고 여린 마음을 에워싼 성벽을 허물고 다른 사람과 정서적 친밀감으로 연결되기는 쉽지 않다. 그러려면 원칙과 용기를 갖고 꽤 위험한 작업을 수행해야 한다. 내면의 전사를 끄집어내 우리의 인간성에 공감하고 삶의 아름다움에 경외감을 느끼고 심층에 자리한 꿈에 대한 열정을 느껴야 한다.

어렸을 때 우리는 감정을 그대로 드러냈다. 부서지기 쉬운 마음을 손바닥 위에 올려놓고 온 세상이 볼 수 있게 했다. 그만큼 우리는 강했다. 우리는 두려움을 솔직하게 말하고, 순수한 눈물을 흘리며 울고, 위험도 불사하며 모험하고, 있는 그대로의 모습으로 살고, 우리의 탁월함을 사람들에게 드러내도 안전하다고 느꼈다. 그리고 인간이 경험을 쌓아가면서 자연히 느끼게 되는 고통을 평화롭게 받아들였기 때문에 우리가 알고 있어야 할 행복에도 온전히 접근할 수 있었다.

시인 칼릴 지브란(Kahlil Gibran)은 《예언자》에서 그 같은 사실을 훌륭히 표현했다.

— 그대의 기쁨은 가면을 벗은 그대의 슬픔이다. 기쁨의 웃음이 흘러넘치는 바로 그 우물은 종종 슬픔의 눈물로 채워진다. 슬픔이 그대에게 깊이 파고들수록 기쁨은 더욱더 커지리라. 그대의 포도주가 담긴 잔은 도공의 가마에서 구워진 바로 그 잔이 아니던가?

인생을 살아가면서 우리는 실망과 어려움, 낙담 등 힘든 감정적 잔여물들을 쌓아왔다. 우리는 자신을 보호하기 위해 우리도 모르게 여리고 지혜롭고 강한 마음에 갑옷을 입히기 시작했다. 상처를 피하고, 고통을 피하고, 트라우마를 잊기 위해서였다. 그러나 고통을 도외시하면서 우리는 빛으로부터도 분리되었다. 슬픔으로부터 달아나면서 희망으로부터도 등을 돌렸다. 우리가 두려워하는 것들로부터 도망치면서 괴물을 껴안고 악마를 파괴하는 능력도 무력해졌다. 그리고 진정한 자신과 아름다운 벗이 되기를 거부했다. 우리의 지혜와 힘, 경이로움을 깊숙한 벽장에 가둬두고 질식시켰다.

내 하트셋 철학의 첫째 원칙은 **상처를 치료하려면 그 아래 억눌린 감정을 느껴야 한다는 것이다.** 그리고 두 번째 원칙은 **히스테리 상태가 된다면 오래된 감정**이라는 것이다. 즉 특정 상황에 즉각적으로 과민반응을 보일수록 이는 오래전에 깊은 정서적 손상을 입었음을 나타낸다. 마지막으로 가장 중요한 세 번째 하트셋 원칙은 이것이다. **무심히 넘어간 감정은 잠재의식에 상처의 장을 형성해 당신의 천재성을 떨어뜨리고 장래성을 기만하고 위**

대함을 가로막는다.

칼 융에 따르면 대다수 인간이 보여주는 이 의도적인 외면(willful blindness)은 '그림자', 즉 의식이 처리할 필요가 없도록 무의식에 넣어두는 어둡고 난해한 모습으로 나타난다.

— 불행하게도 사람은 대체로 자신이 상상하거나 원하는 모습보다 덜 훌륭하다는 데는 의심의 여지가 없다. 모든 사람은 그림자를 지니고 있으며 개인의 의식적 삶에 덜 포함될수록 더 어둡고 더 난해하다. 여하튼 그림자는 무의식적인 걸림돌이 되어 우리의 가장 선한 의도들을 좌절시킨다.

그는 이런 말도 덧붙였다.

— 사람은 빛의 형상을 상상함으로써 깨달음을 얻는 것이 아니라 어둠을 의식함으로써 깨달음을 얻는다. 하지만 후자의 절차는 유쾌하지 못하므로 인기가 없다.

프로이트는 이 점에 대해 더 직접적으로 말했다. "표현되지 않은 감정은 절대 사라지지 않는다. 그것들은 생매장되었다가 나중에 더 추한 모습으로 나타난다."

하트셋 작업을 어리석은 일로 치부하고 오래된 상처의 치유와 내면에 축적된 고통의 처리를 등한시하면서 마인드셋을 개선하는 데만 집중하면 최고의 위치에 이르는 문으로 나아가지 못한다.

그리고 자기 파괴 행동을 계속함으로써 현재 위치에 머무른다.

잠재의식 안에 너무나 완벽히 자리 잡고 있어서 아마 당신이 자각하지도 못하고 있을 억압된 미세 트라우마, 어쩌면 중대 트라우마일지 모를 이 상처야말로 당신의 재능이 깨어나지 못하는 진짜 이유일지 모른다. 당신의 마음에 갇힌 그 상처는 당신이 인생 역작을 만들지 못하도록 방해하고 거장 수준의 습관을 거부하게 만든다.

또한 건강한 관계를 방해하고(트라우마가 있는 사람들은 건강한 관계가 어떤 것인지 몰라서 나쁜 사람에게 끌린다. 극적인 생활 방식이 훨씬 친숙해서 평화로운 생활 방식보다 안전하다고 느낀다) 소셜미디어나 쇼핑, 음주, 뒷담화에 너무 많은 시간을 쓰도록 조장한다. 기본적으로 당신의 잠재력을 깨울 기회, 그토록 바라던 삶을 영위하면서 많은 사람을 이롭게 할 기회가 눈앞에 있는데도 놓치게 만든다.

과거의 모든 억압된 고통은 왜 사람들 대부분이 본능이 지성보다, 감정이 이성보다 똑똑하다는 진실을 잊은 채 머릿속으로만 도피하는지도 설명해준다. 머릿속에서 사는 우리는 느끼는 대로 간직할 수 있는 자연스러운 능력을 향유하기보다 생각에 갇혀 우리 주변의 모든 삶을 감지하고 소중히 여기는 법을 잊어버렸다.

그렇기 때문에 오늘날 우리는 다른 사람을 해치는 것에 대해 가책을 느끼지 못한다. 우리는 (더 이상 그들과의 아무런 연관성도 느끼지 못하므로) 우리의 형제자매를 죽이는 전쟁을 시작한다. 우리는 이웃의 피부색이나 성별 때문에 또는 종교의 이름으로 이웃을 무시한다. 그런 폭력적인 행동의 공포를 느끼지 못하기 때문이다. 우리는 지난날 아주 깨끗했던 지구를 화학물질과 쓰레기, 다른 독성 물질로 오염시켜 바다를 파괴하고, 숲을 황폐화하고, 다른 동물 친구들을 멸종시키고 있다. 깨어 있는 인간이라면 살아 있는 생명을 죽일 때 신체적, 감각적으로 슬픔을 느끼지만 그러지 않도록 우리 자신을 방어해왔기 때문이다.

우리 문명은 감정과 단절되었고 신체적 감각에 무감각해졌다. 사람들은 로봇의 추론과 기계 같은 지식에 갇혀 지혜를 키우기보다는 더 많은 정보의 생산을 선호한다. 세속적 이기주의는 인간의 영웅주의를 이겼다.

이제 (우연히도 인가가 드문 대서양에 있는 바위섬의 판자 오두막에서 바람이 울부짖고, 파도는 부서지고, 창문은 덜컹대는 속에서 쓰고 있는) 이 글을 끝내야만 한다. 내가 멘토링을 제공하는 고객들의 창의성과 생산성, 영향력을 변화시켰던 특별한 기술을 알려주는 것으로 마무리하고자 한다. 바로 'AFRA'라고 불리는 기술이다. A는 인식(awareness), F는 느낌(feel), R은 발산(release), A는 향상(ascend)을 의미한다.

다음에 당신의 약한 자아가 어떤 사람이나 상황 때문에 부정적으로 활성화된다면 피해자 역할을 하거나 상대방 또는 외부 조건을 탓하지 마라. 그 사람이나 상황이 잠재의식의 구석에서 불러낸 감정적 상처와 오래된 트라우마를 다룸으로써 하트셋을 정화하는 훈련을 시키려고 나타났다고 생각하라. 어떤 감정이 당신을 괴롭히고 있다는 바로 그 사실만으로 상처의 장으로부터

봉쇄된 감정이 수면 위로 떠올라 다룰 수 있게 되고, 그 감정이 무의식 영역을 떠나 의식 세계로 들어왔음을 확인할 것이다. "타인에 대해 짜증을 느끼는 모든 것은 우리 자신에 대한 이해로 이어질 수 있다"라고 칼 융은 말했다.

만약 내면에 존재하는 분노가 없었다면 그 무엇도 당신을 화나게 할 수 없었을 것이다. 따라서 불만스러운 연인이나 까다로운 동료, 도로 위 공격적인 운전자는 실은 당신을 성장시키고 도와주라고 하늘이 보낸 영적 친구다. 그들은 오래된 상처를 자극해 의식으로 끌어올려 당신이 볼 수 있게 해주었다. 그리고 당신은 그들 덕분에 상처를 치유하고 창의성과 생산성, 번영과 행복으로 나아가게 되었다. 처리되지 않은 오래된 슬픔이나 수치심, 원망, 질투, 실망, 후회가 없다면 누구도, 그 무엇도 오늘 당신이 당신의 천재성에서 벗어나게 할 수 없을 것이다.

AFRA 과정을 더 자주 거칠수록 당신은 모든 힘든 상황을 성장과 자기 단련에 활용하고 모든 걸림돌을 디딤돌로 바꾸게 된다. 즉 어려움을 이용할 뿐만 아니라 상처를 지혜로 바꾸고 어떤 문제든 남은 시간 동안 사용할 힘으로 바꿀 것이다.

그러면 AFRA를 어떻게 적용해야 할까? 다음번에 전개되는 어떤 상황에 '강한' 반응을 느낄 때 AFRA를 생각하도록 꾸준히 조건화하는 훈련을 시작하라. 여기서 '강한'이란 단어를 강조한 이유는 그 사건에 대해 과잉 감정 반응을 보일 때만 기존의 상처를 건드렸음을 알 수 있기 때문이다.

물론 우리 시대의 상황에 비례하는 다양한 인간 감정의 발생은 정상적이고 건강한 것으로, 오래된 상처가 활성화되었음을 암시하지 않는다. 예컨대 가족 구성원과 짓궂은 대화를 하다 화가 나거나, 고객이 자신의 노력을 알아주지 않아서 슬프거나, 직장에서 부담스러운 기회가 찾아왔을 때 겁이 나거나, 자신의 재정 상태에 불안을 느끼거나, 친구가 당신에게 말하는 방식에 낙담하거나 소셜미디어의 사진들을 보고서 누군가가 당신보다 나아 보일 때 열등감을 느끼는 경우 말이다. 하지만 과잉 반응을 느낄 때는 치유를 위해 다음 4단계 과정을 실행하라.

1단계: 인식

몸의 느낌을 찾아내서 내면의 상처에 관한 인식을 쌓아가기 시작하라. 당신은 상처를 끝까지 느끼지 말라고 배웠기 때문에 원래의 상처는 거기에 갇혀 있다(사람들 대부분은 어린 시절에 감정은 잘못된 것이며 나약한 사람들이 느끼는 것이라고 들었다). 우리는 감정적 상처의 인정이 안전하지 않다고 느껴서 부인했고, 상처는 우리 안에서 굳어지면서 놀라운 성취를 이룰 우리의 힘을 차단했다.

감정적 능숙함이 너무 생소해서 처음에는 감정과 관련된 감각을 찾을 수 없을지도 모른다. 하지만 당신은 새로운 기술을 시작하고 있다는 사실을 기억하라. 숙달까지는 연습과 인내가 필요하다. 힘든 사람이나 상황이 초래한 신체적 반응을 계속 찾아보라. 가슴이 조이거나 목이 갑갑하거나 배가 아프거나 머리가 욱신거릴 수 있다. 스스로 일종의 감정 탐정이라고 생각하고 당신의 하트셋 구석구석을 조사하라.

모든 관심을 신체의 느낌에 두어라. 이는 자동으로 당신을 현재로 데려오고 걱정과 판단에서 벗어나게 해줄 것이다. 머리를 벗어나 몸에 자리한 실제 감각에 머물도록 최선을 다하라. 그 감촉에 주목하고 그 특색을 감지하라. 그것과 하나가 되어라.

2단계: 느낌

현재의 시나리오가 활성화한 과거의 해묵은 감정을 지금 느끼고 있다는 사실은 전혀 나쁜 게 아니며 잘못된 일도 아니다. 정말로 좋은 일이다. 사회는 항상 행복하지 않으면 뭔가 잘못되었다고 말한다. 말도 안 된다!

생기가 넘치는 살아 있는 인간이 되는 것은 다양한 감정을 경험하는 것이다. 반복해서 강조하자면, 불쾌한 감정을 느끼고 있다는 사실은 무의식에서 올라와 이제 의식의 일부로 들어왔다는 의미다. 환상적이다! 그것은 더 이상 당신을 비밀리에 틀어쥐거나 내몰면서 당신의 창의성과 생산성, 행복을 망치지 못한다. 그래서 이 단계에서는 감각을 '유지'하는 것이 목표다.

도망가지 마라. 디지털 기기로 당신의 주의를 돌리면서 달아나지 마라. 상처를 치유하려면 그 상처 아래서 억압된 상태를 정말로 느낄 필요가 있기 때문이다. 그리고 이제 몸의 실제적 감각으로 그 감정이 깨어났다는 사실은, 당신도 모르는 사이에 삶에 혼란을 초래하는 상처의 장에 더 이상 그것이 갇혀 있지 않고 밖으로 나오는 중이라는 뜻이다. 그냥 그 감정에 숨을 불어넣고 함께하라. 잘못된 것으로 판단하기보다는 받아들이도록 하라. **고통에서 벗어날 가장 빠른 방법은 고통 안으로 곧장 들어가는 것**임을 믿어라.

3단계: 해소

이 이야기가 모호해 보인다는 건 알지만 AFRA를 실행하는 이 시점에서 해야 할 일은 오래된 상처를 놓아버리는 것이다. 묻혀 있던 감정을 온전히 느끼고 몸에서 내보내기를 원함으로써 얼어붙은 고통을 제거한다. 그러면 그것은 당신의 몸을 떠나기 시작할 것이다. 당신은 더 자유로워질 것이다. 어떨 때는 감정 배출에 몇 분 또는 몇 시간이 걸릴 것이고, 어떨 때는 고착된 감정적 응어리가 커서 해소하는 데 시간이 더 걸릴 것이다.

이 절차를 신뢰하라. 그리고 과거의 상처가 분명해짐에 따라 중요한 치유를 경험하고 있음을 인식하라. 이 훈련으로 당신은 자신의 재능을 잘 알게 되고 자신의 강점에 더 친숙해질 것이다. 좀 더 용감해지고 본능을 더 신뢰하고 사랑의 본성에 한층 가까워질 것이다.

4단계: 향상

이 하트셋 정화 프로토콜을 실행할 때마다 더 높이, 더 건강하게 나아가는 보상이 주어진다. AFRA를 실행해 당신의 성과를 저해하고 터무니없는 이유로 사랑할 수 없도록 마음을 닫아버린 독성 일부를 해소하면(독성 전부가 우리가 끌고 온 상처에서 비롯된 것은 아니다. 그중 일부는 우리가 사람들을 대하는 방식에서 오는 죄책감, 수치심, 후회 때문이다) 상처의 장은 덜 조밀해진다.

당신은 마음이 가벼워질 것이다. 당신의 본질인 무한한 행복, 제약 없는 탁월성, 영적 자유에 더 가까워질 것이다. 더 큰 에너지와 자신감을 경험할 것이다. 삶이 보내는 모든 문제에 대응해 매일 이 방법을 계속 연습하라. 그러면 인생은 당신을 방해하는 법이 없고, 모든 일은 당신이 본래의 천재성을 되찾도록 돕기 위해 일어난다는 것을 알게 된다.

때로는 힘들고 엉망이 될지라도 이 하트셋 작업을 계속하면 지구상 수많은 사람의 감정 시스템 안에 자리한 자기혐오의 거대한 저장소(우리가 부정했던 무기력한 감정들이 저장된)는 조금씩 사라질 것이다. 더불어 희망, 감사, 기쁨, 공감, 연민, 용기, 영감, 경외의 고차적 감정이 당신을 채우기 시작하면서 당신은 당신의 위대함을 되찾고 최고의 당신과 재결합된다.

그렇다. 과거에 취약했던 마음을 치유하면 마스터가 될 수 있다. 감정 치유는 당신의 윤리적 열망을 존중하고, 재능을 실현하고, 자신을 존중하고, 세상을 더 나은 곳으로 만들도록 자극하는 자기애를 확대하는 직접적인 경로다. 그 모두가 당신의 밝은 빛으로 이뤄진다.

내면에서 두려움의 목소리가 들리는 모든 상황은 사실 당신의 인생을 지배할 예술적 힘을 갖도록, 생산의 거인, 봉사의 영웅이 되도록 도와주는 축복이다. 이를 전사이자 현자가 되는 과정 일부로 여기고 당신에게 일어나는 모든 일을 현명하게 활용함으로써 모든 감정적 불순물을 꾸준히 방출하라. 당신은 어렸을 적 세상이 당신의 눈을 가리기 전에 이미 알았던 경이로움과 당당함, 가능성을 보는 능력에 다시 눈뜰 것이다.

048

레오나르도 다빈치의 노트에서 배운 점

잊을 수 없는 어느 봄날 오후 나는 로마의 거리를 걷다가 포폴로 광장(Piazza del Popolo) 가장자리에 있는 박물관으로 들어갔다. 건물 바깥에는 레오나르도 다빈치의 작품을 전시하고 있다고 광고하는 간단한 표지판이 세워져 있었다.

다양한 분야의 거장이었던 레오나르도 다빈치는 건축, 회화, 해부학, 조각, 공학, 항공학 분야에서 수많은 작품들을 만들어냈다. 유달리 창의적이었던 이 영혼의 생산성은 분명히 특별했다. 그의 가장 유명한 전기 작가인 조르조 바사리(Giorgio Vasari)는 이렇게 말했다. "때로는 한 사람이 불가사의할 만큼 많은 아름다움과 우아함, 재능을 하늘로부터 부여받는다. 다빈치가 바로 그런 인물이다. 그의 모든 행위는 신성하고 그의 모든 작품은 인간의 예술이 아닌 신으로부터 온 것 같다."

그러나 박물관을 돌면서 그가 개발한 도구들과 다양한 생물의 내장 기관 그림을 구경하고, 그가 꼼꼼히 기록해온 노트의 동판화, 표시, 글들을 몇 시간 동안 자세히 살펴보면서 아주 분명히 알게 된 사실이 있었다. 그의 천재성은 유전적 축복이라기보다 독학의 결과였다. 그리고 매일매일 꾸준히 개선한 결과였으며 엄청난 절제와 헌신, 훈련의 결과였다.

최고의 예술가, 건축가, 발명가, 지도자들은 기량을 타고나는 게 아니다. 그들의 마스터리는 정말 스스로 만들어간 것이다(이 책을 다 읽고 나면 이 말이 당신의 기본 믿음이 될 수 있도록 이 책 전체에 걸쳐 주장할 것이다).

이 선각자는 아주 사소해 보이는 주제를 강박적으로, 열정적으로 연구하며 하루하루를 보냈다. 그리고 훗날 그의 연구 결과들은 인류의 인식 향상과 기술의 최적화에 이바지하며 문명의 발전을 가져왔다. 그는 악어의 턱이 움직이는 방식, 송아지 태반의 특성, 딱따구리 혀의 해부학적 구조, 겨울 하늘에 달빛이 퍼지는 방식을 공부했다. 그의 출중한 창의성에는 세심한 집중력, 역마(役馬)와 같은 노력, 비상한 끈기가 바탕이 되었으며 결코 좋은 유전자와 유명한 학교, 적절한 연줄이 영향을 미친 게 아니었다.

다빈치의 노트 중 하나에는 그가 어렵게 이해한 물의 흐름과 관련된 물리적 원칙 730가지가 쓰여 있다. 또 다른 페이지에는 원과 똑같은 면적의 사각형을 그리려고 169번 시도한 흔적이 있었다. 흐르는 물을 묘사하기 위해 찾아낸 67개의 단어를 휘갈겨 써놓은 페이지도 있었다.

그는 일할 때는 지칠 줄을 몰랐다. 또한 모든 창작자가 그렇듯이 그도 많은 시간을 허비했다(이는 자원의 오용이 아니라 더 나은 아이디어를 배양하는 시간이다). 진정한 전문가들은 생산성의 자연적인 리듬을 신뢰한다. 그들은 놀라운 강도의 작업과 온전한 회복을 번갈아 반복하면서 순간에 기량이 확 타올랐다 소진되지 않고 평생 지속될 수 있게 한다.

그의 작품들을 생각하면 할수록 나는 점점 더 영감을 받았다. 이 위대한 인물의 엄청난 성과를 관찰하면 할수록 우리 각자에게 놀라운 재능이 있다는 사실이 분명해졌다. 그 재능들을 부단히 계발하고 정제하면 경험 없는 사람의 눈에도 천부적인 재능으로 보일 작품을 우리도 만들어낼 수 있을 것이다.

그러면 다빈치가 거장의 자리에 이를 수 있었던 일상 습관 여섯 가지를 살펴보자.

습관 1: 그는 기록했다

기록은 생각을 명료하게 해준다. 그리고 생각의 명확성은 생산성의 수준을 높인다. 탁월함을 추구하는 주제에 대해 다양한 일지를 쓰는 것은 관념화를 개선하고, 영감을 포착하고, 상상한 것을 적어보고, 증가하는 지식을 기록하는 아주 좋은 방법이다.

습관 2: 그는 타고난 호기심으로 파고들었다

나는 다섯 살짜리 딸과 함께 동생을 방문하고 집으로 돌아오던 날 있었던 일을 결코 잊지 못할 것이다. 차를 타고 고속도로를 달리는 동안 아이는 뒷좌석에 조용히 앉아 드넓은 푸른 하늘을 올려다보았다. 구름 떼를 발견한 아이는 열광하며 말했다. "저거 봐요, 아빠. 하늘에 사자가 있어요!"

어렸을 때 우리는 예술성과 친밀했다. 하지만 그 시절이 지나가면 너무나 많은 사람이 예술과의 자연적인 접촉을 잃는다. 진지해지기 때문이다. 그리고 어른이 되기 때문이다. 파블로 피카소는 "라파엘로처럼 그림을 그리는 데는 4년이 걸렸지만 아이처럼 그림을 그리는 데는 평생이 걸렸다"라고 말했다.

습관 3: 그는 어리석으리만치 인내했다

인내는 세계적인 영웅들의 공통적인 태도 중 하나다. 레오나르도 다빈치는 〈최후의 만찬〉을 그릴 때 장시간 캔버스 앞에 앉아 작품 전체의 복잡한 농담(濃淡)을 살피고는 했다. 그러고는 일어서서 붓질을 한 번 하고는 나갔다. 때로는 몇 주 동안 그랬다. 가장 주목받는 현존 미술가 중 한 명인 남아프리카공화국의 라이어널 스밋(Lionel Smit)도 똑같이 한다(만약 그의 그림 중 한 점을 손에 넣을 수 있다면 그렇게 하라!).

습관 4: 그는 여러 분야를 융합했다

다빈치는 항공학을 공부한 내용과 예술에 대한 사랑을, 공학에 대한 몰입과 조각에 대한 헌신을 융합했다. 그의 재능으로 추정되는 것들은 사실 대부분 강도 높은 집중과 여러 관심 분야에서의 근본적 혁신의 결과였다. 여러 분야를 섭렵하면 다른 사람들은 거의 볼 수 없는 점들을 연결할 수 있다.

습관 5: 그는 휴식을 취했다

다빈치는 "천재는 때때로 가장 적게 일할 때 가장 많은 성과를 낸다"라고 말한 적이 있다. 꿈을 꾸고, 놀고, 생활을 즐기는 것은 그의 경이로운 생산성 공식의 일부였다. 파괴적 혁신과 역사를 만드는 통찰은 칸막이 사무실에 있을 때는 좀처럼 찾아오지 않는다. 그러니 여행하고, 탐험하고, 즐기고, 쉬도록 하라.

습관 6: 그는 자연의 아름다움을 사랑했다

우리 문명이 낳은 최고의 상상력을 지닌 이들은 자연 속에서 상당한 시간을 보냈다. 그들은 숲속에서 긴 산책을 했다. 바닷가 오두막에서 긴 시간을 보냈다. 별을 바라보며 고요한 저녁을 보냈다.

그리스의 해운 재벌 아리스토텔레스 오나시스(Aristotle Onassis)에 관한 다큐멘터리를 보면 그가 요트에서 우아한 손님들을 접대한 후 홀로 갑판에 남아 코냑을 홀짝이는 장면이 나온다. 그는 그렇게 밤하늘을 바라보며 미뤄두었던 문제를 해결하고 그의 왕국을 성장시킬 영감을 얻었다고 한다. 자연을 가까이하는 것은 마음을 편안하게 해주어 가장 위대한 독창성이 계속 밀려들도록 만드는 유서 깊은 방법이다.

박물관 출구에 가까워지자 바깥 자갈길을 가로질러 쏟아지는 햇살에 레오나르도 다빈치가 남긴 말이 적힌 표지판이 보였다. 당신에게도 들려주고 싶은 말이어서 여기에 옮긴다.

— 나는 고난 속에서 웃을 수 있고, 고통으로부터 힘을 모을 수 있고, 성찰을 통해 용기를 낼 수 있는 사람들을 사랑한다. 소인배

는 움츠러들 일이지만 마음이 굳건하고 양심이 승인하는 행동을 하는 이들은 죽을 때까지 그 원칙을 밀고 나갈 것이다.

이 얼마나 아름다운 이야기인가!

049

시도조차 하지 않으면 이길 수 없다

시도조차 하지 않으면 이길 수 없다. 참으로 단순하고 명쾌한 통찰이다. 가끔 우리는 중요한 아이디어를 얻는다. 우리의 경력을 새로운 궤도로 끌어올릴 아이디어, 우리 삶을 다음 리그로 이끌 아이디어, 우리가 온전히 깨어 있음을 느끼게 해주는(그리고 우리의 경이로움과 가장 친밀한) 아이디어 말이다. 하지만 그다음에 무슨 일이 일어날까? 이성의 목소리가 그 자리를 차지한다. 그리고 그 아래에는 종종 두려움이라는 감정이 있다.

이때부터 우리는 실패를 가져올 온갖 일이 일어날 수 있다고 스스로 설득하기 시작한다. 우리가 꿈을 이루고, 열망을 실현하고, 성과를 구체화하는 데 필요한 자질을 갖추고 있는지 걱정하기 시작한다. 굉장히 흥분했던 일이 더 이상 관심을 둘 가치가 없다고 믿기 시작한다.

결국 우리의 가슴을 뛰게 하고 영혼을 날아오르게 했던 아이디어는 어리석고 우스꽝스러워 보인다. 그래서 우리는 행동에 나서지 않는다. **시도조차 하지 않는다.**

우승을 간절히 원하면서도 토너먼트에 참가조차 하지 않는 선수를 상상해보라. 팀을 세계 정상급으로 올리고 싶어 하면서 첫 전략 회의에 나타나지 않는 영업부장을 상상해보라. 자신의 분야에서 혁명을 일으키겠다는 목표가 있으면서 이런저런 구상을 시작하지도 않는 발명가를 상상해보라.

당신이 움직일 때까지는 아무 일도 일어나지 않는다. 기다리기만 한다면 결코 주인공이 될 수 없다. 운명은 시작하는 사람에게 상을 준다. 행운은 추진하는 사람에게 간다. 자신이 무관심에 마비되도록 내버려 둔다면 결코 승리를 알 수 없다. 나는 시작하기를 거부하는 나 자신을 발견할 때마다 인도의 현자 파탄잘리(Patañjali, 기원전 2세기 후반의 인도 문법학자이자 철학자 – 옮긴이)가 쓴 지혜의 글을 읽곤 한다.

— 어떤 위대한 목적이나 특별한 계획에 영감을 받을 때 모든 생각의 굴레가 끊긴다. 정신은 한계를 초월하고 의식은 모든 방향으로 확장되며, 새롭고 위대하고 멋진 세상에 있는 자신을 발견한다. 잠자고 있던 힘과 능력, 재능이 살아난다. 그리고 이제껏 꿈꿔왔던 것보다 훨씬 위대한 사람이 되어 있는 자신을 발견한다.

그래서 나는 당신이 다음과 같이 하기를 권한다. 훌륭한 아이디어를 실현할 행동을 시도하지 않고는 절대로 그 아이디어의 현장을 떠나지 마라. 물어봐서 나쁠 게 결코 없다는 사실을 항상 기억하라(발생할 수 있는 최악의 상황이라고 해봐야 "아니요"라는 답을 듣는 것이다. 어쩌면 "아마도"로 바뀔 수도 있다). 패배할 듯한 생각과 느낌이 들어도 용기를 잃지 마라. 거절은 일상 속 영웅들이 자신의 재능과 위대함에 솔직해지는 데 들어가는 수업료임을 기억하라. 당신이 원하는 일을 할 수 있을 만큼 자격과 기술, 자신감이 쌓일 때까지 기다린다면 아주 오랫동안 기다릴 수도 있다. 완벽한 조건이란 존재하지 않는다. 기다리는 것은 시작하기가 두려워서 대는 핑계일 뿐이다.

어쩌면 당신은 이렇게 물을지도 모른다. "하지만 만약 시도했다가 실패하면요?" 그러면 나는 부드럽게 대답할 것이다. "만약 시도하지 않는다면요? 그러고는 사실은 할 수 있었다고, 해야 했다고 후회하며, 진정한 자기 모습을 한 번 보지도 못한 채 남은 인생을 보낼 건가요?"

폴란드의 노벨문학상 수상자 비스와바 심보르스카(Wisława Szymborska)는 "우리는 시험받은 만큼 자신을 알 수 있다"라고 말했다. 승리의 여신은 비전을 품고 모험을 시작하는 사람들을 사랑하며 링에 오른 사람들에게만 상을 준다. 마음의 갈망과 빛나는 꿈에 기대면 절대로 패배할 수 없다. 원하는 바를 얻으면 당신은 승리한 것이다. 그리고 원하는 바가 이뤄지지 않아도 당신은 성장한다.

050

노력해도 실력이 늘지 않는 이유

오늘 아침 일찍 체육관에 갔다가 호텔 방으로 돌아왔다. 지금 나는 이 글을 쓰기 위해 다른 도시에 와 있다(나는 창의력, 에너지, 영감을 높이기 위해 다양한 장소들을 찾아다닌다. 나의 뮤즈는 다양성을 좋아한다).

일출 시각이 살짝 지나서 체육관에 간 나는 피트니스 수업에서 역기를 들고 팔굽혀펴기와 플랭크 동작을 하며 전날의 찌꺼기를 땀으로 씻어냈다. 수업은 환상적이고 정말로 좋았다. 이 단체 운동에서는 동작을 댄스 음악의 박자에 맞춰야 한다. 마치 안무를 맞추듯 전원이 박자에 맞춰 운동 동작을 한다. 우리는 운동으로 단결, 하나가 된다.

수업을 시작하면서 강사가 한 참가자를 축하해주었다.

"오늘은 조엘의 1,000번째 수업이에요."

그녀가 유쾌하게 발표했다. 그리고 조엘이란 사람은 활짝 웃으며 속도를 높이고 불타는 열정으로 역기를 들었다.

그런데 놀랍게도 그 영예의 당사자는 수업 내내 박자를 하나도 맞추지 못했다. 그는 계속해서 틀렸고 운동 신경이 좋아 보이지도 않았다. 물론 그는 수업에 1,000회 참석하는 노력과 의지,

끈기를 보여주었다. 굉장한 일이었다. 그 부분에서는 누구보다 훌륭했다! 하지만 그가 모든 수업에 참석하고도 기술을 익힐 기미가 보이지 않는다는 게 대단히 흥미로웠다.

그가 던져주는 교훈은 이것이다. **마일리지를 마스터리와 혼동하지 않도록 하라.** 시간 투자와 기술의 최적화를 혼동하지 않도록 하라. **목표를 위해 의도적으로 계획하지 않은 훈련은 어떤 향상도 가져오지 않는다.**

안데르스 에릭슨(Anders Ericsson)은 탁월한 수행에 관한 선구적인 연구자였다. 나는 그의 1만 시간의 법칙을 그가 유명해지기 훨씬 전인 25년 이상 전에 처음 읽었다. 그는 최정상급 운동선수와 체스 신동, 음악가, 그 외 창의적 천재들을 연구한 결과 약 1만 시간을 훈련에 투자해야 비로소 세계적 수준으로 향상될 가능성이 있다고 주장했다.

에릭슨은 '의도적인 연습(deliberate practice)'이라는 용어도 만들어냈다. 그는 연구를 통해 단순히 오랜 기간 특정 능력을 훈련한다고 해서 반드시 숙달로 이어지는 것은 아니라는 사실을 확인했다. 이는 매우 중요한 사실이다. 위대한 이들이 뛰어난 이유는 바로 의도적인 연습에 전념하기 때문이다.

실력 있는 연주자가 재능을 계발하러 나올 때는 기술 향상을 위해 정확히 설계된 연습을 한다. 그들은 점점 나아지겠다는 분명한 의도를 가지고 훈련한다. 그리고 자기 일에서 전설이 되겠다는 선명한 이상을 향해 나아가는 것이기 때문에 각각의 연습 시간이 매우 중요하다. 한 차례 연습할 때마다 약간씩 발전하기를 오랜 기간 꾸준히 해나가면 기량이 쌓여 비약적으로 실력이 향상된다. 의도적으로 이룬 작은 승리는 결국 커다란 변화로 이어지고, 그들이 기술 향상에 투자한 나날들은 수십 년에 걸친 성공을 가져온다. 다시 한번 말하지만 그 과정은 무작위적이고 우발적인 것이 아니라 의도적이고 계획적이다.

자신의 능력을 향상하려는 의식적인 노력 없이 그냥 나와서 연습하고 경기를 했던 운동선수들은 다음 단계로 올라가지 못했다. 그저 작업실에 가서 늘 그리던 대로 그림을 그렸던 화가들은 작품이 나아지거나 도약의 시기를 앞당기지 못했다. 의사 생활을 하는 내내 단지 수술 건수만 많았던 뇌외과 의사들은 의학계 슈퍼스타가 되지 못하고 평범한 뇌외과 의사로 남았다.

경기력을 향상하고 숙련도를 높이기 위해 세심하게 조정되고 열정적으로 실행되지 않는 연습은 진정한 연습이 아니다. 그저 형식적인 연습일 뿐이다. 오늘 아침 운동 교실에서 땀만 많이 흘렸던, 수업에 1,000번째 참석했다는 사실에 내가 진심으로 박수를 보내주었던 남자처럼 말이다.

051

천재성의 그림자

모든 재능에는 일종의 저주가 따른다. 셰익스피어의 비극에 등장하는 모든 영웅 캐릭터는 그들을 영웅으로 만든 특별한 재능뿐만 아니라 그들의 몰락을 가져온 비극적 결함도 있었다. 우리를 경이롭게 만들어주는 바로 그 축복이 우리에게 슬픔을 줄 수 있는 바로 그 자질이기도 하다. 당신의 모든 장점에는 그와 관련된 약점도 포함되어 있다. 인간은 이런 이중성의 전문가들이다.

이 통찰을 증명해줄 몇 가지 예를 살펴보자. 인생 역작을 만들어 빛을 발하게 해줬던 비판적 눈이 때로는 다른 사람들의 결점을 비판하는 눈이 되기도 한다. 그런 눈을 지닌 사람은 완벽하지 못한 환경과 상황에 과민하게 반응하고 많은 시간을 좌절감으로 보내기도 한다. 산만함과 방해의 쇠사슬에서 벗어나 놀라운 결과를 만들어낼 수 있는 사람이 극소수인 시대에, 큰일을 해내고자 하는 욕구는 몹시 조급해지거나 자신에게 잔인하도록 엄격해지는 결과를 가져올 때가 많다.

또한 진솔하고, 탁월하고, 강렬한 작품을 만들어내는 예술적 성실성은 광적으로 완벽주의를 추구해서 주변에서 까다롭다는 말을 듣는다. 탁월한 기량을 발휘하고 끊임없이 기술을 발전시키는 거장들의 기준에 자신을 맞추려고 집착하면 자신의 성취가 불충분하다고 느껴진다. 자신의 열성적인 노력과 뛰어난 역량을 믿는 자신만만함은 오만함으로 이어질 수도 있다. 그리고 자신은 어떤 잘못도 할 수 없다는 잘못된 믿음을 갖게 되기도 한다.

극도의 경쟁심은 당신을 정점으로 끌어올릴 수 있다. 그러나 적절히 억제되지 않으면 좋은 관계를 파괴하고 주변에 불안을 조성할 뿐만 아니라 자신의 평온한 일상까지 크게 해칠 수 있다. 모든 것이 경쟁이 되기 때문이다. 또한 경쟁에서 지면 자아 정체성이 완전히 무너진다.

끝없는 연습을 통해 대단한 노력가가 되면 엄청난 생산성을 얻을 수 있다. 그러나 바로 이 덕목 때문에 삶의 작은 즐거움을 즐기지도 못하고, 당당히 획득한 기쁨을 조용히 누리지도 못할 수 있다. 행동하는 데 중독되어 가만히 있는 법을 잊었기 때문이다. 자제력은 성공으로 나아가는 길에 반드시 필요하지만 진실한 영혼을 가진 사람이 싫어하는 완고하고 로봇 같은 행동을 낳을 수도 있다.

그렇다면 이 모든 사실 때문에 명성으로부터 몸을 사리거나, 능력의 발휘를 지연하거나, 걸작을 만들지 말아야 할까? 그리고 당신의 놀랍고 신비하기까지 한 잠재력을 끄집어내지 말아야 할까? 물론 그렇지 않다. 당신의 타고난 천재성에 단점이 있다는 사실은 창작자, 생산자, 지도자로서 당신과 주변 사람들에게 도움이 되지 않는 행동들을 더 명확하게 인식하고 총명하고 책임감 있게, 정확하게 관리할 필요가 있음을 의미한다.

당신의 인간적 재능을 조명하고 최고의 결과를 얻기 위해 행동하라. 비범한 능력의 소유자, 세상을 구하는 마술사가 되어라(그렇다! 세상을 위해 일하라). 하지만 겸손히 제안하건대 당신의 천재성에 동반된 그림자가 당신의 긍정성, 도덕적 권위, 높은 영성을 꺾도록 내버려 두지 마라. 당신의 최고 자아는 발전시킬 만한 가치가 있기 때문이다.

3장

일상 속 영웅의 사고방식과 행동 메커니즘

기억하라.

오직 인구의 5퍼센트만 얻을 수 있는 결과를 얻으려면

95퍼센트의 사람이 내켜 하지 않는 일을 해야 한다.

THE EVERYDAY

HERO

MANIFESTO

052

3단계 성공 공식

그동안 내 책을 읽어온 분들은 2x3x 원칙을 잘 알 것이다. 간단히 말해서 이 원칙은 '소득과 영향력을 두 배로 늘리기 위해서는 두 가지 핵심 영역, 즉 개인적인 숙달과 전문 능력에 대한 투자를 세 배로 늘려야 한다'는 것이다.

교육은 진정 혼란과 무지에 대한 예방접종이다. 그리고 가장 많이 학습하는 리더가 승리한다. **더 많이 알수록 더 잘할 수 있기 때문이다.** 적절히 적용된 지식은 그 무엇보다 강력한 힘을 발휘한다. 한 분야를 선도하고 세계 최고가 되기 위해 재능이 가장 뛰어난 사람이 될 필요는 없다. 그저 최고의 학생이 되면 된다. 소크라테스는 "교육은 빈 그릇을 채우는 일이 아니라 배움의 불꽃이 타오르게 하는 일"이라고 말했다. 아인슈타인은 "지혜는 학교교육의 산물이 아니라 그것을 얻으려는 평생의 노력이 낳은 결과물"이라고 했다.

나는《변화의 시작 5AM 클럽》에서 초월적 성장을 주제로 리더십과 생산성, 긍정성을 높이는 데 도움이 되는 모델을 소개했다. 여기서도 그 3단계 성공 공식을 소개하고자 한다.

일상 속 영웅의 행동 메커니즘: 3단계 성공 공식

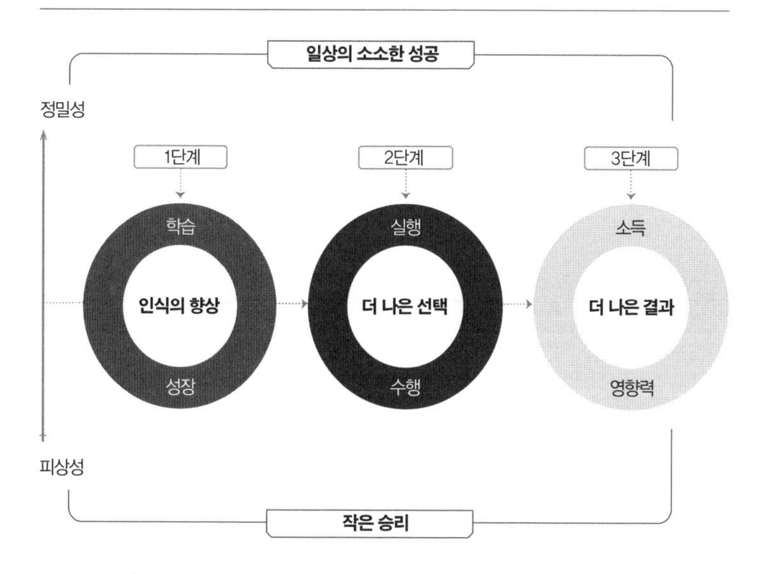

이 프레임워크의 바탕이 된 주요 논지는 일상의 인식을 높이면 더 나은 일상의 선택을 할 수 있다는 것이다. 물론 더 나은 선택을 하기 시작하면 자동으로 더 나은 결과를 경험할 것이다. 간단히 말해서 **3단계 성공 공식은 더 나은 인식이 더 나은 선택을 낳고, 더 나은 선택은 더 나은 결과를 가져온다는 것이다.** 더 많이 학습하고 인식을 높일수록 더 지혜로워져서 더 현명한 결정을 내리는 사람이 된다. 그리고 의사결정의 향상은 더 뛰어난 결과를 보장한다.

몇 가지 예를 살펴보자. 세상에서 가장 장수하는 사람이 무엇을 먹는지 배우면 에너지, 활력, 수명에 대한 인식을 새롭게 해서 매일 더 나은 선택을 하고 더 나은 결과를 얻을 수 있다. 세계적인 예술가들의 루틴을 내 것으로 만들면 더욱 풍부한 상상력이 담긴 결과물을 늘려줄 통찰을 얻을 수 있다.

부자들의 심리, 감정, 생활 방식, 리추얼을 배우면 좀 더 특별한 인식으로 무장하고 더 나은 재정적 결과를 얻도록 적용할 수 있다. 거대 기업의 창업주들이 위대한 기업을 건설하기 위해 사용한 방법들을 탐구하면 자신의 꿈을 세계적인 기업으로 키워낼 정보를 갖게 된다. 위대한 영적 스승들이 어떻게 그런 영성을 얻게 되었는지 배우고 실천하면 그들과 같은 수준의 영성에 접근할 수 있다.

그렇다. 교육은 실행을 통해 엄청난 창조적 힘을 낳을 수 있다(반대로 실행 없는 관념화는 위험한 망상으로 이어질 수 있다). 성공 공식 모델의 세로축에 있는 '피상성에서 정밀성'으로의 화살표도 중요하다. 엘리트들의 성과를 연구하면 그들의 전문 분야에 접근하는 방식이 전혀 피상적이지 않다는 사실을 알게 될 것이다. **그들은 아주 적은 것에 대해 아주 많이 알고 있다.** 그리고 숙달되어 가는 과정에서 그들의 방식은 점점 더 정밀해진다.

과학자 찰스 다윈은 장장 8년 동안 오로지 따개비만 연구했다. 그러나 이런 집념은 박물학자로서의 그의 여정에 필수였고 훗날 획기적인 진화론의 도출에 핵심이 되었다. '세계 최고의 레스토랑'이라고 불리는 일레븐 매디슨 파크(Eleven Madison Park)의 지배인은 모든 직원에게 식기와 포크, 나이프를 놓을 때 식당의 문장이 특정 방향을 향하게 하라고 지시했다. 접시 아래에 놓이므로 손님들이 잘 볼 수 없더라도 말이다. 이 정도의 정밀성을 요구해야 서빙 직원들이 다른 서비스에도 세심하게 신경 쓰리라고 지배인은 생각했다. 포뮬러 원의 우승팀은 피트의 바닥을 진공청소기로 청소해 부스러기 하나도 엔진에 들어가지 않게 함으로써 참사를 방지한다.

내 삶에서 매일 더 나은 결과를 얻게 해주는 학습의 가치를 보여주는 좀 기이한(그렇지만 내 본능이 여러분과 공유해야 한다고 말해준) 예를 들어보겠다. 최근 나는 브로콜리에 빠졌다. 그것도 아주 푹 빠졌다. 팟캐스트를 보고 난 후 나는 브로콜리에 포함된 설포라판(sulforaphane)이라는 화합물이 신체 독소를 중화해주고 활성산소를 감소시키며 염증 수준을 낮추고 뇌 기능을 향상하는 등 굉장히 유익하다는 사실에 매료되었다.

그런데 동네 식료품점의 채소 판매대에 있는 신선한 브로콜리는 나에게 너무 커 보였다. 먹기 힘들어 보였다. 마치 입안에 벽돌을 쑤셔 넣는 느낌이었다. 우리 가족도 마찬가지였다. 내가 브로콜리 요리를 만들 때마다 별점 한 개를 줬다. 그래서 나는 계속 실험했고 신선한 브로콜리를 맛있게 요리할 방법을 끊임없이 찾아봤다. 그리고 결국에는 냉동 브로콜리를 한 봉지 샀다!

봉지의 사진을 보니 크기가 작아 보였기 때문이다. 브로콜리 꽃송이가 내 머리만큼 커 보이지 않았다. 밑동 줄기가 에펠탑 같지도 않았다. 우리 가족이 더 편하게 먹을 것 같았다. 앞으로 별점을 최소 세 개는 받을 수 있을 듯했다. 나는 냉동 브로콜리를 집으로 가져와 해동한 다음 약간의 아보카도 오일과 갓 찧은 마늘, 강황, 스페인 양파를 약간씩 넣고 중화요리용 팬에 볶았다. 그런 다음 히말라야 소금과 후추를 조금 뿌렸다. 이 브로콜리 볶음은 그날 저녁 내가 만든 주요리에 곁들일 맛있는 요리가 됐다. 가족들도 좋아했다.

그런데 궁금했다. 냉동 브로콜리에도 신선한 브로콜리와 같은 양의 설포라판이 들어 있을까? 조사해보니 브로콜리를 얼리면 설포라판이 제거된다고 했다. 더 정확히 말하면 설포라판의 활성화를 막는다. 그러나 열심히 자료를 찾아 읽고 멋진 사실들을 발견했다. 브로콜리를 해동한 뒤 겨자씨를 뿌려주거나 디종 겨자를 섞어주면 미로시나아제(myrosinase) 효소가 생성된다. 이것은 설포라판의 생체 이용률을 증가시키는 화학 반응을 일으킨다. 멋지지 않은가?

나는 이런 사실을 배우는 게 즐거웠다. 이 비법을 알아낼 수 있어서 정말로 기뻤다. 배움의 원초적인 힘을 알겠는가? 앞서 소개한 3단계 성공 공식의 가치를 알겠는가? (조사를 잘하는 것은 피상적인 세상, 무언가를 공부하기 위해 집중력, 열정, 시간을 투자하기를 꺼리는 세상에서 또 다른 경쟁 우위를 누리게 해준다.) 브로콜리에 대한 최신 정보는 더 나은 인식으로 이어져 나와 가족의 건강과 관련된 일상적 선택을 더 잘할 수 있게 해주었다. 매일 더 나은 결과를 내도록 해주었다.

어쩌면 이상해 보이는 예일 수도 있다. 하지만 이로써 3단계 성공 공식을 더 잘 이해했다면 그것으로 충분하다. 왜냐하면 이 공식은 기술과 습관 그리고 인생의 다른 중요한 영역을 개선하는 데 매우 효과가 있기 때문이다.

053

어려움을 떠올릴 때 내가 하는 생각

예전에 나는 달리기를 꽤 했지만 어느 날 달리다가 다친 뒤로는 더 이상 하지 않는다(러닝머신은 한다. 지금 생각해보니 달리기를 여전히 하고 있다). 어쨌든 나는 유명한 소설가이자 마라톤 선수이며 '피터 캣'이라는 재즈 바의 전 소유주였던 무라카미 하루키가 쓴 《달리기를 말할 때 내가 하고 싶은 이야기》라는 책을 좋아한다.

이 글에는 그 제목을 살짝 바꿔서 '어려움을 떠올릴 때 내가 하는 생각'이라는 제목을 붙이고 싶었다. 여기서는 내가 개인적으로 역경을 이겨낼 수 있도록 심리적으로나 감정적으로 끊임없이 연습했던 아홉 가지 핵심 신념을 설명하고자 한다. 열심히, 망설임 없이 사는 삶은 종종 격변이나 심각한 고통을 직면하게 된다. 따라서 폭풍을 잘 헤쳐나가는 방법을 구하고 개발하는 과정이 필요하다. 자, 이제 시작해보자.

신념 1: 이 또한 지나가리라

이 믿음은 수년 전 이혼의 고통을 견뎌내고 있던 나를 위로하기 위해 매우 존경했던 멘토가 건넸던 지혜다. 세 단어로 된 이 문장은 당시엔 별다른 변화를 가져오지 못할 것 같았다. 그러나 결국은 큰 변화를 가져왔다(그리고 그의 관대한 조언을 매우 감사히 여기고 있다). 그 말은 아픈 상처에 바른 연고처럼 나를 낫게 해주고 나의 밝은 미래를 상기시켰다. 힘든 경험은 절대 오래 지속되지 않는다. 그리고 이를 믿는 사람들은 항상 견뎌낸다.

신념 2: 끔찍해 보이는 모든 상황은 반드시 좋게 끝난다

철학자 아르투르 쇼펜하우어(Arthur Schopenhauer)는 우리에겐 선견지명이 필요하지만 나중에야 인생을 이해할 수 있다고 말했다. 삶을 되돌아볼 때 비로소 우리는 점들을 연결할 수 있다. 그리고 그 모든 일이 우리에게 최고의 선물이었음을, 덕분에 우리가 훌륭하게 성장했음을 알 수 있다.

한창 어려울 때 부담으로 느껴지는 일들은 시간이 지나서 보면 축복이다. 우리의 삶을 훨씬 풍요롭고 아름답게 만들어주는 것이다. 이런 생각을 절대 잊지 않기를 바란다. 이 믿음은 내게 큰 도움이 되었다.

신념 3: 성장에 도움이 되는 일이라면 문제가 아니라 보상이다

내가 생각하는 삶의 주요 목적은 오래된 상처를 치유하고, 타고난 재능을 온전히 발휘하고, 우리의 소명으로 나아가면서 가능한 한 많은 영혼에게 도움이 되는 것이다. 조금 긴 문장이지만 내가 진실이라고 믿는 바를 쓴 것이다.

지구라는 학교의 목표는 우리가 경험하는 모든 조건을 활용해

약점을 지혜로, 두려움을 믿음으로, 짊어진 고통을 무적의 힘으로 바꾸는 것이다. 그런데 더 강해지고 용감해지고 고귀해지면서 잃어버린 영웅심을 되찾는 과정은 혼란스럽고 불편하고 어려운 시간으로 가득하다.

하지만 나는 인생이 최악으로 보일 때 가장 많이 성장했다. 내가 나의 미덕을 알게 된 것은 고통 덕택이었다. 불행은 용기와 끈기, 인내와 온유함, 용서하려는 낙관주의와 세상을 위해 일하도록 나를 담금질한 바로 그 불이었다. 이 값진 혜택은 평안한 날이 아니라 내가 가장 고통받았던 시기에 생겼다. 어려움 속에 머물면서 고난을 치유와 정화, 영적 향상으로 전환했다고 운명의 여신이 내게 보내준 보상이었다.

자아가 '부정적'이고 '문제'라고 주장하는 모든 것은 실은 대단히 긍정적이고 굉장히 유익한 이유로 당신의 삶에 존재한다. 당신이 아직 보상을 보지 못할 뿐이다. 보면 안 되게 되어 있기 때문이다. 당신은 현재 견디고 있는 것을 온전히 경험해야 한다. 그러면 무한한 축복이 당신의 인생에 넘쳐날 것이다. 니체는 "우리를 죽이지 못하는 고통은 우리를 더 강하게 만든다"라고 했다. 내가 살아온 경험으로 볼 때 그의 말이 옳다.

신념 4: 역경은 우리가 꿈을 얼마나 원하는지 시험하기 위해 나타난다

"삶이 힘들어 보이고 왜 그런지 의문이 든다면 시험 중에는 선생님이 항상 조용하다는 점을 기억하라"라는 속담이 있다. 인생은 당신과 나와 같은 희망론자, 예외주의자, 가능성 신봉자들에게 실망스럽고 불편한 경험을 보내 아주 멋진 목표들과 가장 행복한 이상을 위해 우리가 얼마나 헌신하는지 측정한다.

수년 동안의 기도와 명상, 시각화, 자기암시, 일기 쓰기, 호흡운동, 영적 조언자의 도움 덕분에 나는 이제 인생이 커브볼을 보낼 때라도 그것을 문제로 볼 때만 문제가 된다는 걸 더 잘 기억할 수 있게 되었다. 그래서 숨을 길게 들이쉬고, 소매를 걷어붙이고, 내가 어떤 경기를 하러 왔는지 보여주기 바빠진다.

신념 5: 혼돈은 기회를 가져온다

나는 30대 초반에 나폴레온 힐(Napoleon Hill)의 고전 《생각하라 그리고 부자가 되어라》를 읽었고 이후 인생이 바뀌었다(그 책은 돈을 많이 버는 법보다는 풍성한 삶을 만드는 법에 관한 논문에 훨씬 가깝다). 지금까지도 내 마음에 남아 있는 힐의 말은 이것이다. "모든 역경, 실패와 모든 심적 고통은 그와 같거나 더 큰 이익의 씨앗을 동반한다."

상황이 매우 어려워질 때 기회를 찾아보는 사람이 되어라. 자기 능력의 정점을 보여주고, 재앙을 승리로 바꾸고, 명백한 실패를 이전에 누렸던 것보다도 나은 삶으로 재구성하기 위해 좌절에서 이득을 얻을 방법을 자문해보라. 그것이 전사들의 행동 방식이자 거물들의 행동 방식이다.

신념 6: 영웅은 힘든 시기에 탄생한다

영웅은 안정된 시기에 나타나는 게 아니라 불안한 시기에 등장한다. 넬슨 만델라는 로벤섬에서 우리가 아는 넬슨 만델라가 되었다. 로자 파크스(미국에서 흑백 분리 정책이 시행되던 시기에 백인 승객에게 자리를 양보하라는 버스 운전자의 지시를 거부해서 체포되었다. 이 사건으로 인종 분리에 저항하는 시위가 일어났다 – 옮긴이)는 부당한 대우에 직면하면서 전설이 되었다. 마틴 루터 킹 목사는 인종차별의 만행에 맞서 싸우면서 마틴 루터 킹 목사로 진화했다. 그리고 간디는 대영제국과 싸우면서 간디가 되었다.

당신을 무너뜨리려 하는 것들은 당신에게 평생 도움이 될 새로운 기술을 만들어주는 동시에 이전에 알지 못했던 장점을 알게 해주는 일생일대의 기회 또한 제공한다. 소설가 제니퍼 델루시(Jennifer DeLucy)는 이를 다음과 같이 깔끔하게 설명했다.

> — 그러나 혼돈을 포용하면 특별한 선물이 따라온다. 비록 대부분이 내게 욕을 먹을 만한 것이지만 말이다. 그 선물은 모든 것이 지워졌을 때 지금의 당신은 누구인지, 어떤 사람이 될 수 있는지, 당신의 영혼이 완성된 모습은 어떤지 이해하고 자각하도록 강요하는 삶의 방식이다.

신념 7: 모험 없는 삶은 진정한 삶이 아니다

멋진 할리우드 이야기에는 비극과 승리, 상실과 사랑 그리고 결국 약점을 극복하고 승리하는 주인공과 끊임없이 주인공을 방해하는 악당이 모두 필요하다. 지금까지 내 인생 이야기가 그러했다. 그리고 당신의 영웅담도 마찬가지일 것이다.

더 높이 올라갈수록 더 깊이 추락한다. 더 많은 모험을 할수록 더 많이 비틀거린다. 영향력이 클수록 돌을 던지는 사람과 화살을 쏘는 사람도 많다. 그것이 인생이 돌아가는 방식이다. 그렇지만 나는 결승전에서 뛰지 않고 관중석에서 경기를 관람해왔음을 깨닫고 후회와 분노로 인생의 마지막 날을 맞이하느니 야망을 이루려고 용감하게 나서다 실패하고 싶다.

진짜 패배는 올인하지 않기로 선택하는 것이다. 그리고 우주가 당신에게 준 재능을 제대로 발휘하지 않는 것이다. 피를 흘리는 것은 승리의 일부분일 뿐이다. 그러니 당신의 상처를 무공훈장으로 삼아라.

신념 8: 인생은 항상 당신을 지지한다

당신이 그렇게 느끼지 못할 때도 신은 당신을 보호하고 수호천사는 당신을 지켜보고 있다. 사실 가장 외롭다고 느끼는 바로 그 순간 가장 강한 자아의 천국에 가장 가까이 있다(자아는 죽음에 아주 가까워졌을 때 가장 큰 소리로 비명을 지른다).

나는 영혼의 어두운 밤들이 사실은 종교적인 경험임을 알게 되었다. 즉 당신이 자신보다 큰 힘을 믿을 수 있는 적절한 때에 어두운 밤이 나타난다. 내 인생의 모든 것이 무너져내리는 듯 보일 때가 실은 내가 가장 훌륭하고 지적인 방식으로 재조립되는 때라는 걸 나중에 깨닫는다.

무슨 일이 일어나든 그것이 내게 최선이라고 더 쉽게 믿을 수 있도록.

이기적인 자아는 발언권이 줄고 내 안의 영웅은 더 명확한 목소리를 낼 수 있도록.

두려움이 자신감이 되고 고통으로 평화를 알게 되고 이기심이 베풂을 배우도록.

펼쳐지는 모든 일에 대한 통제권을 내려놓고 나보다 더 절대적인 지혜의 원천이 나를 가장 좋은 곳으로 인도하는 법을 배우도록.

나는 인생이 무작위로 보이는 사건들의 마법과도 같은 조화로 전개된다고 믿는다. 당신이 최대한 발전하도록 그리고 당신에게 가장 이득이 되도록 말이다. 그렇다면 당신을 더 좋은 곳으로 데려가는 인생과 왜 싸우려 하는가? 그냥 받아들여라. 그리고 즐겁게 나아가라.

신념 9: 비극을 너무 심각하게 받아들이기에는 인생이 너무 짧다

지난 수십 년 동안 나는 나 자신을 위해 열심히 노력했다. 그래도 아직 갈 길이 멀다. 배워야 할 것도 많고, 보완해야 할 약점도 많고, 해소해야 할 불안도 더 있다. 하지만 이렇게 말해도 괜찮다면 나는 내가 지금까지 온 길에 만족한다.

앞서 말했듯이 지금까지 살아오며 내가 얻은 가장 값진 교훈 하나는 상황이 가장 불편할 때 더 편안하게 받아들이라는 것이다. 나는 놓아주는 연습을 많이 할 수 있었다. 주기적으로 찾아온 어려움에 나는 결과와 거리를 두는 법을 배웠다. 내 몫을 다하고 나머지는 자연의 섭리에 맡기는 법을 배웠다. 단단한 중심을 구축해 나의 기쁨, 평화, 자유가 외부 세계의 무엇에도 좌우되지 않는 법을 배웠다.

여전히 다른 사람들이 나를 어떻게 생각하는지 신경이 쓰이기는 한다(어느 정도는 신경이 쓰이지만 전보다는 확실히 덜하다). 나는 여전히 사회에서 대단한 일을 하기를 갈망하고 내가 세상에서 성취한 것에서 어느 정도 힘을 얻는다. 아직도 누가 나를 푸대접하면 속이 쓰리다. 하지만 그렇게 많이 쓰리지는 않다. 그리고 젊었을 때보다는 훨씬 덜하다. 자의식도 덜하다.

좀 더 깊은 이야기를 해보자. 나는 여전히 열정적이고 엄청난 야망을 품고 있다. 하지만 예전과는 다른 형태의 야망이다. 나는 매우 다른 일들에 대해 야심이 있으며 여전히 더 숙달되려는 야심이 있다. 조용하고도 대담하게 내 일을 발전시키겠다는 야심, 박수와 인정을 받기보다는 더 겸손하고 확고하며 나 자신에게 진실하고 싶은 야심이 있다.

나는 가족에게 영감을 주고 격려하고 보호하며, 환경을 개선하고, 문맹률을 낮추고, 한센병에 걸린 아동이 더 나은 삶을 살게 돕는 일에 더 노력을 기울이고 싶은 야심이 있다(한센병은 참으로 비극적인 질병이다. 어린아이들에게는 더 그렇다). 나는 남은 인생을 환경친화적으로 살고, 모든 사람을 배려하고, 공공에 봉사하기 위해 내가 할 수 있는 모든 것을 하고자 하는 야심이 있다.

나는 창조주와 더 깊은 관계를 맺고, 세계 각지로 여행을 다니기보다 내면세계의 탐색을 통해 더 많은 행복과 흥분을 얻고자 하는 야심이 있다. 나의 도덕적 나침반이자 드높은 영적 등대인이 철학은 비통함 때문에 형성되었다. 내가 믿고 사랑했던 사람들의 배신 때문이었다. 내가 도와주고 관대하게 대했음에도 나를 부당하게 대우한 사람들 때문이었다. 내가 진심으로 기운을 북돋워주었고 마음을 열었는데 내 기대를 무참히 저버린 사람들 때문이었다. 내가 어떻게 감히 이 비열하고 훌륭한 교사들을 깎아내리겠는가? 그들은 나를 전보다 더 나은 사람으로 조각하기 위해 완벽히 조직된 훈련 캠프였다. 그런데 어떻게 내가 그 모든 어려움이 잔혹한 전투였다고 말하겠는가?

이제 나는 모든 것을(대부분은) 긍정적인 시각으로 본다. 그리고 그렇게 심각하게 받아들이지 않는다. 물론 몇 가지 정말 끔찍한 일도 겪었다. 하지만 여전히 친구가 입양한 나무늘보의 근황을 알려줄 때 반가워하고, 여전히 로맨틱 코미디를 보면서 울고, 여전히 내가 역사의 신전에 설 자리가 없는 보잘것없는 사람임을 알고 있다. 전혀 특별하지 않은 사람임을 알고 있다. **당신 자신을 너무 진지하게 생각하면 아무도 당신을 진지하게 받아들이지 않을 것이다.**

세상 안에서 살되 너무 세상에 묻혀 살지는 마라. 나는 세상 안에서 사는 게 좋지만 만족스러운 삶을 살기 위해 세상의 보상이 필요하지는 않다. 나는 내가 하는 일, 내가 일해서 얻은 혜택, 하루하루의 은혜를 즐긴다. 그렇지만 그것들은 나를 규정하지 않는다. 나의 자아의식, 행위의 중심축, 힘의 토대는 점점 더 외부에서가 아니라 내 안에서 나올 것이다.

그리고 이로써 나는 커다란 평온을 얻었다. 내가 당신을 위해 진정으로 기도하는 평화를 말이다. 사실 과거의 시련이 내게 준 가장 큰 선물 중 하나는 내가 획득한 모든 것과 소유한 전부를 잃을지라도 여전히 괜찮다는 것이다. 지금은 그 비극이 참으로 감사하다. 그 비극이 나를 해방시켰기 때문이다.

이 글을 마치면서 마지막으로 인용할 말이 있다. 당신이 주목할 가치가 있는 말이라고 생각한다. 그리고 당신이 의기소침할 때 희망과 힘을 줄 말이라고 믿는다. 바로 존 레넌이 했던 말이다. "결국에는 모든 것이 괜찮을 것이다. 만약 괜찮지 않다면 그건 끝이 아니다."

054

창의성은 괴로움을 먹고 자란다

언젠가 파리행 비행기에서 한 예술가의 옆자리에 앉은 적이 있다. 그는 내게 이런 말을 했다.

"전 제 마음을 아프게 하는 여자들을 골라요. 제 예술 작업에 도움이 되거든요."

그 말에 웃음이 났다. 그런 다음 생각하게 되었다. 위대한 창의성은 깊은 감수성을 요구한다. 그리고 깊은 감수성은 자신의 정서와 더 친밀해지는 데서 온다. 자신의 하트셋, 자신의 감정과 친밀해지는 데서 온다. 지성에 갇힌 장인이 걸작을 만들어낸 적은 없었다. 마법을 현실로 만드는 것은 인간의 심장이다.

내가 최상의 창의력을 끌어올리는 방법 중 하나는 음악을 활용하는 것이다. 나는 각각의 예술 프로젝트에 맞는 플레이리스트를 만든다. 그리고 오랫동안 잊고 있던 상처를 깊이 파고드는 음악들을 자주 선택한다. 창의력의 황금 더미가 거기에 있기 때문이다. 괴로움은 어떤 예술가에게나 비옥한 토양이다. 이 토양은 자의식에서 가장 자유롭고 성실하고 무한하며 영향력 있는 작업의 씨앗을 품고 있다.

이 글을 쓰면서 나는 슬픈 컨트리 뮤직을 듣고 있다. 어떤 분위기의 노래인지 짐작할 것이다. 가수는 지금 그리워하는 만큼 그때 사랑했기를 바라며 술만 마시고 있고, 젊은 시절을 픽업트럭 뒤에서 맥주를 마시며 헛되이 보냈다고 노래한다.

그런데 왜 내가 창의력을 끌어올리는 데 이렇게 기이한 방법을 쓰는지 궁금한가? 음악은 정말로 내 마음을 열어주기 때문이다. 음악은 내 영혼이 이성을 초월하는 지혜를 보게 하고, 내 능력을 업그레이드하는 일상 밖 영감으로 넘치도록 해준다. 그리고 내 변주를 부채질한다.

적절한 음악은 당신과 나 그리고 모든 창작자의 안에 있는 뮤즈에 접근하게 해준다. 좋은 가사를 들으면 마음이 열리고 움직이는 게 느껴지며 가끔은 특정 음악에 살짝 마음이 아프기도 하다. 그런 균열은 몰입에 매우 효과적이다. 그리고 내가 전달하려는 예술에도 매우 좋다.

꾸준히, 대단한 일을 해내야 할 때 당신은 당신 안의 악령과 싸우고, 용을 베고, 당신의 꿈을 제한해왔던 거짓말과 싸워야 한다. 이때 좋은 음악이 도움이 될 것이다. 음악은 가장 강력한 마법이라고 하는데 나는 그 말이 사실이라고 믿는다.

055

왼쪽 눈꺼풀로 베스트셀러를 쓴 남자

작가 장 도미니크 보비(Jean-Dominique Bauby)는 상류 사회의 생활 방식을 사랑했고 한때 모든 것을 가졌던 인물이었다. 프랑스 잡지 〈엘르〉의 편집장이었던 그는 빠른 차를 매우 좋아했고 맛있는 음식을 즐겼으며 쟁쟁한 친구들과 함께하는 인생을 감사하게 여겼다. 그러던 어느 날 그는 어린 아들 테오필을 차에 태우고 파리 외곽의 시골길을 운전하다가 심한 뇌졸중으로 쓰러져 전신마비 상태가 되었다. **왼쪽 눈꺼풀만 제외하고 말이다.**

그는 전신마비로 자극에는 반응하지 못하지만 의식은 있는 감금증후군(locked-in syndrome) 또는 가성혼수(pseudocoma) 상태로, 정신은 놀랍도록 명료했다. 그래서 그의 경험을 기록으로 남길 수 있었다.

그가 의사소통을 할 수 있도록 베르크쉬르메르(Berck-sur-Mer) 병원의 치료사들은 눈 깜박임으로 알파벳을 하나씩 표현해 단어를 만드는 방법을 알려주었다. 아주 간단한 요구 사항을 표현하기도 쉽지 않았지만 보비는 여기서 영웅의 자질을 발휘했다. 그는 자신의 상황에 대한 설명, 인생에 관한 생각 그리고 인간 생활

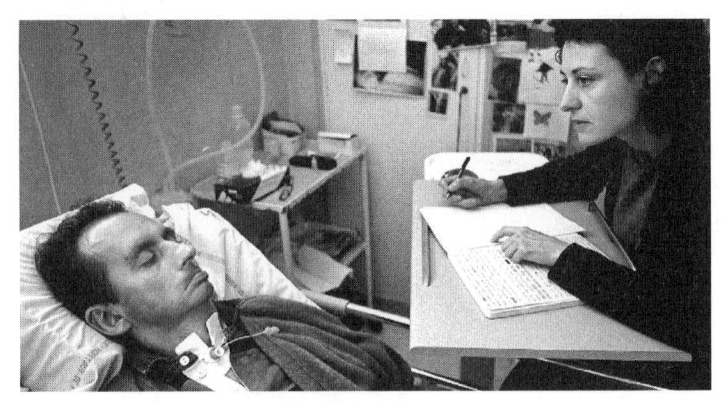

눈 깜빡임으로 자신의 이야기를 전하는 보비.

에 대한 성찰을 공유하기로 마음먹었다. 그래서 몇 개월에 걸쳐 20만 번 눈을 깜박여 책을 썼고 믿을 만한 조수가 그의 표현을 받아 적었다. 그렇게 쓰인 《잠수종과 나비》는 베스트셀러가 되었다. 책의 한 구절을 읽어보자.

— 위에 꽂은 관을 통해 들어가는 갈색 액체 두세 봉지가 하루에 필요한 열량을 공급해준다. 즐거움은 맛과 냄새의 생생한 기억에 의지해야 한다. 예전의 나는 남은 음식을 재활용하는 데 달인이었다. 이제 나는 기억을 끓여내는 기술을 연마하고 있다. 아무 때나 소란이나 의식 없이 식사 자리에 앉을 수 있다. 식당에 미리 전화할 필요도 없다.

보비는 이 책이 출간된 지 이틀 후 폐렴으로 사망했다. 그 누구도 잊지 못할 긍정성, 가능성, 인간성의 증언을 남긴 채.

056

걱정은 산 자를 태워버린다

우리는 엄청난 변동과 불확실성으로 가득한, 급격한 변화의 시대를 살고 있다. 변화가 초래한 혼란은 많은 조직에 균열을 가져왔다. 그리고 많은 선량한 사람의 영혼을 아프게 했다. 많은 사람이 예측 가능한 미래에 대한 자신감을 잃었고 끊임없는 걱정에 시달리고 있다. 우리 대다수는 아무런 도움이 되지 않는 부정성에 압도당했다.

그러나 우리 중 극소수는 급격한 대변동 앞에서도 놀랍도록 긍정적이고 대단히 낙관적인 상태를 유지한다. 개인적으로 힘든 시간 속에서도 그렇다. 부정성의 독성에 빠지지 않고 가능성에 집중하기 위해 그들이 사용하는 전략 중 하나는 마음을 위대한 꿈으로 채워 스트레스와 걱정의 자리를 없애는 것이다. 모두가 이해할 수 있도록 다시 한번 강조하겠다. **사소한 걱정이 차지할 자리가 없도록 마음을 멋진 꿈으로 채워라.**

당신의 마음을 우물로 생각하라. 당신의 고귀한 열망, 당신의 비전과 모험에 쓰일 에너지를 보호할 열정과 희망, 당신이 축복받은 장점, 당신 안의 가능성 신봉자에게 이야기를 거는 눈부신 목표에 관한 생각으로 우물을 가득 채워라. 어둡고 의심 많은 불안은 모두 밀려날 것이다. "햇빛은 최고의 소독제"라고 했던 루이스 브랜다이스(Louis Brandeis) 대법관의 말처럼.

개인 리더십의 또 다른 기본 원칙은 **인간의 기량은 자제하는 순간 만들어진다**는 것이다. 이 원칙은 자신에게 무익한 충동을 억제하기 위해 자제력 근육을 쓸 때마다 (현재 아무리 약하더라도) 의지력은 더 강해진다는 것을 의미한다. 쉬운 일보다 옳은 일, 비굴한 일보다 용기 있는 일, 평범한 일보다 탁월한 일, 이기적인 일보다 자비로운 일을 할 때마다 당신은 점점 위대해진다. 매일 이렇게 하면 결국에는 삶의 핵심 영역에서 마스터리에 도달할 것이다.

쉬운 일보다 옳은 일을 하라. 정말 따라 하기 쉬운 가르침이다. 우리의 선택과 행동의 결과를 재구성해줄 가르침이다. 하지만 너무 간단해서 잊기 쉬운 가르침이기도 하다. 그리고 쉽게 등한시하는 가르침이다.

내가 가장 좋아하는 습관 중 하나는 밤 산책이다. 늦은 밤 기분이 내키면 우리 동네나 강연하러 방문한 도시의 거리를 거닐며 산책한다. 이것이 내가 사랑하는 '지혜의 산책'이다. 두 시간, 때로는 세 시간 동안 어둠 속 별빛 아래에서 내가 어떤 사람이 되어가고 있는지, 무엇을 배우고 있는지, 매력적이라고 생각하는 아이디어들과 내가 해야 할 일과 생활에서 개선하고자 하는 요소들을 성찰한다.

어젯밤 산책할 때는 어둠 속에서 한 남자가 보였다. 그는 개를 따라가며 무언가를 줍고 있었다. 가만 보니 휴대전화 불빛을 이용해 쓰레기를 줍고 있었다. 어쩌면 내가 목격한 장면이 당신에게는 그다지 와닿지 않을지 모른다. 하지만 나는 그 신사와 이웃에 대한 그의 배려가 몇 시간 동안 계속 생각났다. 요점은 많은 사람이 쉬운 일을 선호하는 문화에서 그는 옳은 일을 했다는 것이다. 그 남자는 내가 그를 지켜보고 있다는 사실을 몰랐다. 무언가 인정받기 위해 그런 행동을 한 게 아니었다. 옳은 일이라서 했다. 그가 훌륭한 이유는 이 때문이다.

그러니까 냉담하고 나약하고 평범하며 패배주의적인 생각을 밀어내라. 그 대신 이룰 수 있다는 가능성, 아름다움, 선함, 승리를 생각하라. 그럴수록 당신의 능력은 크게 향상될 것이다. 그리고 당신의 마음은 두려움, 결핍, 불안을 소독하는 긍정성으로 가득 찰 것이다.

좋은 와인을 그토록 환상적으로 만드는 요인은 포도 덩굴이 자라는 테루아르(terroir), 즉 환경이다. 테루아르의 요소에는 기후, 토양, 지형, 농사 관행이 있다. 마찬가지로 당신의 마음에도 테루아르가 있다. 즉 당신의 마음 환경은 당신이 하는 각각의 생각을 형성한다. 부정적인 환경은 속된 사고를 낳는다. 깨끗한 테루아르는 긍정적인 생각을 촉진한다. 그러니 당신의 테루아르를 잘 선택하길 바란다.

다수가 부정적인 생각을 할 때 경외심, 경이로움, 기회를 보는 가능성 신봉자가 되도록 도와주는 네 가지 구체적인 전술은 다음과 같다.

전술 1: 영감을 주는 색인 카드 기법

경전이나 영웅의 자서전, 멋진 시 등에서 가장 희망적이라고 생각하는 글귀를 3x5인치 색인 카드에 써서 가지고 다니도록 하라. 식료품점에서 줄 서 있을 때나 통근 기차를 타고 있을 때 등 한가한 순간에 그 구절들을 외워라. 그리고 그 말들로 당신의 의식에 깃든 생각들을 다시 채우도록 하라. 물론 휴대전화나 태블릿을 이용할 수도 있다. 그러나 효과는 덜하다. 왜냐하면 휴대전화를 꺼낸 순간 문자를 확인하거나 소셜미디어 앱을 열거나 뉴스를 훑어보고 싶은 유혹을 느낄 것이기 때문이다.

전술 2: 3S의 실행

침묵(silence), 고독(solitude), 고요(stillness), 이 세 가지는 걱정스러운 생각과 요동치는 마음을 진정시키는 일종의 생태계를 제공한다. 시끄러운 주변 환경은 두려움으로 가득한 정서뿐만 아니라 소란스러운 심리를 만들어낸다. 정적 속에서 보내는 시간이 길수록 독성 에너지가 점점 더 사라지고 희망과 행복, 영적 자유가 그 자리를 대체할 것이다.

명상은 큰 도움이 될 수 있다. 당신의 긍정성을 최적화하고 생산성을 높이며 당신이 짊어지고 있을지 모를 과거의 불만을 놓아버리는 데 큰 도움이 될 것이다(효과적인 명상 가이드 시리즈를 보고 싶다면 TheEverydayHeroManifesto.com/PositivityMeditations를 이용하길 바란다).

전술 3: 감사의 가치 사슬을 전개하라

자신이 느끼는 부담 대신 자신이 받은 축복을 생각하면 신경화학 작용이 바뀌면서 기분이 좋아진다. 함께 발화되는 뇌세포는 함께 연결되기 때문에 당신의 삶에서 감사할 수 있는 것들을 적극적으로 찾으면 감사함을 중심으로 한 신경 경로가 강하게 형성된다. 그리고 감사해할수록 낙담하는 마음이 현실을 부정적인 방향으로 왜곡할 여지가 줄어든다.

하지만 그저 감사 일기에 몇 가지 감사할 일을 간단히 적는 데 그치지 마라. 내가 '감사의 가치 사슬(value chain gratitude)'이라고 부르는 것으로 더 깊이 들어가 당신의 삶을 더 좋게 만들어주는 모든 것의 시작부터 끝까지 적고 감사를 표시하라. 예를 들면 식료품점 계산대에서 당신을 도와준 계산원, 진열 선반에 음식을 올려놓은 재고 관리 직원, 가게까지 물품을 운반해준 트럭 운전사, 당신과 당신 가족이 먹을 작물을 재배한 농부에게 조용히 감사의 기도를 올려라.

일상의 모든 영역에서 이 전략을 실행하면 곧 당신의 삶 전체가 소소한 감사로 가득하고 감사하는 마음에 몰입하게 될 것이다. 그리고 당연히 주체할 수 없는 기쁨을 맛볼 것이다.

전술 4: 해결책에 주목하는 사람이 되어라

모든 문제는 발생과 동시에 해결책이 따라온다. 이것은 당신이 부담에서 벗어나 패배주의적 사고라는 악마를 몰아낼 동안 이해하고 실행해야 할 대단히 중요한 전술이다. 문제를 해결하는 예

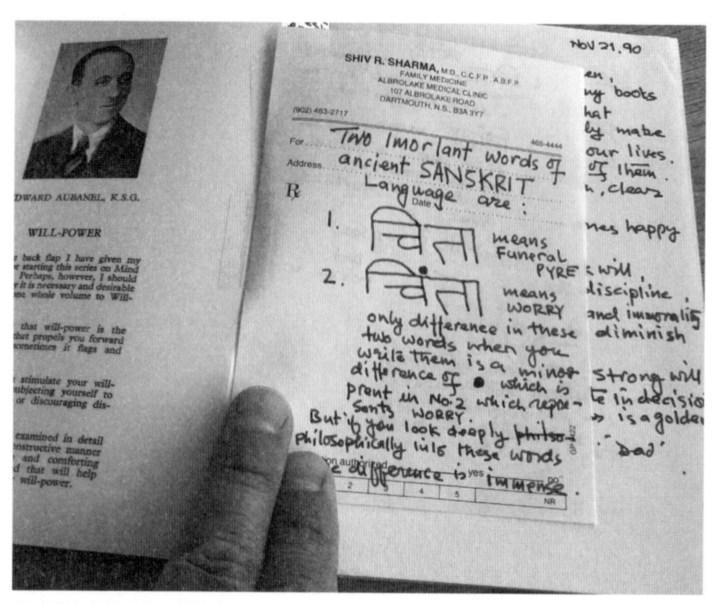

아버지가 내게 보내주신 쪽지.

리함을 키우기 위해 노력하라. 그러면 걱정이 사라지면서 당신을 환영하는 세상에서 최고의 능력을 발휘하게 될 것이다.

20대 때 나는 변호사로 일하면서 부모님이 살던 곳과 멀리 떨어진 도시에서 살고 있었다. 어느 날 아버지가 옛날 처방전 종이에 적은 쪽지를 책 속에 넣어 우편으로 보내주었다. 아버지는 '화장용 장작더미'를 나타내는 산스크리트 문자가 '걱정'을 나타내는 문자와 거의 똑같아 보인다고 설명했다.

위 쪽지를 자세히 보면 아버지가 이렇게 쓴 것을 볼 수 있다. "이 두 단어를 쓸 때 유일한 차이는 작은 점 하나뿐이다." 꽤 흥미로운 차이가 아닌가? 아버지는 두 산스크리트 문자의 차이는 점 하나지만 진짜 차이는 **화장용 장작은 죽은 자를 태우지만 걱**

정은 산 자를 태워버린다는 것이라고 했다.

그러니 무슨 수를 쓰더라도 걱정을 피하도록 하라. 시대의 흐름을 헤쳐나갈 때 명심해야 할 현명한 조언이다. 다음은 아버지가 보낸 쪽지의 그 다음 내용이다.

— 많은 책이 우리 삶에 긍정적이고 확실한 흔적을 낸다. 이 책도 그중 하나다. 결심, 명상, 명료한 사고는 인생의 행복한 보물을 강화한다.

자기 회의, 의지박약, 무기력, 절제의 부족, 목적 부재, 부도덕함은 인생의 힘을 감소시키는 확실한 방법이다.

인격, 정직, 강인한 의지, 배려, 결단력, 솔직함은 황금빛 인생으로 가는 황금길이다.

아버지가.

아버지가 내게 보냈던 책은 에드워드 오버넬(Edward Aubanel)의 《의지력(Will-Power)》이다. 지금 그 책은 자주 읽을 수 있도록 내 서재 앞쪽에 단정히 놓여 나의 근심과 걱정을 쫓아주고 있다.

057

긍정적 사고에 관한 중대한 거짓말

이제부터 나는 당신이 방금 읽은 이야기와 상반되는, 어쩌면 모순된다고 말할지도 모를 이야기를 하고자 한다. 바로 **긍정적인 생각은 사실 효과가 없다**는 것이다. 더 정확히 말하면 긍정적인 사고는 특정 조건이 갖춰지지 않는 한 효과가 없다. 비정통적인 이 진술이 어떻게 나왔는지 맥락부터 살펴보자.

나는 좌절을 계획으로 재구성하고, 어려움을 장점으로 재인식하고, 문제를 승리로 재구성할 방법을 다룬 고전적인(그리고 그다지 고전이 아닌) 책들을 많이 읽었다. 솔직히 이 책들을 읽으며 많은 것을 배웠다. 어려움을 겪고 있는 이들을 도우려는 저자들의 훌륭한 노력에 진심으로 감사의 말을 전한다. 하지만 문제 안에서 보상을 찾고, 고통스러운 시간에도 당신이 가진 좋은 것들에 감사하고, 더 이상 걱정하는 데 에너지를 쏟지 말고 가능한 한 빨리 위기에서 벗어나라는 그들의 권고가 나는 전혀 옳다고 느껴지지 않았다.

그렇다. 행복하고 평온하고 영감이 넘치는 삶을 살기 위해서는 불행을 곱씹고 있을 수 없다. 이 점에는 동의한다. 그리고 과거에 갇혀 실망스러운 상황에 집착하는 것은 정말로 시간 낭비다. 과거를 놓아버리지 않는다면 어떤 좋은 일도 일어나지 않을 것이다.

그러나 존재하는 문제를 아예 다루지 않는 것은 이치에 맞지 않는다. 힘든 시기에 마음이 아프고 기분이 가라앉을 때 내 감정이 어떤지 인정하지 않는 건 옳은 일이 아니다. 그리고 어려운 상황에서 발생한 감정을 존중하고 처리하지 않고 긍정적인 생각으로 곧장 달려가는 것도 옳지 않다. 자신의 진정한 감정을 수용하지 않고 생각을 조작하는 것은 가짜 같고 강요당하는 느낌을 준다. 자신을 부인하는 것 같다.

내 말은, 인생에서 엉망인 시간을 보낼 때 온갖 이점과 긍정적 요소로 생각을 재구성하는 것은 자연적으로 생겨난 감정적 현실을 무시하는 처사라는 뜻이다. 예를 들어 실직했거나 경제적으로 심각한 상황에 직면해 있을 때 마인드셋을 오로지 역경 속의 기회에 집중하는 것은 분노나 슬픔, 두려움, 수치, 당혹감을 하트셋 안에 억압해 더 나중에 다양한 문제들을 만들어낸다(질병은 불편함의 결과다).

연애 관계가 끝나거나 사랑하는 사람을 잃은 비통함을 수습하고 있을 때 자중하거나 (많은 상담가가 조언하는 것처럼) 바쁘게 생활하거나 거짓 낙관주의를 실천하면서 슬프지 않은 척하는 건 자신을 외면하는 것이다. 자신이 괴로움을 느끼고 있고 이를 해결할 필요가 있다는 사실을 무시하는 처사다.

심각한 질병, 끔찍한 소송, 심각한 사고로 정서적 고통을 겪고 있을 때 희망을 보도록 고안된 지적 활동에 돌입하는 것은 아직 감정을 묻지 못한 사람이 느낄 법한 진정한 감정을 경시하는 짓이다. 이렇게 처리하지 않고 둔 상처(이에 관해서는 이제 잘 알 것이다)는 당신 안에 존재하는 독성을 증가시킨다.

정서적 치유 없이 긍정적인 사고로 달려가는 것은 상황을 악화시킨다. 당신과 당신의 진정한 본성인 지혜, 활력, 창의성, 생산성, 연민, 용기 사이에 벽을 세운다(참고로 'courage', 즉 용기라는 단어는 심장을 의미하는 고대 프랑스어 'cuer'에서 파생되었다).

자연스럽게 발생하는 감정을 다루지 않으면 당신은 하트셋의 엄청난 힘을 닫고 머리로만 살게 되며, 자신의 특별한 능력뿐만 아니라 집단의 능력과 연결되어 있고 적절히 기능하는 사람이 아닌 냉정하고 논리적인 자동 기계처럼 된다. 고통에서 자신을 분리하면 기쁨과 본래 지니고 있던 천재성으로부터도 단절된다. 반대로 고통을 통감하면 운명이 준비해둔 경외감과 경이로움을 경험하는 능력을 되찾을 수 있다.

나아가 오늘날 전쟁이나 온갖 차별 행위들, 환경 문제들, 경제적 탐욕 같은 문제도 사실은 가슴과는 분리되어 머리에 갇힌 사람들이 일으킨 것이다(장 도미니크 보비가 겪었던 감금증후군은 혹시 신체뿐 아니라 심리적으로도 일어날 수 있는 걸까?). 왜냐하면 아무도 그들에게 더 잘하라고 가르치지 않았기 때문이다. 그리고 사회가 '마인드셋이 전부'라고 생각하도록 교육했기 때문이다. 긍정적인 '사고'가 궁극적인 구원이라고, 긍정적인 '감정'은 어리석고 나약하고 비생산적인 이들의 것이므로 숨겨야 한다고 가르쳤기 때문이다.

만약 (오랫동안 감정을 느끼는 것을 피해온 까닭에) 더 이상 감정을 느낄 수 없다면 다른 사람들을 친절하게 대하는 데 필요한 연민을 어떻게 느낄 수 있을까? 더 이상 기쁨과 활력을 느낄 수 없다면 어떻게 영감과 영적 화학작용을 모아 특정 활동을 시작하거나 걸작을 만들어낼 수 있을까? 내가 멘토링 프로그램에서 '역기능적 낙관주의(dysfunctional optimism)'라고 부르는 증상에 시달리고 있는 사람들이 기업에도, 사회에도 너무 많다. 우리는 희망을 주는 생각을 하려고 노력하지만 우리 안에 숨겨진 해로운 감정의 저장소와 전쟁을 하고 있다. 이는 자기 파괴(self-sabotage)로 나아가는 완벽한 공식이다.

만약 감정 세계를 더 이상 경험할 수 없다면 당신의 행동 각각은 일종의 정신적 계산이 된다. 당신은 사람보다 기계 같아지고, 사람보다 로봇 같아진다. 미세 트라우마와 거대 트라우마를 모으고만 있다면 매일 갑옷을 입고 공개석상에 나갈 것이다. 그 갑옷이 당신을 보호해줄 수는 있다. 하지만 그 갑옷은 당신의 위대함이 속삭이는 소리를 듣거나 당신의 걸작을 이끌어줄 깊은 영감을 느끼거나 사람들을 만나고 예의, 인내, 연민, 사랑으로 교류하는 것을 막을 것이다.

불편한 감정을 억누르면 어둠, 분노, 죄책감으로 가득한 거대한 잠재의식 세계가 형성되어 당신을 피해자로 묶어놓는다. 그리고 자신으로부터 달아나려 하므로 과로, 드라마, 디지털 오락, 과도한 소비와 같은 탈출구에 중독된다. 자신과 홀로 있기가 너무 힘들어서 세상 속에 주로 있어야 하기 때문이다. 표도르 도스토

옙스키(Fyodor Dostoevsky)의 이 말이 여기에 꼭 들어맞는지 모르겠지만 내 직관은 여기에 써야 한다고 애원하고 있다.

"당신은 다른 길, 더 야심 찬 길을 가야 한다고 느꼈다. 당신의 운명은 따로 있다고 느꼈지만 어떻게 그곳에 도달해야 할지 몰랐고, 그것이 비참하여 주변의 모든 것을 미워하기 시작했다."

처리되지 않은 감정들을 무의식에서 관리하려면 엄청난 에너지가 소모된다. 그래서 생산성을 떨어뜨리고 독성을 몸으로 보내 신체 기관에 장애를 일으키고 건강을 악화시킨다. 이런 사실을 아는 것이 정말로 중요하다.

"그렇다면 긍정적인 사고는 시간 낭비인가요, 로빈?"

아마 당신은 이렇게 질문할 것이다. 내 답변은 무엇일까?

"일단 위기 상황에서 발생하는 자연스러운 감정과 신체적 감각을 처리했다면 대단히 유용하게 쓰인 시간이 되겠죠. 하지만 그러지 않았다면 더 많은 트라우마를 감정 체계에 추가할 겁니다. 상처의 장과 몸과 마음으로 방출되는 무거운 에너지가 당신의 낙관주의, 성과, 영향력, 본질적 인간성인 배려를 짓누르며 본연의 힘을 떨어뜨릴 겁니다."

우리는 어려움을 겪는 동안 떠오르는 감정들을 유지하고 돌보면서 발산하고 해소할 때 영적 에너지가 크게 올라간다. 그리고 긍정성도 자동으로 증가한다. 긍정적인 사고를 지속하는 가장 좋은 방법이 감정적 치유에 전념하는 것이라니, 아이러니가 아닐 수 없다. 아마도 당신은 또 물을 것이다.

"감정 처리를 멈추고 인지 재구성으로 전환해서 감사 목록을 작성하고 긍정적 사고 전문가들이 하라는 일을 해야 할 때가 되었다는 건 어떻게 알 수 있죠? 언제까지나 그런 불편한 감정을 느끼고 있을 수는 없잖아요?"

그러면 나는 애정과 존경을 담아 이렇게 대답할 것이다.

"맞습니다. 감정을 경험함으로써 감정의 억압을 피하고 발산하는 습관을 들이는 것이 현명하지만 결코 감정에 빠져 있고 싶지는 않겠죠. 당신은 감정에서 사고로 전환해 축복을 헤아리고 즐겁게 미래를 내다보는 지적 처리를 시작할 때가 언제인지 자연히 알게 될 겁니다. 당신의 직감을 믿으세요."

당신은 당신이 이해하는 것보다 더 현명하다는 걸 기억하라. 당신은 당신이 상상하는 것보다 더 강하다는 걸 기억하라. 그리고 당신은 언제나 즐겁고 긍정적인 삶을 살기로 되어 있다는 걸 기억하라.

058

인생이 주는 모험을 즐겨라

고백하건대 나는 캠핑을 좋아하지 않는다. 샤워하지 않아도 되는 아침은 내게는 선물이 아니다. 파리, 벌레, 곰과 함께하는 저녁은 내 취향이 아니다. 하지만 캠핑을 경험한 적이 한 번 있기는 하다. 나는 친구 두 명과 여행을 준비하면서 함께 캠핑용품점에 가 랜턴, 수통, 가벼운 냄비와 팬, 방수 성냥, 침낭에 세련된 텐트까지 샀다.

우리는 네 시간 동안 차를 몰았다. 도시를 벗어나 시골을 지나고 황야로. 멋있었다. 그리고 야영장이 등장했다. 우리는 땅에 매트를 펼치고 금속 말뚝을 박고 텐트를 쳤다. 나는 당신이 만난 사람들 중 이케아와 가장 친하지 않은 사람이므로 힘들었다(나와 설명서는 기름과 물과 같다. 또는 참치와 잼과 같다). 결국 텐트를 완성하기는 했다. 모양은 이상했고 곧 무너질 듯 흔들거렸다. 그러나 우리가 직접 친 텐트라 행복했고 우리가 해냈다는 게 자랑스러웠다.

해가 지기 시작하자 나는 작은 모닥불을 피웠다. 마치 탐험가가 된 기분이었다. 새로운 땅을 발견한 대담하고 모험심 넘치는 생존 전문가 같았다. 바스쿠 다가마(Vasco da Gama, 인도 항로를 개척

한 포르투갈 항해가-옮긴이)나 아메리고 베스푸치(Amerigo Vespucci, 이탈리아 항해사이며 아메리카 대륙 초기 탐험자-옮긴이), 페르디난드 마젤란(Ferdinand Magellan, 최초로 세계 일주를 한 포르투갈 항해가-옮긴이), 존 캐벗(John Cabot, 이탈리아의 항해가, 탐험가-옮긴이), 크리스토퍼 콜럼버스가 이런 기분이었겠거니 싶었다.

내 인생에서 아주 신나는 순간이었다. 마치 천하무적이라도 된 기분이었다. 아마 당신은 무슨 말인지 알 것이다. 우리는 주워 온 막대기에 마시멜로를 꽂아 불에 구워 먹었다. 정성껏 준비해 온 샌드위치를 간식으로 먹고 공기가 서늘해지자 핫초코도 타서 마셨다. 우리는 서로 이야기를 나누며 웃기 시작했다. 꽤 특별한 시간이었다. 어떤 면에서는 마법과도 비슷했다. 하지만 그때 그 일이 일어났다.

문득 숲속에서 바스락거리는 소리가 들렸다. 잠시 후 나뭇가지 부러지는 소리가 들렸고 나는 걱정되기 시작했다. 잠시 후 동물들이 내지르는 이상한 소리까지 들렸다. 우리는 잔뜩 겁을 먹었다. 코요테일까? 늑대? 거대한 흑곰? 어떤 동물이었는지(또는 동물들이었는지) 확실하지 않았다. 그걸 알아내려고 그곳에 더 머물 계획은 없었다.

우리는 머리카락에 불이 붙은 히피들처럼(농담이 아니다!) 재빨리 텐트를 해체하고 리버댄스(아일랜드 무용단) 단원들처럼 모닥불을 발로 밟아 껐다. 그리고 랜턴과 수통, 코펠을 챙겨 죽어라 뛰었다. 우리는 제시 오언스(미국의 육상 선수-옮긴이)처럼, 플로 조(Flo-Jo, 미국 여자 육상 선수-옮긴이)처럼 날쌔게 차를 향해 달렸다.

달리는 동안 난폭한 동물보다 빠를 필요는 없다는 생각밖에 안 났다. 친구들보다 앞서 달아나면 됐다. 그렇게 우리는 달렸다. 20대 청년 세 명이 온갖 물건을 손에 들고서 차를 향해 질주했다. 무서운 소리는 계속 들려왔다. 믿을 수 없을 만큼 어두운 하늘과 별빛 아래.

우리는 무사히 차까지 갔다. 급히 차에 올라타 차 문을 잠갔다. 그러고는 악당을 피해 달아나는 제임스 본드처럼 차를 몰았다. 살았다. 안도감이 몰려왔다. 늦은 시간이었지만 하늘이 도운 것인지 큰길 바로 옆에 있는 낡은 모텔을 발견했다. 로비만 빼고 모든 불이 꺼져 있었다. 우리는 각자 방을 잡았고 무사히 밤을 보냈다. 코요테, 늑대, 회색곰이 없는 곳에서.

여기서 얻은 교훈? 다시는 캠핑을 가지 말자고 다짐했다. 그리고 인생은 정말 소중한 여행이라는 것도 깨달았다. 그러니 절대 망설이지 마라. 항상 즐길 시간을 내도록 하라. 당신과 나의 인생은 마음껏 탐험하고, 매력적인 경험을 즐기고, 자신에 대해 더 알 수 있는 모험과 기회를 제공한다. 당신이 무엇을 좋아하고 무엇을 좋아하지 않는지 발견할 기회, 뜻밖의 일을 만나거나 우정이라는 보물을 알아보고 배울 기회, 별이 가득한 하늘의 황홀함과 자연의 아름다움과 우주의 호의를 기념하기 위한 초대장을 건넨다.

"주변에 아름다움을 창조할 때마다 자신의 영혼을 회복하게 된다"라고 미국의 소설가 앨리스 워커(Alice Walker)는 말했다. 그러니 자신의 운명을 더욱 온전히 존중할 환상적인 기회를 감지했을 때 새로운 가능성을 수용하고 승리의 V자를 그려라. 진정한 삶을 살기를 절대 미루지 마라. 앞으로 더 좋은 때가 올 때까지 무언가를 미루지 마라. 모험과 성장, 설렘에 발을 내디디기에 지금보다 더 좋은 때는 없다. 다만 좋은 텐트를 사라. 그리고 흑곰을 피하라. 무슨 말인지 안다면 말이다.

059

억만장자들의 13가지 공통점

오랜 시간 수많은 억만장자와 금융계 유력자들(나는 윤리적인 사람들과만 일한다) 옆에 있다 보니 그들 대부분이 공통적인 특징을 갖고 있음을 알게 되었다. 세상은 그들이 재능이 있다, 별세계에 산다고 하지만 사실 그들은 극소수가 생각하고 행동하는 방식으로 생각하고 행동하는 것일 뿐이다. 기억하라. 오직 인구의 5퍼센트만 얻을 수 있는 결과를 얻으려면 95퍼센트의 사람이 내켜 하지 않는 일을 해야 한다. 경제적 번영을 이루기 어려운 사람이 너무나 많다는 사실을 생각하면 이 거물들의 공통적인 특성 13가지를 공유하는 것은 가치 있는 일이라는 생각이 들었다.

공통점 1: 무모할 정도로 자신을 믿는다

슈퍼 부자들은 자신의 비전이 말도 안 되고 비현실적이며 불가능하다고 주장하는 모든 사람 앞에서 자신의 창조적 야망과 간절한 포부를 끝까지 지켜낸다. 그들은 의심받고 조롱당하고 거부당하고 비난받고 반대에 부딪힌다. 그러나 그들은 자신의 아름다운 이상을 믿고 헌신한다.

공통점 2: 더 밝은 미래에 대한 눈부신 비전이 있다

첫 번째 특성과 관련이 있지만 약간 다른 두 번째 특성은, 대기업을 일군 거물들은 대다수가 이미 일어난 일만 일어날 거라고 생각하는 곳에서 엄청난 가능성을 볼 줄 아는 자질을 갖고 있다는 것이다. 발명과 혁신은 정상(正常)으로 여겨지는 것을 파괴한다. 그리고 현상(現狀)을 무너뜨린다. 나는 대다수가 보지 못하는 곳에서 가치와 마법을 열어 보이는 이 능력을 '선각자 재능(visionary gift)'이라고 부른다. 이 용감한 영혼들은 대다수가 문제로 보는 곳에서 가능성을 본다. 그리고 인류를 위해 더 큰 미래를 본다.

공통점 3: 반란을 갈구한다

내가 멘토링을 하는 억만장자들은 개척자요, 길잡이다. 또한 반란자이며 노골적인 혁명가들이다. 늘 규칙을 무시하는 그들은 경영의 권위자로 위장한 비밀 투사이자 해적들이다. 그들은 자신이 정한 비전에 세상을 맞추려는 뻔뻔한 허세를 부린다. 그리고 그들의 비전을 실현하는 데 필요하다면 무엇이든 할 수 있는 인내심도 가지고 있다.

공통점 4: 어린아이 같은 호기심이 있다

당신과 나는 어렸을 때 마법사였다. 우리는 용감무쌍한 꿈을 꾸었고 수시로 고정관념을 깼으며 삶을 놀이공원으로 여겼다. 우리는 새로운 것들을 배우고 새로운 기술을 시도하기를 좋아했다.

우리는 끊임없이 '왜?'라고 물었고 중요한 질문들에 대한 답을 알고 싶어 했다. 그러나 성장하면서 우리의 신성한 호기심은 사라졌다.

지구상에서 가장 부유한 사람들은 자신의 호기심을 지루하고 일상적이고 우울한 사회로부터 보호해왔다. 그들은 매우 헌신적인 학생들이다. 그들은 끊임없이 책을 읽는다(재벌들에게서 "손에 집히는 대로 다 읽습니다"라는 말을 얼마나 많이 들었는지 모른다). 그들은 코치와 가이드들에게 열성적으로 투자한다. 그들은 교육 강좌를 수강하고 (대개 맨 앞줄에 앉아 부지런히 필기하면서) 콘퍼런스에 참석한다. **그들은 자신이 발전할수록 사람들과 세상에 더 많은 가치를 제공할 수 있음을 안다.** 그리고 많은 사람에게 명작을 내놓을수록 더 많은 돈을 벌게 된다는 사실을 안다(돈은 제공한 혜택에 대해 시장이 주는 보수일 뿐이다). 이는 그들이 경제적으로 커다란 부를 이루는 요인의 일부다.

공통점 5: 비평가의 의견에 매우 무심하다

당신은 주변 사람 모두에게 호감을 사고 싶을 수 있다. 아니면 당신의 천재성으로 세상을 밝힐 수도 있다. 둘 다 해낼 수 있을지는 의문이다. 앞서 언급한 대로 다른 사람들의 의견은 그들의 의견일 뿐이다. 단지 그뿐이다. 그보다 더 많은 힘을 그들에게 부여하지 마라.

누군가의 의견은 그 사람의 신념과 과거 경험을 바탕으로 세상에서 가능하다고 생각하는 것에 관한 진술일 뿐이다. 이는 당신이 상관할 바가 아니므로 당신의 성공을 방해하게 하지 마라. 당신의 광채에 위협을 느끼는 사람들의 제한된 인식에(그리고 질투에) 당신의 생각과 마음과 영혼의 공간을 (무료로) 빌려주지 마라. 그들의 무단 점유를 허용하기에는 그 공간이 너무 귀중하다.

막대한 부의 아이콘들은 두려움과 질투로 가득한 비판과 의견을 강하게 거부한다. 그들은 마치 눈가리개를 한 경주마와 같아서 오로지 자신의 임무로 시야를 좁힌다. 그 외의 것들은 그들에게 중요하지 않다.

공통점 6: 일관성과 지속성을 위해 엄청난 노력을 한다

세계적 수준의 생산자들은 언제나 한결같다. 그들은 초인적 수준의 생산성, 가치, 영향력을 창출하기 위해 매일같이 똑같은 루틴, 의식, 수행 방식을 반복하는 일상성의 힘을 이해한다.

일관성은 진실로 전설에 이르는 가장 확실한 고속도로 중 하나다. 초고액 순자산 보유자인 내 고객들은 일관성과 함께 이례적 수준의 지속성을 보인다. 그들은 넘어지면 다시 일어난다. 벽이 생기면 벽을 무너뜨린다. 그들에게 어떤 문제를 극복할 수 없다고 이야기해보라. 다시는 당신에게 말을 걸지 않을지도 모른다. 이런 유형은 거절하는 말을 승낙하겠다는 말로 듣는다. 이런 사람들에게 실패는 더 높은 성공으로 가는 관문에 지나지 않는다. 대개 그들은 막을 수 없고 이길 수 없고 죽일 수 없는 존재다.

몇 년 전 내가 개최한 라이브 행사에서 환한 미소를 지닌 한 청년이 내게 와서 말을 건넸다. "이 말씀을 드려야 할 것 같아서요, 선생님." 그가 칭찬하는 어조로 말했다. "정말 '일관성'이 있으세요." 나는 대단한 부에 대한 통찰과 함께 영감을 불타오르게 하는 내용을 전달했다고 느꼈건만 그가 해줄 수 있는 말은 일관성 있다는 게 전부란 말인가?

하지만 그날 저녁 고요한 호텔 방에서 곰곰이 생각하며 그의 말이 무엇을 의미했는지 이해했다. 그는 유명한 대학교의 미식축구 선수였고 내 라이브 행사에도 여러 번 참석했다. 매번 같은 수준의 활동을 하고, 같은 덕목을 존중하고, 같은 철학을 고수하는 나를 보러 오는 것은 모든 뛰어난 운동선수들의 DNA인 '일관성'을 나타내는 것이었다.

공통점 7: 승리와 세계 최고의 자리를 매우 좋아한다

세계적인 경제 거물들은 발전하고, 향상하고, 자신의 열정을 일상의 증거로 옮기기를 얼마나 좋아하는지 모른다. 그들 다수는 운동선수 출신이다. 우승을 차지하고 우승자의 지위를 지키려는 그들의 투지는 다른 모든 분야에서도 승리를 거둬야 한다는 강박을 심어주었다. 그들은 그저 잘하는 정도, 어느 정도의 성공을 원하지 않는다. 절대적으로 최고가 되어야 한다. 세계 최고 말이다(아직도 한 기업 고객의 사명 선언문이 생생히 기억난다. '우리는 우리 분야에서 최고가 되기 위해 노력한다.').

공통점 8: 즉각적 쾌락을 거부하는 능력이 깊이 훈련되어 있다

내가 함께 일했던 억만장자들은 거의 다른 세상 수준의 자제력을 지니고 있었다. 그들의 자제력은 강하다 못해 괴력에 가깝다. 그들은 창업 초창기, 열정과 에너지로 가득했을 때뿐만 아니라 그 후로도 윤리적 야심과 정제된 계획, 높은 가치의 목표를 유지한다.

그들의 절제된 생활은 경이로울 정도다. 이 경제 거물들은 우리 대다수보다 음식을 적게 먹고 새벽같이 일어나 하루를 일찍 시작한다. 그들은 건강 유지에 엄청나게 신경 쓰면서 마치 정밀하게 수립된 군사작전처럼 하루를 보낸다. 그들은 매일의 집중력, 인내, 최고의 근면성, 불굴의 헌신 같은 어려운 노력이 보상을 꾸준히 제공한다는 사실을 이해하며 쉽고 즉각적인 쾌락을 뒤로 미룬다. 나는 이런 존재 방식을 '지속적 점진주의(sustained incrementalism)'라고 부른다. 그들이 벌이는 것은 단기적인 승부가 아닌 평생에 걸친 장기전이다.

공통점 9: 재산 증식 기술이 학습되어 있다

대부분 사람은 소비자다. 그들은 항상 물건들을 사들이고, 필요하지 않아도 산다. 그런 소비는 감정적 공백과 채워지지 않은 욕구를 충족시켜 1~2분 동안 행복하게 해준다. 빚이 더 늘어나서 여러 해 동안 불행해질 수 있다는 사실을 깨닫기 전까지는.

반면에 번영의 영웅들은 창조자들이다. 그들은 사람들이 구매하는 물건들을 만든다. 그리고 재산이 늘어나면서 잠자는 동안에도 돈이 불어난다. 그들은 현명한 투자를 하고 갚을 수 없는 부채는 만들지 않는다. 하지만 수동적 소득(passive income, 돈을 벌기 위해 일하고 노동을 현금으로 교환하기보다 돈이 그들을 위해 일하게 해서 만들어진 소득)만이 세계적 수준의 부를 얻을 유일한 길이라는 생각의 덫에 빠지지는 마라. 그보다는 그리 자주 쓰이지 않는 용어인 활동 소득(active income, 풍부한 가치 흐름으로 시장에 기여해서 번 돈)에 집중하길 권한다. 내 고객들은 수동적 소득과 활동 소득 모두에 집중하기 때문에 특별한 부를 누린다.

공통점 10: 부정적인 사람들과 함께하기를 거부한다

사람들에게 영감을 주는 업적은 모두 크게 영감을 받은 사람들이 만든 것이다. 위대한 비전의 소유자들은 낙관적인 에너지를 갑옷으로 두른다. 그 상태를 유지하지 못하면 환상을 현실로 만드는 열정을 잃고 만다. 그래서 부의 거인들은 변명하는 사람들과 불평하는 사람들을 마치 전염병 보듯 피하고 희망을 주는 사람, 세계를 건설하는 사람 그리고 다른 대기업을 건설한 사람들과 시간을 보낸다.

공통점 11: 성취에 관해 거의 무한대의 주체 의식이 있다

피해자는 사회가 그들의 생활을 책임져야 한다고 말한다. 그들은 정부와 친척을 비롯해 이 격동의 경제 환경에서 살아남기가 얼마나 힘든지 이야기를 들어줄 누구에게든 도움을 청한다. 그러나 비전을 품은 리더들은 자신의 포부를 실행할 능력을 갖추고 있으며 자기 능력을 확신하는 주체 의식(sense of agency)이 있다. 지혜롭고 용기 있고 창의성을 지닌 그들은 충실한 삶을 사는 인간의 진정한 힘은 외부가 아닌 내부에서 온다는 사실을 안다.

이런 유형의 사람들은 복권을 사지 않는다. 왜냐하면 그런 행위는 스스로 성공을 만들어내는 게 아니라 운이 개입해야 막대한 부를 얻을 수 있다는 생각에 세뇌되는 것이기 때문이다. 이들은 자신에게 한 약속을 더 많이 지킬수록 더 도전적인 일을 이룰 수 있는 자신감이 더 커진다는 사실을 이해한다. 그리고 오로지 자신의 우선순위에 집중하고, 자기 분야의 모든 사람을 능가하는 혁신을 단행하고, 독특하고 값비싼 상품과 서비스를 생산하고, 자신이 만난 누구보다 열심히 일한다. 그리고 이 모두를 아주 성실하게 하면 지원금을 바라는 것보다 훨씬 쉽게 번영의 길에 들어설 수 있음을 알고 있다.

공통점 12: 불균형적인 모험-보상 패러다임의 적용

불균형적인 모험-보상 패러다임(ARRP, asymmetric risk-reward paradigm)은 억만장자들이 그들의 통찰과 에너지, 시간을 부정적 측면보다 긍정적 측면이 훨씬 큰 기회에만 전적으로 투자하는 관행을 말한다. 다시 말해서 그들은 보상받을 가능성과 실패의 위험이 대칭되거나 비례하는 기회는 절대 잡지 않는다.

부자들은 어리석은 모험가로서 심사숙고 끝에 행동하지 않고 직감에 의존한다는 것은 근거 없는 통념이다. 그렇지 않다. 세계적인 부자들은 기대 이상으로 보수적이고 사려 깊고 신중한 경향이 있으며 모든 것을 걸지 않고도 놀라운 수익을 낼 수 있는 사업을 찾는다.

공통점 13: 상반된 자본 배치 방식

마지막으로 내가 조언해준 억만장자들은 대부분 전혀 다른 방식으로 돈을 쓰고 행동한다. 나는 이를 '비정통적 투자 계산법(maverick investing calculus)'이라고 부른다. 기본적으로 이것은 숨겨진 가치를 찾아내는 그들의 희귀한(그렇지만 타고난 재능이 아니라 습득하고 개발한) 능력을 가리킨다.

자산 유형에 주식이나 예술 작품, 부동산, 귀금속이 포함되든, 포함되지 않든 그들은 군중이 실패작으로 여기는 곳에서 보물을 본다. 미래를 잘 내다보고 시대를 앞서가는 그들은 주류 언론이 경제적 기회에 대해 보도할 때쯤이면 이미 들어가기에 너무 늦었다는 것을 알고 있다. 다시 말하지만 위대한 하키 선수 웨인 그레츠키(Wayne Gretzky)처럼 퍽의 현재 위치가 아니라 어디로 갈지 알 수 있는 그들의 재능은 사실 재능이 아니다. 대다수는 좀처럼 하려 하지 않는 진득한 공부와 준비, 시험, 훈련의 결과다.

인플레이션을 고려해 현재까지 가장 부유한 사람으로 인정받는 존 록펠러(John D. Rockefeller)의 철학으로 이 장을 마무리하려 한다.

— 머리로 하는 노동이든, 손으로 하는 노동이든 노동은 존엄하다. 세상은 누구의 생계도 떠맡을 의무는 없지만 모든 사람에게 생계를 꾸릴 기회를 제공할 의무는 있다. 절약은 규모 있는 생활에 필수이며 정부건 기업이건 개인이건 검약은 건전한 재무 구조의 기본 요건이다. 유익한 봉사를 하는 것은 인류의 공동 의무

다. 희생이라는 정화의 불 속에서만 이기심의 찌꺼기가 소멸되고 인간 영혼의 위대함이 자유로워진다.

나는 어떤 이름으로 불리든 간에 지혜롭고 사랑이 많은 신을 믿으며 그분의 뜻과 조화를 이루는 삶에서 개인의 최대 성취, 최대 행복, 최고의 유용성이 발견된다고 믿는다. 세상에서 가장 위대한 것은 사랑이다. 사랑만이 증오를 극복할 수 있고, 올바름이 힘을 이길 수 있으며 이길 것이다.

추신:

초고속으로 성장하는 회사를 만들고 금융 자산을 급속히 늘리며 급변하는 상황에서도 번영을 지속하게 해줄 내 아이디어들을 간추린 설명서《억만장자 블랙북(The Billionaire Blackbook)》디지털 버전을 받으려면 TheEverydayHeroManifesto.com/BillionaireBlackbook을 방문하라.

060

부의 여덟 가지 영역

나의 멘토링 방법론을 뒷받침하는 철학적 토대 중 하나는 부의 여덟 가지 영역이라는 개념이다. 내 고객들이 세계적 수준이랄 수 있는 삶을 구성하는 데 매우 도움이 되었던 이 개념을 여기서 제시하고자 한다.

우리 문화는 부가 오직 한 가지 영역, 즉 돈으로부터 온다고 믿도록 우리를 세뇌한다. 하지만 나는 여기에 동의하지 않는다. 돈은 많지만 다른 것들은 별로 없는 사람들이 많이 있다. 그런 영혼들은 현금은 풍부하지만 기쁨은 빈약하다. 경제적 유동성은 있지만 긍정성은 빈곤하다. 그리고 영적으로 결핍되어 있다. 내가 보기에 우리의 삶에서는 기쁨과 평화와 자유가 명성, 부, 박수보다 백만 배는 더 가치가 있다. 풍요로운 삶에 대해 좀 더 진지하게 생각한다면 부의 여덟 가지 영역에서 진정한 부를 추구하기 위해 노력해야 한다.

나는 개인 컨설팅이나 온라인 코칭 그룹 중 하나를 시작할 때 가장 먼저 고객에게 이 여덟 개 영역 각각에서의 현재 성과를 최하인 1부터 세계적 수준인 10까지 평가하게 한다.

부의 여덟 가지 영역

이 활동은 그들이 진정한 부의 각 부분에서 어느 정도인지 평가한 결과를 시각적으로 명료하게 보여준다. 마스터리로 나아가는 길에서 명료함은 필수적이다. 인식하지 못하는 문제를 해결할 수는 없다. 따라서 최고의 성과를 내고 멋진 삶을 영위하기 위해서는 자신의 사각지대를 잘 아는 것이 중요하다. 그리고 자기기만의 최면을 끝내야 한다. 그러면 이제 부의 영역을 차례로 살펴보도록 하자(온라인으로 이 혁신적 분석을 해보고 여덟 가지 부의 영역에 관한 유용한 교육 영상을 보고 싶다면 TheEverydayHeroManifesto.com/The8FormsofWealth를 방문하도록 하라).

부의 영역 1: 자기 수련 + 영웅의 자질 회복

이 영역은 자신의 영웅적 본성을 인식하고 되찾고 표현하는 과정에서 크게 성장하는 것을 말한다. 우리는 개인적인 수련으로 마인드셋을 바로잡고 하트셋을 정화하고 헬스셋을 최적화하고 소울셋을 고양할 수 있다. 앞서 소개한 내면의 네 영역을 재정비하는 것이다. 매일 세상이 잠들어 있는 새벽에 이 영역을 수련하는 습관을 들이면 창의성, 생산성, 번영, 공공 봉사 영역에서 기량과 마인드를 크게 개선할 수 있다. 리더십, 위대함, 영향력은 내면의 문제임을 기억하라. 결코 내면에 구축한 것보다 더 크거나 강하거나 고귀한 외적 삶을 만들 수는 없다. 최고의 자아를 실현하는 것은 진정한 부의 한 영역이다.

부의 영역 2: 신체적 건강 + 장수

뇌 건강, 체력, 빠른 회복력, 면역력 수준, 수면 위생, 장수를 포함해 모든 신체 상태와 관련된 삶의 차원을 가리킨다. 이 영역을 개선하는 데는 시간과 자원을 비롯해서 많은 비용이 들어갈 것이다. 하지만 질병이나 사망은 비용이 더 크다.

건강은 진정한 부의 핵심 요소다. 탁월한 투자자처럼 건강에 투자하라. 그 수익은 당신이 상상할 수 있는 어떤 것보다 훨씬 클 것이다. 전통적 지혜를 가진 원로들의 말처럼 “젊었을 때는 부를 위해 건강을 기꺼이 포기하지만 나이가 들고 현명해지면 단 하루라도 건강을 누리기 위해 그 모든 부를 기꺼이 포기할 것이다.”

나 역시 헬스셋을 첫 번째 영역의 부의 일부로 언급했을 뿐만 아니라 별도의 범주로 두었다. 건강은 개인 수련의 일부분이기도 하지만 따로 떼어 강조할 만하기에 일부러 그렇게 했다. 세계적 수준으로 올라서는 과정에서 헬스셋을 최우선순위로 삼도록 하라. 헬스셋 없이는 아무것도 가질 수 없기 때문이다.

부의 영역 3: 가족+우정

인생의 마지막 순간에 변호사, 회사 공급업체, 골프 파트너와 더 많은 시간을 보냈어야 했다고 아쉬워하는 사람은 아무도 없다. 우리는 모두 생을 마감할 때 우리가 잘 대해주었고 우리에 대한 감사와 흠모의 마음으로 가득한 가족과 친구들에게 둘러싸여 있기를 바란다.

황혼에 접어든 후 사랑하는 사람들과 충분한 시간을 보내지 못했다며 크게 후회하는 사람들이 너무 많다. 만약 이 우선순위가 인생의 마지막에 중요하다고 생각한다면 나는 바로 지금 최우선순위로 올리라고 말하고 싶다. 특히 자녀를 둔 부모라면 더욱 그렇다. 부모로서 우리는 무조건적 사랑을 보여주고 자녀가 자기 삶을 찾아 떠나기 전에 인격을 형성해줄 기회를 아주 짧게 얻는다. 이 중요한 관계를 돈독하게 만드는 노력을 해오지 않았다면 기회를 다시 만들기는 매우 어렵다.

부의 영역 4: 직업+경력

모든 인간은 생계를 위해 하는 일에 숙달되어 샘솟는 기쁨과 의미, 내면의 평화를 누릴 권리가 있다. 따라서 우리는 능력과 재능, 역량의 최고치를 발휘해 일해야 한다. 자기 일에 숙달되고, 그 일로 세계 최고가 되고, 힘든 문제를 해결해 수많은 사람의 삶을 풍요롭게 해주고, 내면의 영웅적 자질을 발휘하는 생산자로 성장하는 것만큼 정신적 만족을 주는 것도 별로 없다. 이 측면에서 성과를 높이는 데 많은 에너지를 쏟도록 하라. 자기 기량의 극대화를 위한 헌신과 그로써 확대된 경력을, 축하할 가치가 있는 (그리고 증가하는) 막대한 부로 생각하라.

부의 영역 5: 돈 + 순자산

물론 수입과 순자산(믿거나 말거나 어떤 사람들은 이 둘이 같다고 생각하지만 매우 다르다)도 당신이 일군 부의 한 종류다. 아름다운 삶의 균형을 이루기 위해서는 가족들에게 환상적인 추억을 만들어주고, 자신뿐 아니라 가족의 니즈를 채워주고, 자기 노동의 결실로 기쁨과 행복을 가져다줄 물질적 재화와 경험을 살 충분한 돈을 보유하는 것은 기본이다. 너무나 많은 스트레스가 경제적 부족에서 기인한다. 그리고 일단 상당한 돈을 갖게 될 때 세상에 많은 선행을 베풀 수 있다.

사람들이 경제적 측면에서 저지르는 가장 큰 실수 중 하나는 (빚을 너무 많이 쌓아두거나 수입 범위 안에서 생활한다는 오래되고 기본적인 규칙을 어기고서) 소득이 증가할 때마다 생활 방식을 업그레이드하는 것이다. 이는 크나큰 실수다. 돈을 더 벌 때마다 지출을 늘린다면 순자산은 절대 쌓이지 않을 것이다. 쳇바퀴 도는 생활을 하게 된다.

또한 이윤을 고려하지 않고 개인 또는 기업의 수입에 우선적으로 끌리는 '첫 행의 유혹(top line seduction)'에 빠지지 말아야 한다. 연간 또는 월간 수입보다 비용과 세금을 제하고 투자 용도로 남은 금액이 훨씬 더 중요하다. 총수입과 순이익을 혼동하지 마라. 절대로, 제발.

마지막으로 다섯 번째 부와 관련해서 돈은 악이 아니라는 사실을 알고 신뢰하라. 오직 돈이 없는 사람들만 자신의 가난을 정당화하기 위해 그렇게 말한다. 부유함은 당신과 당신 가족에게 행복을 가져다줄 수 있다. 지혜, 열정, 배려, 절제된 성실성과 함께 사용된다면 말이다.

부의 영역 6: 멘토 + 인플루언서

우리는 우리의 대화, 교제, 관계의 수준까지도 끌어올릴 수 있다. **당신의 핵심 집단은 당신이 마스터리에 이르는 과정에서 매우 중요한 역할을 한다.** 그래서 여섯 번째 영역의 부는 당신이 꿈꾸는 삶을 사는 사람들과 더 많은 시간을 보내는 것이다. 사고, 감정, 행동, 기여 방식에서 완전히 새로운 삶을 살고 있는 사람들, 낙관주의와 탁월함, 독창성과 품위를 지니고 당신을 독려하는 인플루언서들과 시간을 보내야 한다.

그리고 세계적 수준에서의 활동을 정말로 진지하게 생각한다면 당신이 결코 따라잡을 수 없는 경이로운 수준으로 행동하는 사람들과 정기적으로 어울리도록 하라! 그들이 보여주는 모범은 당신의 야망에 꺼지지 않는 불을 붙이고 당신의 마법이 완성되도록 자극해서 당신의 별빛을 온 우주에 반짝이게 해줄 것이다. 만일 당신이 아는 가장 성공한 사람이 당신이라면 이제 정말로 새로운 사람을 알아야 할 때가 되었다. 멘토가 되어줄 롤모델을 찾는다면 당신의 인생은 90도 바뀔 것이다. 내가 약속한다.

부의 영역 7: 모험+생활 방식

인간이 가장 행복할 때는 발전하고 있을 때다. 그리고 상상했던 장소들, 가능성과 영혼을 날아오르게 하는 눈부시게 파란 바다로 모험을 떠날 때다. 당신과 나는 근본적으로 유목민이다. 우리는 여행자이자 항해자, 개척자다. 우리는 새로운 기술과 경험을 받아들이고 외국 문화에 들어가보고 낯선 사람들을 친구로 만들고 반짝이는 눈과 팔딱이는 심장으로 삶을 살기를 갈망한다.

이런 삶을 최적화하면서 균형 잡힌 생활을 하고 싶다면 일단 미술관이나 도서관, 아직 시도해보지 못한 음식을 내놓는 식당 등 일종의 '제도화된 모험(institutionalized adventure)'을 주중의 일정에 넣어보도록 하자. 이로써 정기적으로 내면의 탐험가에게 자양분을 공급하면 일상에서 쉽게 영감을 자극하고 창의성을 향상할 수 있다.

일곱 번째 영역의 부는 생활 방식 전반에서 계속 나아지는 것도 포함된다. 세계적 수준의 삶을 건설하기 위해 노력한다는 것은 너무나 멋진 목표다. 당신이 살고 싶은 이상적인 집, 당신이 소유한 물건들의 질, 당신이 확보하고 싶은 회복 시간, 당신의 예술성에 활력을 불어넣는 여러 나라에서 살기(당신의 돈을 잡아먹는 제2, 제3의 집을 사기보다는 훌륭한 호텔을 이용하는 건 어떨까?) 등. 지금 당신의 전반적인 위치를 고려하라. 당신의 생활 방식을 최적화하는 무언가를 매주 하면 시간이 흐른 뒤 엄청난 이익을 얻을 수 있다.

부의 영역 8: 영향력 + 기여

타인의 삶을 더 낫게 해주지 못하는 삶은 매우 공허한 삶이라는 데 우리는 동의했다. 그러니 매주 크고 작은 방식으로 당신의 유용성과 헌신을 제공할 공공 봉사 활동을 반드시 계획하라. 이 마지막 영역의 부에 투자하는 데 더 부지런히 전념하도록 하라. 그래서 당신이 세상을 떠날 때 자신보다 훨씬 많은 것을 위해 산 명예롭고 존엄한 당신의 인생을 모두가 알게 하라.

이상 여덟 가지 영역의 부를 살펴봤다. 인생의 말년에 엉뚱한 정상을 향해 등반하면서 황금기를 보냈음을 깨닫는 대신 진정으로 삶의 탁월성을 경험하게 해줄 프레임워크다. 당신은 보편적 지혜가 가르쳐준 훌륭한 삶을 등한시하면서 현대 사회가 성공한 삶이라고 광고하는 인생을 절대 살고 싶지 않을 것이다. 여러 유형의 부를 정리하다 보니 소설가 헨리 제임스(Henry James)의 일기에 있던 유머러스한 다음 말이 기억난다.

— 건강도 괜찮고, 그럭저럭 재산도 있고, 양심도 떳떳하고, 창피한 친척도 없다면 그래도 행복하다고 해야 할 것이다.

061

아름답게 균형 잡힌 삶을 위한 알고리즘

이 이야기는 나의 주간 계획 과정에 관한 복잡한 정보를 담고 있다. 나는 이 절차를 분명히 전달하기 위해 최선을 다했고 이 이야기의 마지막에 언급할 교육 영상도 만들었다. 수년간 이 절차를 대중과 공유해달라는 요청을 받았기 때문에 여기서 공유하려 한다.

이제 당신은 돈이 부의 한 유형일 뿐 사실은 여덟 가지 부의 영역이 있다는 걸 알았다. 여기서는 그 부들을 삶에 통합시켜 당신의 좋은 의도가 훌륭한 결과로 이어지게 해줄 혁신적 방법을 알려주고자 한다. 이는 내가 개인적으로 주간 계획에 사용하는 시스템이기도 하며 내가 창의적이고 생산적이며 도움이 되는 삶을 구축하는 데 사용했던 도구다(모든 과정을 완전히 익히려면 TheEverydayHeroManifesto.com/WeeklyDesignSystem을 방문해서 전술 워크시트를 인쇄해 책상 앞에 두도록 하라. 또한 8단계 계획 과정을 설명해주기 위해 내가 신중하게 만든 영상도 시청하라. 그러면 여기에 공유하는 내용이 더 명확해지고 당신에게 훨씬 유용해질 것이다). 근면하고 균형 잡힌 한 주, 한 주를 만들어가려면 다음 세 가지 기본 원칙을 지켜야 한다.

1 일정으로 잡은 일은 완수해야 한다.

2 막연한 계획은 막연한 목표를 낳는다.

3 세계적 수준으로 보낸 한 주, 한 주는 환상적인 분기가 되고 이는 멋진 한 해, 경이로운 몇십 년으로 이어진다.

이 원칙을 염두에 두고 아래 학습 모델을 살펴보도록 하자. 이 모델은 당신의 수행 능력과 삶의 행복, 내적 자유의 수준을 크게 높여줄 시스템을 개괄적으로 보여준다.

주간 설계 시스템

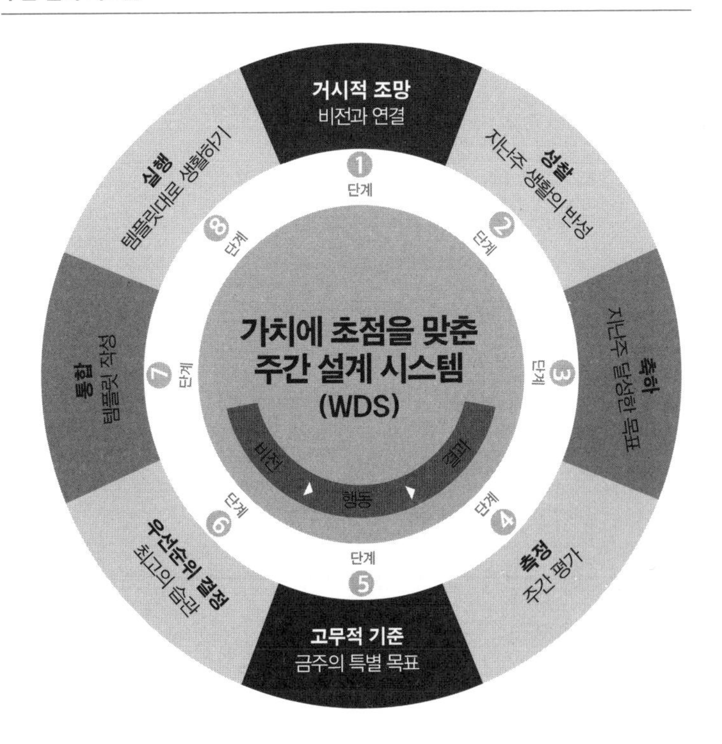

나는 매주 일요일 새벽 한 시간 동안 다가올 한 주를 계획한다[미국의 소설가 솔 벨로(Saul Bellow)의 말처럼 "명확한 계획은 선택의 고통을 덜어준다"]. 가족들은 곤히 자고 있고 동네는 정적에 싸여 있는 시각에 휴대전화의 전원을 끄고 나는 숙고라는 사치를 부릴 시간을 갖는다. 가장 중요한 일들을 고려하기 위해, 앞으로 7일간 이상적으로(물론 예측 불가능한 세상에서 가능한 한 이상적으로) 생활할 시나리오를 작성하기 위해서다.

자제력과 일관성을 유지하는 가장 좋은 방법은 주간 계획을 정말 잘 세우는 것이라는 그리고 자신이 정한 매일의 작은 약속들을 지키는 것이라는 점에도 주목할 필요가 있다. 이제 주간 계획 과정의 각 단계를 살펴보도록 하자.

1단계: 거시적 조망 + 비전과 연결

시간을 빠르게 앞으로 돌려 나이가 들었을 때 자신의 이상에 충실했다는 만족감을 느끼려면 어떤 삶을 살았고, 무엇을 이루었기를 바랄지 생각해보는 것이 출발점이다. 이렇게 하면 반사적이 아니라 전략적으로, 자동적이 아니라 의도적으로 다음 주를 보낼 것이다.

나는 고객들에게 이 시스템을 처음 설명할 때 그들이 죽고 나서 가족과 친구, 동료들에게 어떤 말을 듣고 싶은지 네 줄의 묘비명을 상세히 작성해보라고 요청한다. 이 묘비명 쓰기는 최고 생산성 전략 피라미드를 소개한 글에서 설명했던 일생의 빅 5 목표를 바탕으로 쓰도록 고객들에게 설명한다. 그런 다음에는 매일 전념해야 할 10가지, 즉 일과가 되었을 때 최고의 성과를 낼 수 있는 습관과 일정을 쓰게 한다.

매주 일요일 아침, 이상적인 한 주를 위한 청사진을 그리기 전에 가장 중요한 일을 상기한다고 생각하며 이 두 문서를 정성스럽게 검토하라. 이 시간은 당신의 여정을 환히 밝히는 등대가 되어줄 것이다. 코칭에서 사용하는 실제 워크시트도 이 이야기의 앞부분에서 말했던 웹사이트에 올려두었다. 아니면 일기에 당신의 묘비명과 매일 전념할 10가지를 적어둘 수도 있다. 당신에게 적합하다고 생각되는 방법으로 하기 바란다.

2단계: 성찰 + 지난주 생활의 반성

다음으로 지난주 하루하루를 어떻게 보냈는지 자세히 설명하는 주간 보고를 쓴다. 실제로 주간 계획을 하기 시작하면 지난 엿새 동안의 일정이 깔끔하게 정리되어 있으므로 이 단계를 훨씬 쉽게 수행할 수 있다. 일단은 지난주 매일 무엇을 했는지 생각한 다음 업무 성과, 운동 시간, 학습 시간, 가족과 친구들과의 시간 등을 나열하라.

주간 보고를 작성하면 자신이 잘하고 있는 부분을 훨씬 잘 알게 될 것이다. 일이 잘 진행된 곳을 훌륭히 정리해주어 다음 한 주 동안 승리 공식을 반복할 수 있을 것이다(꾸준히 이렇게 할 때 매주 누릴 영감, 추진력, 생산성을 상상해보라). 그리고 일주일 전체를 아주 자세히 검토하는 습관은 어떤 개선의 기회가 가장 많은지 파악하게 해줄 것이다. 자신이 어떻게 하고 있는지에 대한 인식이 향상되면서 매일 더 나은 선택을 하고 매일 더 나은 결과를 보장받도록 자극받을 것이다(나의 브로콜리 먹는 습관과 '3단계 성공 공식'을 상기하라).

3단계: 축하 + 지난주 달성한 목표

주간 설계 시스템의 한 장짜리 일정표(웹사이트에서 제공)를 사용하기 시작하면 다음 주말까지 온전히 전념할 탁월한 직업적 목표 세 가지와 탁월한 개인적 결과 세 가지에 주목하게 된다. 일요일 아침 주간 계획 과정의 3단계에서는 이들 목표의 달성을 축하한다. 목표들을 이뤄가는 과정이 어땠는지, 일을 완수했을 때 어떤 기분이었는지 열정적으로 쓰면서 말이다.

4단계: 측정 + 주간 평가

템플릿을 다운로드했다면 알겠지만 여기에는 지난주를 어떻게 보냈는지 1부터 10까지 평가할 수 있는 측정 지표가 제공된다. 이는 당신의 생활을 진전시키고 유지해줄 것이다. 그리고 앞으로 더 반복하고 확장해야 할 것들, 개선해야 할 것들에 대한 인식을 더 높여줄 것이다.

5단계: 고무적 기준 + 금주의 특별 목표

주간 계획 과정의 5단계에서는 새로운 한 주가 매우 성공적인 한 주로 느껴지기 위해 달성해야 하는 세 가지 특별 목표를 쓴다. 직업적 측면에서는 필수적인 창의적 프로젝트 끝내기, 주요 영업 프레젠테이션을 능숙하게 해내기, 자기 분야의 전문성을 높일 수 있도록 방해받지 않고 공부하는 저녁 일정 잡기 등이 포함될 수 있다. 개인적 측면에서는 강도 높은 운동 5회, 아침 명상 4회, 휴대전화를 끄고 가족에게 집중하며 식사하기 3회, 토요일 오전에 혼자만의 시간 갖기 등이 포함될 수 있다.

6단계: 우선순위 결정 + 최고의 습관

다음으로는 주간 설계 시스템을 처음 설정할 때 기록해둘 여덟 가지 부의 영역 각각의 최고 습관들을 재빨리 살펴본다. 그러면 앞으로 일주일간 실천했을 때 삶을 원활하게 해줄 여덟 가지 핵심 영역의 행동들을 기억할 수 있다.

참으로 간단한 통찰이 아닌가? 성공과 행복을 더 누리려면 경험상 성공과 행복을 가져오는 활동들을 계획한 다음 실행하면 된다. 예를 들어 자기 수련이라는 부에서는 새벽 5시에 기상해 아침 루틴 실천하기, 주 2회 마사지, 침묵의 기도 한 시간, 자연 속 산책 두 시간, 독서와 공부 세 시간, 일기 쓰기와 미래 계획 시간 등이 목록에 포함될 수 있다.

나머지 부에 대해서도 똑같이 목록을 작성해보면 인생에서 가장 훌륭한 행동들을 명확하고 효과적인 목록으로 정리해 다음 일주일의 계획에 일정으로 넣을 수 있다.

매주 일요일에는 당신이 발전시키고 개선하고자 하는 부의 종류별 행동 목록을 검토하고 한두 가지 혹은 세 가지까지 선택한 다음 한 장짜리 일정표에 적는다. 이렇게 하면 바쁘기만 한 일상에 빠져 매우 중요한 활동을 놓치는 일이 없을 것이다.

7단계: 통합 + 템플릿 작성

TheEverydayHeroManifesto.com/Scheduler에서 제공하는 한 장짜리 일정표를 사용해 다가오는 한 주의 일정표 작성을 완료한다. 핵심은 이것이다. 우선 업무 회의와 약속한 일을 기록하라. 하지만 운동, 자연 산책, 가족과의 식사, 마사지와 명상 시간 등 일반적인 일정표에 잘 들어가지 않는(그래서 실행되지 않는) 개인적 활동들도 써두어라. 이는 탁월한 생산성을 위해 필요한 활동들뿐 아니라 가족과의 관계를 유지하고 강한 체력과 튼튼한 재정, 영적 자신감을 얻는 데 필요한 활동들까지 모든 필수 요소가 계획에 들어가게 해준다.

내 한 장짜리 일정표의 맨 위에는 개인적인 특별 목표 세 가지와 직업적인 특별 목표 세 가지를 적는 칸이 있어 다음 한 주 동안 온종일, 매일 주의를 기울일 수 있다. 낮에 완수한 목표는 그

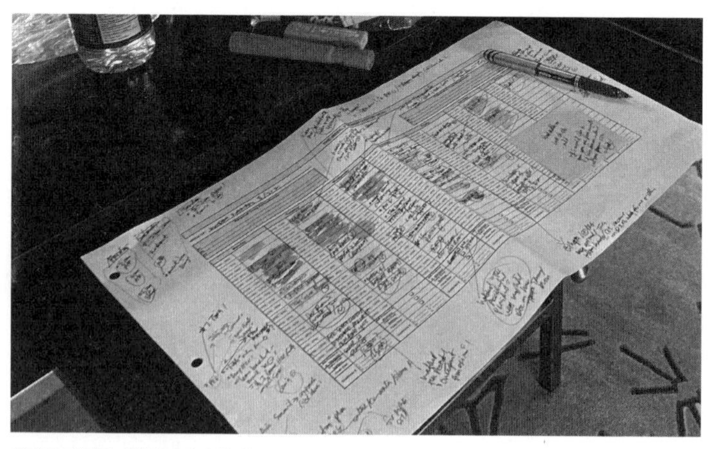

최근에 작성한 내 한 장짜리 일정표.

옆에 승리를 나타내는 V를 표시해둔다. 이런 표시는 기분이 좋아지게 해주고 성취의 에너지를 내뿜게 해주며 추진력을 높인다. 막 달성한 목표 옆에 왜 그 방식이 먹혔는지 잘 알 수 있도록 간단히 메모해둘 때도 많다. 특정 시간대나 최적화 기회에 어떤 기분이었는지 몇 마디 덧붙여둘 때도 있다. 이 모두는 주말에 그 주를 검토할 때 주간 보고로 일지에 쓰인다.

8단계: 실행 + 템블릿대로 생활하기

주간 설계 시스템의 마지막 단계는 새로운 주의 아침마다 잠깐 시간을 내서 특별 목표들과 그날 기록된 일정(시간대 등)을 다시 살펴보는 것이다. 이는 명확성을 높이고 방해 요인을 거부하게 해주며 스스로 하겠다고 약속한 일만 하게 해준다. 당신의 인생 5대 목표라는 정상을 향해 꾸준히 올라가는 동안 이 설계도는 당신의 생산성과 실적, 삶의 균형을 극대화할 것이다.

이상으로 꾸준히 나아가는 한 주가 세계적 수준으로 도약하는 한 달, 한 분기, 1년, 10년, 나아가 평생으로 이어지게 해줄 주간 설계 시스템에 대한 설명이 끝났다! 꾸준히 사용할수록 실천하기가 더 쉬워질 것이다. 그리고 더 큰 보상을 누릴 것이다.

이 내용이 좀 딱딱하고 어려웠을 수 있다. 하지만 당신의 천재성을 깨닫게 해줄 방법을 제시하는 건 내 의무다. 많은 사람이 쉬운 일만 높이 평가하는 문화에서 세세한 정보를 수용하는 학습자이자 중요한 지도자가 된 것을 축하한다(내가 주간 설계 시스템을 가르치는 모습을 담은 교육 영상을 시청하고 싶다면 TheEverydayHeroManifesto.com/WeeklyPlanning을 방문하도록 하라).

책의 후반부로 가면 좀 더 짧은 글들이 기다리고 있다. 마지막으로 한 가지, 어떤 고객들은 주간 설계 시스템이 자발성을 억누르지는 않는지 궁금해한다. 사실 이 시스템은 당신이 수년간 하지 못했던 재미있는 일들을 할 수 있는 자유 시간을 더 많이 줄 것이다. 언젠가 들었던 누군가의 말처럼 당신도 "계획을 발판으로 삼아 자발성이 발휘될 수 있게 하라."

062

일상의 영웅을 위한 시

당신의 낙관주의를 보호하고 운명이 당신의 앞길에 놓아둔 모든 축복과 경이로움에 대한 믿음을 강화하기 위해 나의 '시'를 조금 더 들려주려 한다.

당신의 과거가 고통스러웠다고 해서 미래가 기적적일 수 없는 것은 아니다.

어제 어떤 일을 하지 않았다고 해서 오늘 그 일을 달성할 수 없는 것은 아니다.

조금 전까지 문제에 대한 해결책을 보지 못했다고 해서 지금 해결책이 떠오르지 않는 것은 아니다.

누군가가 당신에게 한 약속을 어겼다고 해서 당신이 다른 사람에게 한 약속을 어겨야 하는 것은 아니다.

누군가가 베푼 것보다 더 많이 가져갔다고 해서 당신이 더 베풀고 관대한 사람이 어겨야 하는 것은 아니다.

어떤 사람이 항상 늦는다고 해서 당신이 시간을 지키지 않아야 하는 것은 아니다.

사이버 좀비 세상에서 매일의 독서가 인기가 없다고 해서 당신이 평생 책을 사랑하고 당신의 분야에서 가장 박식한 사람이 되지 말아야 하는 것은 아니다.

믿었던 사람이 배신했다고 해서 당신이 믿을 수 없는 사람이 되어야 하는 것은 아니다.

추구하던 꿈이 극도의 실망으로 이어졌다고 해서 즐거운 몽상가와 가능성 신봉자가 못 되는 것은 아니다.

사랑하는 사람이 사랑스럽지 않은 행동을 한다고 해서 그들이 사랑받을 자격이 없는 것은 아니다(분노의 아래에는 항상 슬픔이 깔려 있으며 공격의 이면에는 항상 슬픔이 존재한다).

많은 사람이 부정적이고 비관적이라고 해서 당신이 희망의 신봉자가 되어 온 세상에 퍼뜨릴 수 없는 것은 아니다.

공손함과 배려, 예의가 부족한 세상이라고 해서 당신이 사려 깊고 교양 있고 품위 있는 사람이 될 수 없는 것은 아니다.

각별한 노력을 하는 것이 이제는 흔한 일이 아니라고 해서 당신이 보기 드문 노력과 더없이 훌륭한 능력을 보여주면 안 되는 것은 아니다. 당신의 성실성은 남들처럼 평범해지기를 거부하라고 요구한다.

당신이 실수했다고 해서 사람들이 당신에게 보내는 존경이 잘못된 것은 아니다.

자기밖에 모르는 사람들이 있다고 해서 당신이 도움과 봉사, 친절을 지지하면 안 되는 것은 아니다.

치유해야 할 상처가 있고 허물어야 할 한계가 있다고 해서 당신이 망가진 것은 아니다.

현재 당신보다 실력이 뛰어난 사람이 있다고 해서 당신이 부단히 연습해 그 분야를 지배하고 세계적인 거장이 될 수 없는 것은 아니다.

지금 더 높은 자아가 추구하는 삶을 살지 않는다고 해서 당신이 갈망하는 아름다운 현실을 살지 못할 운명인 것은 아니다.

용서하는 법을 아는 사람이 많지 않다고 해서 오래된 불만을 떨쳐버리고 당신을 흥분시키는 일을 하며 앞으로 나아가면 안 되는 것은 아니다.

주변의 많은 사람이 두려움에 사로잡혀 벗어나지 못한다고 해서 당신이 원대한 꿈, 사랑, 탁월함을 현실로 만드는 행동이 아무런 가치가 없는 것은 아니다.

인생이 비교적 짧다고 해서 당신이 이 세상에 머물며 훌륭한 업적을 남길 준비를 하지 말라는 법은 없다.

063

죽음이 두려운 사람들에게

내 안에도 두려움이 있다. 나도 인간이기 때문이다. 대학교 생물 실험실에 모인 10명 앞에서 발표해달라는 요청을 받았을 때도 나는 두려움에 목소리가 몹시 떨렸다. 유명 인사들을 만나거나 새로운 사람을 방문하거나 국경수비대원들의 집중적인 질문을 받을 때 나는 대체로 긴장한다(국경수비대 앞에서 침착한 것은 범죄자뿐이라는 글을 읽은 적이 있다).

내향적인 나는 결혼식, 생일 축하 파티, 만찬 모임(이건 거의 고문실이다) 같은 사교 행사가 불편하다. 그렇다. 나는 많은 청중 앞에서 강연하고 극도로 공개적인 상황에서 긴장을 풀도록 스스로 훈련했다(당신도 그럴 수 있다). 하지만 내가 좋아하는 상황은 아니다. 솔직히 말해서 그렇다.

내가 두려웠던 적이 없는 게 하나 있다면 바로 죽음의 순간이다. 얼마 전 친한 친구와 함께 죽음에 관해 이야기를 나눴다. 친구는 자신의 최후에 대해 생각하는 시간이 많다고 이야기했다. 죽음이 어떻게 찾아올지, 그 경험이 어떨지, 천사의 하프 소리가 저승으로부터 크게 들려올지 걱정하는 듯했다.

이런 말을 해도 될지 모르겠지만 사실 **나는 죽음을 고대하고 있다.** 확실히 해두어야겠다. 나는 삶을 격렬히, 엄청나게 사랑하며 꽤 즐기고 있다. 그리고 나는 가족을 위해 살고 있다. 나는 내 직업과 봉사할 수 있는 특권을 사랑한다. 지금 이 글을 쓰면서 나를 대우해주는 독자들을 떠올리자 눈물이 차오른다. 내가 그럴 자격이 있는지 모르겠지만 독자들에게 무한한 감사의 말을 전한다.

내가 생각하게 하고, 웃게 하고, 가끔은 너무 자주 카초 에 페페(치즈와 후추 파스타)를 먹자는 멋진 친구들이 있어 축복받았다고 느낀다. 나는 우리 집의 방들을 매력적으로 만드는 책 더미들과 산악자전거 타기를 좋아하고, 내가 좋아하는 장소들인 로마와 알바(Alba), 모리셔스(Mauritius)와 풀리아(Puglia), 트라이베카(TriBeCa)와 프랑슈크(Franschhoek), 취리히, 런던, 두바이, 뭄바이 등으로 자주 여행을 간다.

나는 전 세계를 다니며 했던 리더십 강연, 함께 일할 수 있어 축복인 훌륭한 고객들, 그간 즐겼던 최고의 식사, 노화되어 가는 내 눈이 즐길 수 있었던 장엄한 일출에 더없이 감사함을 느낀다.

그 모두가 멋지다. 정말 재미있다. 자주 짜릿하다. 하지만 나는 그 어느 것도 필요하지 않다. 더는 그 모든 것에 애착이 없다. **나는 그 모든 것과 나를 동일시하지 않는다.** 내 가치를 받쳐주고 진정한 힘을 느끼는 데 그 모두가 필요하지 않다는 뜻이다.

세상에 존재하되 세속적이지 않기. 인생은 한순간의 여행이다. 그리고 인생은 너무나 빨리 끝나며 (혹시 비극이 있더라도) 지구에서의 하루하루는 매우 소중하고 완벽한 선물이다. 하지만 우리 몸이 티끌이 된 후에도 진정한 우리의 전부는 지속된다고 믿기 때문에 나는 떠나는 것을 걱정하지 않는다. 우리의 가장 높고, 가장 지혜롭고, 가장 강하고, 패배를 모르며, 가장 고귀하고, 영원하고, 모든 것을 사랑하는 자아, 즉 우리의 영혼은 원래 왔던 곳으로 돌아간다. 그리고 무한을 향해 나아간다.

그리고 나는 영혼이 돌아가는 곳, 더 정확히 말하자면 완전히 묻힐 그곳이 뜨거운 불길이 치솟고 고약한 저승의 통치자들이 천사들을 향해 쇠스랑을 흔들고 성자들에게 욕을 하고 있어 들어가기 두려울 거라고 생각하지 않는다. 나는 우리가 죽으면 빛으로 돌아간다고 믿는다. 완전한 창조성, 완전한 진실, 엄청난 행복, 무한한 사랑의 상태로 돌아간다고 믿는다. 그리고 커피가 정말 맛있는 곳이라고 믿는다(커피는 너무 멀리 간 듯하다).

조금 장황할 수 있는 내 생각을 다른 방식으로 설명해보겠다. 우리가 지구에 사는 동안은 3성급 또는 4성급 호텔에 머무는 것과 같다. 그러다 죽는다. 비극적인 일은 정말로 일어나지 않는다. 사실 우리는 업그레이드되는 것이다. 5성급 호텔로. 물론 이전 장소도 좋아 보였다. 하지만 새로운 장소는 참으로 놀라울 것이다. 이렇게 더 좋은 곳으로 가는데 왜 옮기기를 거부하겠는가?

064

아리스토텔레스가 바닥에서 잤던 이유

친한 친구 한 명이 우연히도 세계적인 베스트셀러 작가다. 몇백만 권이 팔린 정도의 베스트셀러 작가를 말하는 게 아니다. 1억 권이 넘는 경이로운 판매량을 기록한 작가다.

어느 날 밤 유럽의 한 작은 도시에서 저녁 식사를 하며 그가 털어놓은 이야기는 아직도 기억에 남아 있다. 그는 자신이 특별한 업적을 이루면서 일에 더 능숙해지려는 적극적인 자세보다 현재의 한계를 받아들이고 성공을 지키려는 방어적인 자세가 나타나는 것 같다고 말했다. 그의 분야에 있는 그 누구보다 많은 업적을 이뤘기 때문일까. 그는 자신이 쓴 월계관에 만족하고 더 이상 아무것도 하고 싶지 않다는 마음이 종종 생긴다고 했다. 이제 아무것도 필요하지 않고 더는 증명할 것도 별로 없다고 했다.

하지만 그는 성공만큼 실패하게 하는 것도 없고, 역사를 만드는 사람들은 아마추어 때의 열정을 지킨다는 사실을 알고 있었다. 대가들의 공통적인 특징은 결코 자신이 대가라고 생각하지 않는다는 점이다. 그들은 자기 분야를 지배하고 이끌며 출중해지기를 그만두지 않으므로 경쟁자들과 다른 궤도에서 활동하게 된다.

위대한 골프 선수 보비 존스(Bobby Jones)는 잭 니클라우스(Jack Nicklaus)가 마스터스 대회에서 천재성을 발휘하는 모습을 보고 "그는 내가 처음 보는 경기를 펼친다"라고 말했다.

정상의 자리에 있더라도 더 나아지기를 추구해야 하는 이유는 더 많은 명성, 부, 찬사를 받아야 해서가 아니다. 더 큰 개인적 성장을 경험하고, 이전에 못 보던 자신의 재능을 돌보고, 지고한 영적 자아의 속삭임에 귀 기울이며 훨씬 많은 보석을 생산하도록 자신을 밀어붙이기 위해서다(맞다. 나는 세계 타이틀을 갖고 활동하는 것이 엄청나게 영적인 일이라고 믿는다. 이 행성의 형제자매들을 풍요롭게 하는 동안 세상을 지배하는 힘을 존중하게 되기 때문이다).

그래서 내 친구는 어떻게 했을까? 그는 호텔이 아닌 매우 싼 모텔에 장기 투숙을 예약했다. 그리고 기념비적이고 영향력 있는 블록버스터가 될 다음 작품을 쓰기 시작했다. 그는 초심으로 돌아가기 위해 일상의 사치와 편의에서 벗어나 낯선 곳으로 가서 불편한 생활을 자청했다. 분투는 독창성의 근원이기 때문이다. 그리고 자기 절제는 우리를 대단히 강하게 만들기 때문이다. 존경받고 부유한 이 작가는 값싼 모텔 방에서 생활했다. 그것도 1년 내내. 그리고 그의 인생에서 최고의 책을 썼다.

나는 아리스토텔레스가 강인함과 현실감, 민첩함, 겸손함을 유지하기 위해 몇 주에 한 번씩 돌바닥에서 잠을 자곤 했다는 글을 읽은 적이 있다. 스파르타 청년들은 전쟁터에서 직면할 잔혹한 시련에 대비하기 위해 오직 튜닉과 샌들 차림으로 추운 환경에서 훈련했다고 한다. 그들이 전쟁터로 나갈 때면 그들의 어머니들은 이렇게 말했다. "승리하고 돌아오너라. 아니면 방패에 얹힌 시신으로 돌아와라. 그게 아니라면 아예 돌아오지 마라."

우리는 너무 쉽게 멍들고, 너무나 연약하고, 너무 쉽게 나약해지는 문화 속에 살고 있다. 우리 사회는 편안함과 호사만 바라는 눈송이 세대(감정적으로 연약해서 쉽게 상처받고 과도하게 분노하며 상처에서 잘 벗어나지 못하는 젊은 세대를 일컫는다-옮긴이), 불평꾼, 쾌락주의자들의 사회가 되었다. 하지만 시간의 시험을 견디고 자랑스러운 삶을 건설해줄 뛰어난 일을 하려면 가혹한 장소에 자신을 두어야 한다. 그리고 스스로 어려운 일을 하도록 강제해야 한다. 분투를 통해 당신의 강점, 자신감, 명석함을 발견해야 한다.

스토아학파 철학자 에픽테토스(Epictetus)는 이렇게 말했다. "그러나 황소도, 고귀한 영혼을 가진 사람도 한 번에 무엇이 되려고 해서는 안 된다. 혹독한 겨울에도 훈련을 받으며 자신을 준비시키고, 자신에게 적절하지 않은 일을 성급하게 추진해서는 안 된다."

나는 새로운 일을 시도하도록 스스로 강제하고, 새로운 기회를 시험하고, 나의 성공 공식에 도전하고, 더욱 일찍 일어나고, 더 오랜 시간 단식하고, 더 열심히 운동하는 등 이 글에서 권장하는 자발적 금욕의 메시지에 따라 살기 위해 최선을 다한다. 전력을 다하고 끊임없이 성장하는 것만이 진부함과 무관심을 피할 유일한 길이기 때문이다.

할리우드에는 '상어를 뛰어넘다(jump the shark)'라는 표현이 있다. 성공을 결코 당연하게 여기지 말라는 뜻이다. 예전 TV 프로그램에서 유래된 이 말을 나는 평소에도 자주 떠올리곤 한다. 오래전 〈해피 데이즈(Happy Days)〉라는 TV 시트콤이 대단히 인기를 끌었다. 주인공은 아서 폰자렐리(헨리 윙클러 분)라는 이름의 나쁜 남자로 폰지 혹은 그냥 폰즈로 불렸다. 매주 수백만 명이 시청한 이 시트콤은 선풍적 인기를 얻었다(나도 그 시트콤을 좋아했다. 그 증거로 폰지와 똑같은 검정 인조 가죽 재킷까지 가지고 있었다!).

시트콤이 성공의 정점을 달리고 있을 때 일이 벌어졌다. 소재가 고갈되고 줄거리의 탄탄한 짜임이 허술해지기 시작했다. 대화는 지루해지고 한때 상상력이 넘쳤던 많은 아이디어가 진부해졌다. 짐작건대 여러 시즌 동안 지상파 방송에서 정점을 찍은 후 엄청난 출연료를 받던 일부 배우들은 권태를 느끼고, 시나리오 작가들은 창의적인 내용을 시도하다 고꾸라질까 봐 두려워서 자동운항 모드로 들어갔을 것이다. 한때 많은 시청자가 열광했던 특별함은 사라졌다.

그러던 중 한 에피소드에서 폰지가 수상스키를 착용하고 상어를 뛰어넘으려 했다. 순전히 시선을 끌기 위해 계산한 장면인 듯했다. 폰지는 상어를 뛰어넘는 묘기에 성공했지만 이후 연예계에서 '상어 뛰어넘기'는 프로그램의 인기가 한물간 상황을 지칭하는 용어로 쓰이게 되었다. 그리고 창작자들이 너무 안일해져서 다음 단계의 혁신을 생각하지 않고 게으른 방법으로 관심을 끌 때 경고하는 말로 쓰였다. 또한 지금까지 이룬 성공을 지키는 데만 골몰하면서 더 이상 어떤 성장도, 모험도 시도하지 않는 것을 경고하는 말이 되었다.

065

공식을 깨뜨려라

지난밤 나는 중요한 재즈 음악가 마일스 데이비스에 관한 다큐멘터리를 봤다. 당신도 봤다면 좋아했을 것이다. 거기서 내가 알게 된 내용은 이렇다.

데이비스는 부유한 가정에서 자랐지만 인종 편견에 시달렸다. 그는 현상을 깰 용기를 내고 완전히 새로운 방식으로 연주해볼 결심이 서기까지 찰리 파커와 듀크 엘링턴 같은 명연주자들과 함께 연주하면서 그들의 연주 양식을 모방했다. 또한 페라리, 맞춤 양복 등 상류 사회의 스타일을 좋아했으며 알코올, 헤로인, 코카인에도 중독되었다.

그는 사람들의 평가에 전혀 신경 쓰지 않았고 자신의 본모습에 충실했다(오, 얼마나 희귀하고 중요한 점인가!). 그는 눈을 뜨는 순간부터 잠이 드는 순간까지 오직 한 가지만 생각했다. 바로 음악이었다. 다른 것은 중요하지 않았다. 정말로.

75세의 나이에 뇌졸중으로 갑자기 사망한 이 트럼펫 거장의 가장 특별한 점은 승리 공식을 반복하지 않으려는 확고한 태도였다. 데이비스는 〈카인드 오브 블루(Kind of Blue)〉의 인상적인 멜로디와 천상의 아름다움으로 재즈 음반의 사운드 방식에 혁명을 가져왔다. 그리고 1960년대 후반에 록과 펑크가 등장했을 때는 맞춤 양복을 벗고 완전히 새로운 글램패션(재클린 케네디 오나시스처럼 커다란 선글래스에 술이 달린 셔츠와 부드러운 가죽 바지)으로 변신했다.

기타리스트 존 맥러플린(John McLaughlin)이 "사운드의 피카소"라고 묘사한 앨범 〈비치스 브루(Bitches Brew)〉에서는 사이키델릭에 가까운 혁명적이고 반항적인 스타일을 선보였다. 더 나중에는 전자 음악을 실험하면서 새로운 재즈 형식을 만들어냈다.

다큐멘터리의 한 장면에서 데이비스의 아들은 아버지가 집에 보관한 음반이 하나도 없었다고 밝혔다. 그는 이전에 했던 음악에는 관심이 없었고 그 순간 그를 사로잡는 음악에만 관심이 있었다. 그는 한계를 넘어서고, 미개척 영역을 탐색하고, 정상적이고 무난하고 상업적인 것들의 반대편에서 예술적 확장을 추구하는 일에만 집중했다. 그의 밴드에서 연주했던 한 뮤지션은 이렇게 말했다. "그는 우리가 아는 것을 연주하기를 바라지 않았습니다. 우리가 알지 못했던 것을 연주하기를 원했죠."

그랬기에 데이비스는(그리고 그의 밴드는) 그들 분야의 선봉에 설 수 있었다. 그들은 미래에도 대단히 다채롭고, 멋지고, 현대적이고, 영감을 줄 수 있는 획기적인 스타일을 선보였다.

066

위기 앞에서 안티프래질이 되어라

큰 혼란 앞에서 더 강해지는 능력을 말하는 나심 니콜라스 탈레브(Nassim Nicholas Taleb)의 '안티프래질(antifragile)' 개념은 내 안의 전사와 시인 모두의 공감을 끌어낸다. 나는 상황이 어려워지고 골치 아파질수록 더 확고해지고 용감해지는 창작자와 인간이 되기 위해 기도와 명상, 일기 쓰기 시간에 집중한다. 격동의 상황에서 승리를 확신할 수 있다면 무한한 돌파구를 얻는 것이다.

우리 집 서재 밖에 걸린 그림을 이야기해야겠다. 그 그림은 너무나 감사하게도 한 독자가 내 책이 도움이 되었다며 선물해준 것이다. 나는 그 그림을 아침에 글을 쓰기 전에 볼 수 있도록 서재 앞에 걸어두었다. 그리고 하루의 집필을 끝내고 나올 때도 한 번 바라본다. 진정한 예술가의 행동 그리고 진정한 예외주의자들의 살아가는 방식을 상기하기 위해서다.

그 그림은 (세계적으로 널리 알려지지는 않았지만) 역사상 가장 위대한 록 밴드 중 하나인 더 트래지컬리 힙(The Tragically Hip)의 리드 싱어 고드 다우니(Gord Downie)를 그린 것이다. 나는 그들의 연주를 네 번 봤는데 샌프란시스코 필모어에서의 공연은 거의 종교

나에게 매일 영감을 주는 사진 속 고드 다우니는 마스터리의 상징이다.

적 경험에 가까웠다. 그들의 고향인 캐나다 킹스턴에서 열린 마지막 콘서트에 갔을 때는 아들과 딸과 함께 의자에 올라가 주먹을 흔들어대며 감상했다. 눈을 크게 뜨고 그들을 바라보면서. 그 경험은 좀 비장하기도 했다. 그 이유는 이랬다.

다우니는 다른 세계에서 온 듯한 스타였다. 그의 작곡 실력은 훌륭했고 노래는 힘이 있었다. 그리고 노래할 때 그의 동작은 내가 본 어떤 밴드의 리더와도 달랐다. 전성기 때의 믹 재거 정도나 견줄 수 있었다.

진정한 록 스타의 필모어 공연 모습.

쇼맨십이 강했던 다우니는 황홀한 무대로 청중에게 최면을 걸었으며 이제는 사라지고 없는 전설들의 특성을 보여주었다. 공연을 보러 온 사람들은 "우리는 고드를 믿어요"라고 쓰인 팻말을 들어 보였다. 수백만 명이 실제로 그랬다.

그러다 모든 것이 바뀌었다. 인생이 항상 그렇듯이. 12월의 어느 날 크리스마스 연휴를 맞아 킹스턴에 있었던 다우니는 번화가를 걷다가 쓰러졌고 놀란 구경꾼들 앞에서 발작을 일으켰다. 정밀검사를 한 후 주치의는 취재진으로 넘쳐나는 기자회견장에서 다우니가 교모세포종(glioblastoma)이라는 희소한 형태의 뇌암에 걸렸다는 소식을 전했다. 그것도 말기라고 했다. 다우니는 서서히 일을 정리해야 한다고, 그가 그토록 사랑했던 밴드와 작별해야 한다고, 다시는 공연할 수 없다고 선고받았다.

그러나 그는 안티프래질이었다. 그는 활동을 계속했다. 팬들이 애정 어린 마음으로 '더 힙'이라고 불렀던 다우니의 밴드는 오랫동안 그들을 지지해준 사람들에게 사랑을 전하기 위해 마지막 콘서트 투어를 시작했다. 투어에서 다우니가 입을 의상으로 맞춤 정장 모자와 하늘하늘한 스카프, 눈부시게 미끈한 셔츠와 보라색 스팽글 정장이 준비되었다. 콘서트장마다 구급대원이 대기하고 있었다.

밴드는 병세가 위중한 만큼 리드싱어가 무대에서 발작을 일으키거나 진 빠지는 항암치료로 공연을 마칠 기력이 없을까 봐 걱정했다. 그러나 내가 이 이야기는 반드시 해야겠다고 생각하는 특별한 일이 일어났다. 투어가 계속되면서 다우니는 점점 강해졌다. 도시들을 차례로 돌며 공연하는 동안 그의 열정은 더 커졌고 카리스마는 강해졌으며 마법은 증폭되었다.

전국 TV 방송으로 생중계되어 거의 1,200만 명이 시청한 마지막 공연은 "친애하는 세계인들이여, 오늘 캐나다는 오후 8시 30분에 문을 닫는다는 것을 알려드립니다"라는 토론토 경찰국의 한 줄짜리 트윗으로 요약됐다. 앞서 말했지만 나와 아이들은 그 공연에 참석했다. 우리는 환호하고, 힘껏 박수를 보내고, 함께 춤을 추고, 울었다. 콘서트장의 모든 사람이 다우니가 죽어가고 있음을 알았다.

약 1년 후 리더십 행사를 위해 몬테네그로에 있을 때 친구가 내게 메시지를 보냈다. 지중해 너머로 해가 지던 저녁, 나는 예전에 어촌이었던 동네의 오두막 테라스에 앉아서 보라색 반짝이 의상을 입은 고드 다우니가 세상을 떠나 더 좋은 곳으로 갔다는 메시지를 읽었다.

067

열정의 불꽃을 오늘 점화하라

여러분을 위해 이 글을 쓰는 지금은 아주 이른 아침이다. 어둠이 우리 집을 감싸고 있고 책상 위에는 원고 더미 옆에 갓 우린 민트 티 한 잔이 놓여 있다. 포티스헤드(Portishead)의 〈로즈(Roads)〉가 연주되고 있다. 느낌이 딱 맞아떨어지는 곡이다. 당신이 여기 나와 같이 있었다면 좋아했을 것이다.

동트기 전의 고요 속에서 나는 지불해야 할 청구서, 갚아야 할 채무, 지켜야 할 의무의 세계 때문에 가능성의 불길이 꺼져버린 수많은 영혼을 떠올린다. 그들이 신성한 욕망을 이루기 위해, 영웅적인 갈망을 실현하기 위해 내면에서 활활 태웠을 뜨거운 열정을 생각해본다. 성장의 불편함은 후회의 가슴앓이보다 중요하지 않다는 것을 알아두도록 하라.

소설가이자 철학자인 아인 랜드(Ayn Rand)의 말이 생각난다.

— 당신의 열정을 꺼뜨리지 마라. 모든 것이 불확실하고 희망조차 보이지 않는 늪처럼 여겨질지라도 꺼지지 않는 불꽃으로 점화하라. 당신이 누려 마땅하지만 도달할 수 없었던 삶에 대한 좌절

로 당신의 영웅이 쓸쓸히 사라지게 하지 마라. 당신은 원하는 세상을 쟁취할 수 있다. 이는 존재하는 현실이자 이뤄질 수 있는 현실이다. 당신의 것이다.

그러므로 꿈을 실현하고 흥분되는 일을 현실로 만들 때 존재의 중심에서 타오르는 열정이 성인의 책임이라는 굴레에 잠식당하는 일이 절대 생기지 않게 하라. 사람들이 불가능하다고 주장하는 것에 자주 손을 내밀어라. 인생의 가장 아름다운 시절을 몽유병으로 보내는 문명 속에서 대담함의 위엄을 보여주어라.

068

적게 일하고, 충분히 쉬어라

사람들 대부분이 일하는 방식은 옛날로 거슬러 올라간다. 더 오래, 더 열심히 일하면 더 생산적이고 더 나은 결과를 얻을 수 있다는 생각은 시대에 뒤떨어진 것으로 심각한 결함이 있다. 그 생각은 노동자 대부분이 공장의 생산 라인에서 힘들게 일하던 시대에 생겨났다. 그들은 더 많은 시간을 일함으로써 더 많은 제품을 만들었다. 생산성은 그들이 움직이는 시간과 직결되었다.

그러나 지금 우리는 완전히 다른 시대에 살고 있다. 공장 시대는 마스터리 경제(mastery economy)로 바뀌었다. 지식 노동자이자 창조적 리더로서 당신과 나는 생산 라인에서 보낸 시간이 아니라 우리의 기술로 사람들에게 전달하는 마법이 얼마나 풍부한지, 영향력과 경험이 얼마나 되는지에 따라 보수를 받는다(그렇다. 당신은 인간이 '마법'에 참여하게 하는 일을 하고 있다). 명작을 시장에 내놓는 사람들이야말로 가장 많은 돈과 찬사, 자유로운 생활 방식, 영적 만족감을 얻는 사람들이다.

예술성을 발휘하는 일에 종사하는 모든 사람에게 내가 말해주고자 하는 요지는 **더 많이 일하면 대체로 산출물이 적어진다**는 것이다. 하지만 이 근본적이고 변혁적인 진실을 이해하는 현대 노동자는 드물다. 그 드문 부류는 창작할 때는 믿을 수 없을 만큼 격렬하게 일하고 쉴 때는 놀라울 정도로 깊은 회복의 시간을 갖는다.

그러니 당신도 휴식과 회복의 시간에 대해 숙고해보라. **전설적인 생산자들은 휴식 전문가들이다.** 비범한 일을 지속해서 할 수 있는 사람들은 주변의 모든 사람보다 더 집중하고, 더 창작하고, 더 일하는 이들이다. 그들은 일할 때는 (휴대전화를 만지작거리거나 친구들과 채팅하거나 온라인 쇼핑으로 구두와 새 셔츠, 이국적 장소에서의 휴가를 알아보지 않고) 정말 제대로 일한다. 그리고 엄청난 광채를 뿜어내며 자신의 전문성을 발휘한 후에는 암전된다.

그렇다. 그들은 유령이 된다. 만날 수 없다. 볼 수 없다. 그들은 재생에 들어간다. 재충전한다. 보충한다. 쇄신한다. 그들은 책을 읽고, 산책하고, 요리 실력을 기르고, 훌륭한 영화를 보고, 가족과 함께 즐거운 시간을 갖는다. 그리고 낮잠도 잔다(낮잠은 나의 비밀무기다). 그들은 땀을 뻘뻘 흘리며 열정을 다해 일한 다음에는 물러서서 완전한 회복에 들어가기를 반복한다. 이렇게 하루, 일주일, 1개월 그리고 1년을 보낸다. 그리하여 천재성의 자산을 최대 용량으로 복구해 또다시 창의적이고 집중력 있게, 영감을 주는 작업을 수행한다.

사회적으로 프로그램된 생산성에 대한 우리의 사고방식을 고려할 때 이런 작업 방식은 이례적이고 직관에 어긋난다. 우리 문화는 대부분의 시간 동안 '악착같이, 열심히' 일하지 않으면 수치심을 느끼도록 우리를 세뇌한다. 하지만 대부분의 시간 동안 일하면 당신과 나는 지치고, 짜증이 나고, 공허해진다. 우리의 에너지는 잠식당한다. 동료들보다 훨씬 뛰어난 일을 해내고 역사에 정직한 흔적을 남기는 데 절대적으로 필요한 활력과 정신이 고갈된다.

나는 '악착같이 열심히' 일하는 존재 방식이 그냥 싫다. 경력을 쌓아가는 내내(한 분기조차) 그런 방식을 지속할 수는 없다. 과로란 흔히 생산성을 가장한 불안이라고 나는 믿는다. 그리고 공공연한 허세라고 생각한다.

호머는《오디세이》에서 "말을 많이 해야 할 때가 있고 잠을 자야 할 때도 있다"라고 했다. 화제에 오를 만한 일을 더 많이 해내는 비결은 일을 훨씬 적게 하는 것임을 기억하라. 최대 강도로 일하는 기간과 진정한 회복 주기 간의 균형을 유지하라. 그래서 생산하는 시간에는 당신의 모든 기량이 빛을 볼 수 있게 하라.

069

작은 것들이 중요하다

상당히 짧은 이 글을 쓰는 동안 나는 고통스럽다. 대대적이고 심각하고 무자비한 그런 고통은 아니다. 감사하게도 그건 아니다. 훨씬 작은 고통이다.

어떻게 된 건지 지난밤 작은 곤충 한 마리가 내 침실로 들어왔다. 그리고 밤새 내 피를 빨아먹었다. 전혀 낌새를 못 차린 내 몸은 그 불청객이 지나간 곳마다 붉게 부어올랐다. 오늘 아침 욕조에 몸을 담그고 있으면서 더바디샵의 설립자인 아니타 로딕(Anita Roddick)이 했던 말이 생각났다. "당신이 너무 작은 존재라 영향을 미칠 수 없다고 생각한다면 모기와 함께 잠자리에 들도록 하라." **정말로 작은 것들이 엄청난 결과를 초래할 수 있다.**

수십 년을 공들인 역작이 거의 끝나간다고 생각될 때 6개월 더 쏟아부은 땀은 당신을 마스터로 만들어준다(그리고 위대한 카르마를 가져다준다). 영양 관리 계획에 소소한 성공을 보장해주는 식사를 한다면 시간이 지나면서 건강이 크게 좋아진다. 최근에 즐겁게 식사했던 식당의 요리사나 기대 이상의 서비스를 해준 직원에게 감사 편지를 쓰는 사소한 행동은 큰 혜택을 가져온다. 비즈니스를 성공시킨 전략을 검토하고, 혁신과 가치 창출과 공공 봉사를 위한 계획표를 작성하는 것은 세상에서 가장 큰 조치는 아니지만 그대로 행동한다면 세상을 바꿀 수도 있다.

일찍 일어나기, 한결같이 친절하기, 빠짐없이 운동하기, 약속 지키기 같은 작은 행동들의 실천은 하찮게 보일 수 있지만 **모든 행동에는 결과가 따른다.** 그런 작은 행동들의 실천이 평생 이어진다면 탁월한 리더십과 성공을 거머쥘 것이다.

그러니 내가 일상의 영웅이 되는 여정에 매우 중요하므로 뇌에 문신처럼 새기라고 강조하는 것이다. **대수롭지 않아 보이는 작은 개선을 매일 오랜 시간 꾸준히 하면 놀라운 결과가 나타난다.** 그리고 자기 전에는 반드시 창문과 문을 닫도록 하라.

070

창의적인 선수가 되어라

단지 멋있어 보이려고 몸을 만들지 마라. 세상을 더 나은 곳으로 만들기 위해 강해져라. 집중력을 높이기 위해 강해져라. 창작하는 동안 앉아 있을 체력을 늘리기 위해 강해져라. 엄청난 문제를 해결해줄 중요한 아이디어를 낼 수 있는 능력을 극대화하기 위해 강인한 몸을 만들어라.

더 나은 예술가가 되기 위해 규칙적으로 운동하라. 더 나은 리더가 되기 위해 더 열심히 운동하라. 그리고 사회운동가처럼 활동할 수 있도록 러닝머신에서 더 오래 달려라.

나는 내 삶에서 헬스셋 수준과 작업 수준 사이에 직접적이고 밀접한 관계가 있음을 확인했다. 나는 열심히 운동하고, 잘 먹고, 종종 단식도 하고, 물을 많이 마시고, 충분히 쉬어서 컨디션이 최상일 때 최고의 일을 해낸다. 뇌는 더 총명하게 작동하고, 더 행복한 기분이 들고(기분은 수행에 대단히 큰 영향을 미친다), 몇 시간이나 더 몰입 상태에서 글을 쓸 수 있고, 훨씬 의지력을 발휘할 수 있다(그래서 기술적으로 까다로워서 미적대고 있었던 부분을 써야 할 때는 잠시 기분 전환을 위해 소셜미디어 피드를 보거나 하지 않는다).

신체 관리를 강화하면 생산성을 높여 수입을 늘릴 수 있고 강화된 신경화학 작용 덕분에 가족과 함께 있을 때 인내심과 평화, 애정을 더 유지할 수 있다. 삶의 전반에 생기와 경이로움, 기쁨이 넘친다.

그래서 나의 단호하고도 애정 어린 조언은 최상의 체력을 길러 당신의 완전한 시를 우주로 내보내라는 것이다. 당신이 어디까지 갈 수 있는지 보라는 것이다. 그리고 당신의 황홀한 마력으로 다른 사람들의 삶을 조금(또는 많이) 향상시키고 그 과정에서 당신의 경험을 최적화하라. 창의적인 선수가 되어라. 그저 군살 없는 복근과 더 탄탄한 둔근을 위해서가 아니라 더 나은 문명을 건설하기 위해.

071

슈퍼 생산자들의 창의성 도구

사회심리학 분야에서 가장 흥미로운 실험 중 하나를 소개한다. 실험 연구진은 22년 전과 똑같이 보이도록 세심하게 개조한 수도원으로 70대 남성 여덟 명을 데려왔다. 수도원으로 들어왔을 때 노인들은 등이 굽은 사람도 있었고 지팡이를 짚은 사람도 있었다. 수도원에는 지나간 시대의 음악이 흘러나왔고 그 시절 잡지와 책들이 책장에 꽂혀 있었다. 노인들이 젊었을 적 물건들과 분위기가 그대로 재현되어 있어서 마치 과거로 돌아간 듯했다.

이 실험의 책임자이자 오늘날 '긍정심리학의 어머니'로 불리는 하버드대학교의 엘런 랭어(Ellen Langer) 교수는 실험에 참가한 노인들에게 22년 전의 자신처럼 생각하고, 느끼고, 말하고, 행동하라고 지시했다. 정말로 그 시대로 돌아간 것처럼 생활하라고 말이다. 수도원에서 닷새를 지낸 후 참가자들은 연령 생체지표(biomarker) 검사를 받았다. 놀랍게도 노인들은 더 젊어 보였고 신체적으로 더 유연했으며 손의 움직임이 정교해졌고 심지어 시력까지 좋아졌다. 집으로 태워다줄 밴을 기다리는 동안 그들은 마치 10대처럼 고함을 지르며 격렬한 터치 풋볼 시합을 했다.

이 놀라운 실험 결과를 검토하면서 랭어는 참가자들이 젊었을 적 자신인 척하면서 생긴 환상이 인식을 재배치하고 자아 정체성을 재구성했다고 결론 지었다. 그들은 70대가 어떻게 해야 하는지에 대한 문화적 편견과 사회적 세뇌를 깨부수고 젊어졌다. 그들이 자신을 보는 시선이 달라졌기 때문이다.

이 실험은 자아 정체성의 재구성이 마스터리 역량을 어떻게 변화시키는지 보여주는 중대한 사례다. 그리고 자기 능력에 관한 생각이 잠재력을 발휘하는 정도를 결정지음을 보여주는 놀라운 이야기다. 인간은 자신이 어떤 사람인지에 대한 인식과 일치하지 않는 행동은 절대로 하지 않는다. 그것이 인간이다.

만일 자기 자신에게 세계적 수준의 결과를 달성할 능력이 없다고 본다면 그런 결과를 얻는 데 필요한 일을 시작조차 하지 않을 것이다. 자신이 비전 있는 모험을 실행에 옮길 능력이 없다고 생각한다면 멘토를 구하지도, 학습에 투자하지도, 자신의 꿈을 실현하는 데 필요한 어떤 조치도 취하지 않을 것이다. 이미 머리와 가슴 속에 부정적인 결말이 작성되어 있기 때문이다.

자신이 세계를 형성하고 스스로 운명에 영향을 미칠 힘이 있다고 믿지 않으면 환경을 보호하지도, 낯선 사람을 대우해주지도, 불우한 사람을 돕지도 않을 것이다. 자신은 별로 중요하지 않은 존재이며 운명이 자신을 지배한다는 결론을 이미 내려놓았기 때문이다.

이런 사고방식은 자기충족적 예언(self-fulfilling prophecy)을 만들어낸다(매우 중요하므로 잘 알아두도록 하자). 즉 **자신의 능력에 대한**

인식이 실제로 현실을 만들어낸다. 잘못된 심리적, 정서적, 신체적, 영적 프로그램은 가장 원대한 꿈으로 가는 고속도로에 들어서지 못하게 막는다. 개인적 위대함에 대한 미적지근한 믿음은 미적지근한 결과를 초래해 자신감을 더 떨어뜨린다. 그래서 슈퍼생산자들이 어떻게 하는지를 살펴봐야 한다.

우리는 매일 현실을 본다고 생각하지만 실제로 우리가 보는 것은 현실에 대한 우리의 인식이다. 우리는 외부의 모든 것, 즉 모든 사건과 환경, 경험을 우리의 고유한 필터를 통해 처리한다. 우리의 개인 렌즈를 통해, 신화학자 조지프 캠벨(Joseph Campbell)의 표현을 빌리자면 일종의 '스테인드글라스 창'을 통해 보는 것이다.

이 필터는 내 멘토링 방법론에 있는 '다섯 가지 창의성 도구(5 creative tools)'에 따라 구성된다. 이 도구들을 수정하고 최적화하면 삶의 작동 방식에 관한 개인적 서사와 그 안에서 놀라운 결과를 산출하는 능력을 재설계할 수 있다. 개인적 서사를 새로 만들고 수정하면 완전히 새로운 세계를 인식하기 시작할 것이다. 대다수는 그 세계를 거의 보지 못하기 때문에 비관론, 희소성, 계속되는 불안에 빠지고 바로 눈앞에 있는 가능성과 기회의 바다를 좀처럼 보지 못한다.

당신의 정체성을 끊임없이 업그레이드하면 당신이 만들어내거나 스스로 될 수 있다고 생각하는 것이 바뀌며 그 모습과 일치하도록 행동도 변할 것이다. 매일 이렇게 행동하면 탁월한 결과를 내고, 이는 더 건강하고 새로운 정체성을 만들어내 다시 긍정

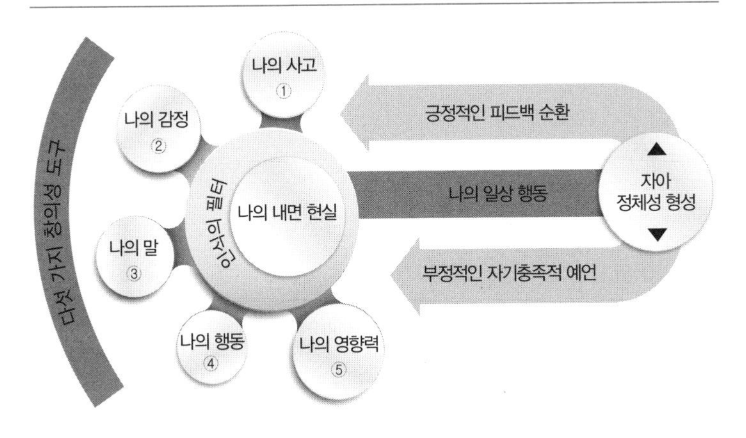

적인 행동으로 이어지는 긍정적 피드백 순환을 이룬다. 이는 나이와 국적, 경제적 배경이나 학력과 상관없이 생산성, 번영, 행복, 영향력을 근본적으로 변화시키기 위해 누구나 따라 할 수 있는 탁월한 과정이다.

위 도표는 내가 온라인 코칭 프로그램인 서클 오브 레전드의 고객들에게 제공했던 학습 프레임워크다. 이것을 당신과 공유하게 되어 기쁘다.

개인의 정체성을 바꾸는 새로운 이야기를 재구성하기 위해 사용해야 할 다섯 가지 창의성 도구는 사고, 감정, 말, 행동, 영향력이다. 이 도구들은 시간이 흐르면서 당신이 세상을 처리하는 필터를 만들어 세상일이 진행되는 방식과 그 안에서 자신의 역할에 대한 당신만의 독특한 설명을 형성한다. 다시 말하지만 현실에 대한 필터를 바꾸면 실제로 현실이 바뀐다.

이 다섯 가지 도구 각각의 특성을 발전시킬 때 자신을 인식하는 방식도 개선될 것이다. 그리고 자신을 보는 방식을 다시 쓰고 다시 프로그램할 때 자동으로 성공과 기쁨, 내면의 평화도 함께 상승할 것이다.

이 모델을 주의 깊게 살펴보면 알 수 있듯이 슈퍼 생산자(그리고 자신의 선천적 재능 및 후천적 재능과 미덕을 발휘하는 영웅)가 되는 길은 내면의 현실을 만들고 외부 세상을 처리하는 방식을 구성하는 다섯 가지 요소를 정화하는 것으로 시작된다.

만일 내적 삶을 계속 갈고닦는다면 향상된 자아 정체감과 발전된 인식에 맞춰 행동이 개선될 것이다. 그리고 개선된 행동은 긍정적 결과를 가져와 당신이 세계적 수준의 결과를 내고 위대한 업적을 이룰 수 있음을 확인하는 긍정적 피드백 순환을 형성한다. 이는 다시 생각, 감정, 말, 행동, 영향력에서 더 나은 선택을 하게 만든다. 긍정적인 피드백 순환은 대단히 가치 있는 성공의 상승 곡선을 만들어내고, 이 순환이 꾸준히 지속되면 폭발적인 성장을 이룰 수 있다.

만일 다섯 가지 창의성 도구가 평범한 수준이라면 인식의 필터가 부정적으로 설정되고 이로써 현실을 이해하면서 부정적인 자아 정체성을 갖게 된다. 그리고 거기에 상응하는 부정적인 일상 행동을 함으로써 자기충족적 예언이 실현된다. 왜냐하면 내면의 삶과 현실이 상호작용하는 열등한 방식이 세상을 보는 부정적인 시각이 옳다고 강화해줄 것이기 때문이다. 실제로는 그렇지 않더라도 말이다.

그러니 오늘 당신의 다섯 가지 창의성 도구 역량을 잘 살펴보기를 강력히 권한다. 생각을 정리하고, 감정을 고양하고, 말을 다듬고, 행동에 더 숙달하고, 당신의 영향력을 더욱 끌어올리고, 그 모든 것이 당신이 추구하는 탁월한 기준에 부합하는지 확인하도록 하라. 그런 다음 세상으로 나가 슈퍼 생산자 또는 정말로 멋진 사람이 되는 과정에 굳건히 머물도록 하라. 당신은 그럴 자격이 있는 사람이다.

072

달에 간 우주비행사의 비극

아폴로 11호의 우주비행사로 달에 최초로 착륙한 사람 중 한 명이었던 버즈 올드린(Buzz Aldrin)은 달에서 걸었을 때 기분이 어땠냐는 질문을 받고 마치 시와도 같은 대답을 내놓았다. "장엄한 폐허!"

그러나 달 표면을 약 세 시간 동안 걸었던 그는 세월이 흐르면서 우울증과 알코올 중독에 시달렸다. 인생을 바꿔놓은 경험 이후로 그는 목적의식과 그의 열정을 자극하는 일을 찾을 수 없었기 때문이다. 도대체 누가 달에 도달한 업적보다 더 큰 일을 계획할 수 있겠는가? 올드린은 회고록 《장엄한 폐허(Magnificent Desolation)》에서 달 착륙 이후 "목표도, 소명도, 나 자신을 쏟아부을 만한 프로젝트도 없었다"라고 했다.

그러니 남들보다 더 높이 날아오르고 가장 높은 위치까지 도달한 후에는 '달 착륙 이후 우주비행사의 불행(Post-Moonwalk Astronaut Affliction)'을 조심하도록 하라. 이는 최고의 성과를 내는 사람들이 늘 꿈꿔왔던 목표를 달성한 뒤 권태감을 느끼거나 무관심 상태가 지속되는 것을 일컫는다.

당신은 하려고 했던 일을 모두 해냈다. 아마 당신이 아는 그 누구도 실현할 수 없었던 용감한 목표를 이뤘을 것이다. 명성, 경력, 부를 거머쥐었을 뿐만 아니라 상상 속에서 그려보며 열렬히 바라던 생활 방식까지 갖게 되었다. 당신은 성공했다. 당신은 눈에 띄는 인물, 저명인사, 세계적 유력자다. 세계 정상이 당신의 뉴 노멀이 되었다. 이제 무엇을 할까? 버즈 올드린처럼 어떻게 이것을 뛰어넘을지 생각할 것이다. 당신은 공허해진다. 실존적 불안이 엄습한다.

해결책은 간단하다. 절대로 안주하지 마라! 다음 단계의 목표와 더 신나는 도전을 정하고 나아가기를 절대 멈추지 마라. 그래서 숨겨진 창조의 천국을 끊임없이 탐색하라. 가보지 못한 우주의 빛을 계속해서 받도록 하라. 정기적으로 짜릿한 모험을 시작하라. 그리고 이전에 발견하지 못했던 자신의 가장 경이로운 모습을 만나도록 하라. 인생의 가장 큰 슬픔은 자신의 진정한 모습을 알아내지 못하는 것이기 때문이다.

073

당신은 당신이 아는 것보다 강하다

리더십과 용기는 타고난 대담성의 문제라기보다는 두려울 때 보여주는 행동의 문제라 할 수 있다. 우리가 구세주, 수호자, 보호자라고 생각하는 사람들은 대부분 역경이나 위협, 위험의 순간에 자신에게 있는지도 몰랐던 힘을 발견한 선량하고 평범한 사람들이다.

마하트마 간디와 어밀리아 에어하트(Amelia Earhart, 여성 최초로 대서양을 횡단 비행한 미국 비행사-옮긴이)를 생각해보라. 앨런 튜링(Alan Turing, 컴퓨터공학과 정보공학의 이론적 토대를 마련한 영국의 수학자이자 논리학자-옮긴이), 헬렌 켈러, 에멀린 팽크허스트(Emmeline Pankhurst, 여성 참정권 운동을 이끌었던 영국의 민권운동가-옮긴이), 갈릴레오 갈릴레이를 생각해보라. 우리는 모두 아직 발휘되지 않은 용기를 가슴속에 품고 있다. 기억하라. **당신은 당신이 아는 것보다 훨씬 강하다.**

1976년 8월 1일 포뮬러 원 세계 챔피언이었던 니키 라우다(Niki Lauda)에게 일어난 사고를 떠올려보자. 사고는 뉘르부르크링에서 개최된 독일 그랑프리 경주 초반에 발생했다. 엄청나게 빠른 속도로 차를 몰던 라우다가 방향을 틀면서 통제력을 잃고 벽에 부딪혔고 그의 페라리는 화염에 휩싸였다. 섭씨 425도에 육박하는 차 안에서 라우다는 43초 동안 갇혀 있었다.

그는 전신에 끔찍한 화상을 입었다. 한 관람객은 그의 머리에서 얼굴이 녹아내리는 듯했다고 전했다. 정말로 그의 얼굴이 머리에서 녹아내리고 있었다. "10초만 더 있었으면 죽었을 거예요"라고 라우다도 인정했다. 병원에서는 상황이 너무 안 좋아 보여 임종 예식을 집전할 신부를 불렀다. 라우다의 아내는 병원에 도착해 남편의 상태를 보고 기절했다. 자동차 경주계의 전설은 나중에 한 기자에게 이렇게 설명했다.

— 병원에 도착했을 때 몹시 피곤하고 자고 싶었어요. 하지만 그냥 졸음이 아니었어요. 좀 달랐어요. 그래서 뇌로 싸웠죠. 소음도 들리고 목소리도 들리니까 뭐라고 하는지 들으려고 애쓰고 뇌에서 몸이 아픔과 싸울 태세를 취하게 만들려고 애썼습니다. 그렇게 해서 전 살아났습니다.

놀라운 투지로 불과 40일 후 라우다는 화상을 입은 두피에 붕대를 감은 채 경주용 헬멧을 억지로 쓰고 이탈리아 그랑프리에 출전했다. 관람객들은 그가 보여준 불굴의 용기와 경쟁 정신에 숨도 못 쉴 정도로 놀랐다.

"걷고 운전할 수 있는데 왜 병원에 누워 있어요? 이곳이 제 세계인걸요."

포뮬러 원의 전설 니키 라우다와 몬트리올 그랑프리에서.

라우다는 그렇게 말했다. 그날 그는 4위를 했다. 은퇴한 후 라우다는 항공 사업을 시작해 사업가로 성공했고 공개석상에서는 항상 빨간 야구모자로 상처를 가렸다.

"전 못생겨 보여도 되는 이유가 있죠. 대부분은 그렇지 못하지만요."

그는 장난스럽게 웃으며 말하고는 이렇게 덧붙였다.

"모자는 저를 멍청하게 쳐다보는 멍청이들에게서 저를 보호하는 헬멧이에요."

무적의 정신을 보여주는 이 사례에서 배울 점은 다음과 같다.

배울 점 1: 자신의 강인함을 인정하라

회복력과 극도의 투지는 타고난 특성이 아니다. 이는 위험한 환경의 불길 속에서 단련되는 특성이다. 고난은 당신을 더 강하게 만들어주는 약과 보충제인데 왜 피하려 하는가? 당신의 진화를 촉진하는 필요조건인 고난과 친구가 되도록 하라. 이른바 '문제들'은 사실 당신 안에 잠자고 있는 굉장한 힘을 깨우는 플랫폼이다.

배울 점 2: 신속히 경주에 복귀하라

라우다는 다시 경주하기가 두려웠다고 솔직히 인정했다. 저승사자를 만날 뻔한 지 약 6주 만에 다시 운전석에 앉은 그가 대부분 관중에게는 미친 사람처럼 보였을 것이다. 그러나 그는 더 기다릴수록 두려움이 커지리라는 것을 알았다. 그래서 고통을 느끼면서 공포를 이기고 자동차에 다시 앉았다.

당신과 나도 마찬가지다. 시련이나 비극, 심지어 재앙에 직면했을 때 온전한 자신을 원한다면 가능한 한 빨리 일어나서 계속 나아가는 것이 우리의 책임이다. 실패한 곳이 용기가 펼쳐지는 곳이 될 수 있기 때문이다. 그리고 인생은 누구를 위해서도 천천히 가지 않기 때문이다.

배울 점 3: 속도 높이기를 절대 멈추지 마라

라우다는 자동차 경주 트랙을 떠난 후에도 경주를 계속했다. 포뮬라 원에서 은퇴한 후 그는 두 개의 항공사를 설립했다. 책도 썼다. 그는 연승 행진을 이어갔다. 비범한 생산자에게 결승선은 없다. 최고의 성과를 내는 사람들은 은퇴와 안주를 죽음의 댄스로 볼 정도로 승리를 매우 좋아한다. **그런 영혼들은 너무나 자주 화려한 성과를 내는 연습을 해왔기 때문에 평범함은 그들의 운영 체제 내에 들어설 곳이 없다.**

왕성한 생산성을 보였을 때 받는 진짜 보상은 천재성을 실현하는 것이다. 그리고 누구보다 더 높은 정상을 향하는 여정이 인지하라고 독려하는 것들이다. 니키 라우다처럼 당신도 절대로 관성으로 움직이지 마라. 속도를 줄이지 마라. 느슨해지기를 거부하라. 수년 전 획득한 트로피로 자기 정체성을 형성하지 마라. 당신은 그보다 훨씬 위대한 사람이다.

유명한 심리학자 에이브러햄 매슬로(Abraham Maslow)는 이렇게 말했다. "유일한 경쟁자는 자신의 잠재력이다. 유일한 실패는 자신의 가능성에 부응하지 못하는 것이다. 이런 의미에서 모든 사람은 왕족이 될 수 있다. 그러므로 왕족처럼 대우받아야 한다."

상황이 어려울 때 포기하고 싶다면, 항복하고 싶다면 얼굴이 녹아내린 남자를 기억하라. 그리고 계속 나아가라. 그 누구보다 빠르게.

074

다윈과 자연선택의 지혜

찰스 다윈은 1846년부터 1854년까지 무려 8년 동안 따개비를 연구했다. 마스터리에 이르는 핵심 조건 중 하나는 타의 추종을 불허하는 인내심일 것이다. 그는 왕립해군 군함인 비글호를 타고 세계를 일주하면서 파타고니아, 타히티, 뉴질랜드 같은 곳을 방문하고 이국적인 암석 구조부터 보기 힘든 야생동물까지 온갖 것을 연구할 기회를 얻었다. 그는 770쪽에 이르는 일기를 쓰고 1,750쪽 분량의 현장 기록을 남겼으며 그가 발견한 세부 사항별로 목록을 만들었다. 그리고 그 모든 생각과 훈련과 실험 끝에 진화론에 도달했다.

내가 알기로는 한 종(種)이 진화하는 방식에 대한 설명 전체의 근저에는 그의 '적자생존(survival of the fittest)' 개념이 있다. 이 개념은 오늘날 우리가 살아가는 불안정한 시대를 헤쳐나가는 데 도움이 되리라고 생각되기에 좀 더 깊이 들어가 보겠다.

나는 로스쿨에 입학하기 전 대학에서 생물학을 공부할 때 모든 생물에서 발생하는 유전자 돌연변이에 대해 배웠다. 돌연변이가 새로운 환경에서 번성하는 데 도움이 될 때 그 새로운 개체는 살아남는다. 그리고 번식하고 계속 이기면서 마침내 종을 지배한다. 이 과정을 '자연선택(natural selection)'이라고 한다.

예를 들어 펭귄은 날지 못하는 새지만 지금까지 버텨온 이유는 수영을 잘하기 때문이다. 그리고 남극에는 육상 포식자가 없기 때문이다. 기린은 나무의 높은 가지에 달린 나뭇잎을 먹기 위해 목이 길어졌는데 그 덕분에 경쟁자들이 죽어 나가는 힘든 환경에서도 번성하게 되었다.

직립 보행이 가능한 인간은 식량을 채집해 베이스캠프로 가져올 수 있는 이점이 있었다. 그래서 지금까지도 생존하고 있다. 생존뿐 아니라 번성할 수 있는 특질을 가진 종의 개체는 끊임없이 변화하는 환경에서 우위를 확보했다.

우리는 대격변의 시대에 살고 있다. 우리의 환경은 창작 분야, 상업, 기술, 체육, 과학 그리고 생활 전반에서 급진적으로 변화하고 있다. 그러니 부디 다음과 같은 사실을 알아두도록 하자. 앞으로의 일을 내다볼 정도로 선견지명이 있고, 기민한 조직이 사회에 기여하도록 이끌고, 시대를 앞서가는 리더가 해당 분야를 지배할 것이다. 배우기를 좋아하고 새로운 기술을 개발하며 전문성을 보여주는 근로자는 경제가 어려울 때도(그럴 때 특히) 승진하고 박수를 받을 것이다.

늘 해오던 방식을 거부하고 독창성의 칼날 위에서 열정적으로 작업하는 사람은 열정을 유지할 것이다. 빠르게 적응하고 성장하며 불확실성 속에서 기쁨을 추구하는 사람은 결국 세상을 지배할 것이다. 그것이 다윈이 우리에게 가르쳐준 자연선택이다.

자연은 민첩함, 호기심, 근면함, 지략, 능숙함이 없는 사람을 도태시킬 것이다. 그들은 살아남을 수 없다. 그들은 약하기 때문이다. 그리고 변화하는 환경에 적응하기를 거부하거나 적응할 수 없기 때문이다. 그러니 격변이 닥쳤을 때 영광스러운 성장의 기회를 거부하지 마라. 그러지 않으면 슈퍼 히어로가 그려진 도시락통을 든 학생들이 방문하는 박물관 안의 공룡 모형처럼 될 것이다.

075

경제적 자유를 위한 번영의 법칙

이 이야기는 풍요롭고 자유로운 생활 방식을 추구하는 사람들에게 매우 적절한 내용이다. 아래 그림을 살펴보자. 프리 머니 모델(free money model)이다. 처음에는 다소 형이상학적으로 보일 수 있겠지만 사실은 매우 전술적이고 구체적이다.

왼쪽 열은 대다수가 사용하는 방식, 즉 선량한 많은 사람이 결핍과 경제적 불안에 짓눌리게 되는 주요 습관들이다. 첫 번째 항목부터 살펴보자. 사람들 대부분은 자신이 가장 좋아하는 낮잠 이불을 꼭 쥐고 있는 어린아이처럼 자신의 소유물 또는 빚을 내서 사들인 것들에 집착한다. 하지만 영적인 측면에서 이렇게 가

프리 머니 모델

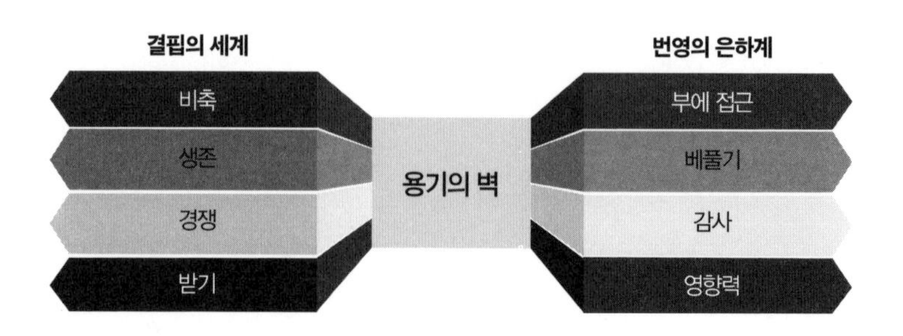

진 것을 꽉 움켜쥐고 있으면 우주가 더 많은 것을 당신에게 보내지 못한다. 당신의 불안감은 당신이 감사할 줄 모른다는 메시지를 세상을 움직이는 세력에게 보내기 때문이다. 그리고 당신이 그런 두려움 속에 있는 까닭에 번영의 길을 찾을 에너지가 들어갈 공간이 없다.

나는 진정으로 당신에게 조언하고 싶다. 부디 물질이 당신의 주인이 아니라 종이 되게 하라. 우리는 무소유로 태어나서 무소유로 떠난다. 그사이에는 운명의 호의와 함께 노동의 결과로 누리도록 축복받은 것들을 관리할 뿐이다. 물질적 재화가 정체성 또는 자아존중감의 기반이 되게 하지 마라. 아이러니하게도 모든 것을 잃더라도 침착함을 유지할 때 삶은 더 많은 것을 보내어 풍요의 감정을 누리게 해준다.

대다수를 속박하는 다음 함정을 살펴보자. 많은 사람이 기본적인 생존을 관장하는 변연계에 장악당한다. 그들은 (이전의 트라우마에서 생긴) 두려움 때문에 전전두피질의 더 현명한 추론에 접근하지 못한다. 대신 무의식적으로 이 고도 지능의 사용을 차단하고 파충류 뇌인 변연계 수준에서 움직인다. 그들은 투쟁-도피-경직(fight, flight, or freeze) 반응에 갇혀 주변에 펼쳐진 기회의 바다를 보지 못한다. 또한 그들은 두려움에 가로막혀 타고난 창의성과 광범위한 지혜, 타고난 기쁨을 찾지 못하고 연결되지 못한다.

돈은 심리적이고 감정적인 (심지어 영적인) 이야기와 결부되어 있다. 많은 사람이 돈을 속임수, 거짓말쟁이, 도둑들의 영역으로 다루는 일상 우화를 믿으며 살아간다. 그리고 경제적인 부는 오직 운 좋은 승자나 특별히 축복받은 사람들에게 온다는 우화를 믿는다. 바로 이 이야기가 실제로 그들의 현실을 만들어낸다. 이제 당신도 알겠지만, 일상의 행동은 가장 깊이 자리한 신념을 반영하기 때문이다.

만일 자신이 돈과 관련해 자유를 누릴 수 없는 사람이라고 믿는다면 경제적 부를 실현해줄 게 확실한 기본 습관과 관행을 따르지 않을 것이다. 이런 사람들은 누군가 자신의 손을 잡아주고 도움을 주리라고 기대한다. 금전적 성공을 이룰 능력이 자신에게는 없다고 생각하기 때문이다.

그러나 지구상에서 가장 부유한 사람들을 보라. 그들 중 다수는 가난하게 자랐다. 그들은 오로지 획기적 아이디어만 가지고 시작했다. 인류에게 놀라운 혜택을 안겨주고 그들의 분야에서 행해지는 전통적인 방식에 도전하는 통찰력만 가지고 있었다. 그리고 상황이 어려워졌을 때 물러나지 않고 끈질기게 버텼다. 이 창의적인 영웅들은 주변의 누구보다 열심히 일했다. 도중에 문제가 불거졌을 때도 결코 자신의 이상에서 움츠러들지 않았으며, 질투하는 비평가들과 화난 냉소주의자들이 괴롭히려고 할 때도 책임을 회피하지 않았다. 오직 그들에게 주어진 중대한 임무를 수행하는 데 열중했다.

그렇지만 프리 머니 모델의 왼쪽 열을 보면 결핍의 세계에 갇힌 사람들에게는 경쟁이 도처에 존재한다는 것을 알 수 있다. 이 궤도대로 사는 사람들에게 세상은 무한한 곳이 아니라 제한된 곳이다. 그들에게 비즈니스 그리고 인생은 제로섬 게임이다. 한 사람이 이기면 다른 사람은 져야 한다. 모든 사람이 원하는 만큼 가질 수 없다는 공포가 그들의 가슴에 자리 잡고 있다. 이는 현실이 아니라 결핍의 세계 안에서 살아가는 사람이 해결하지 못하고 끌어안고 있는 제한된 믿음이다.

마지막으로, 사바나의 고대 수렵인들처럼 희소 자원을 맹렬히 싸워서 획득하고 비축해야 하는 곳으로 세계를 인식하는 사람들은 보통 주기보다는 받으려고 한다. 그들은 자신이 일하는 조직에서 주는 것보다 많이 받아 간다(적어도 자신이 받는 보수에 상응하는 도움을 주지 않는다면 그건 훔치는 게 아닌가?).

그들은 자신의 능력을 인지하지 못하고 타고난 독창성을 부인했기 때문에 다른 사람들의 명석한 아이디어를 강탈한다. 또한 그들은 재능을 등한시하고 외부 상황을 스스로 만들어가는 힘을 믿지 않기 때문에 자신이 일해 얻은 것이 아닌 지원금과 보조금을 받아 가는 피해자로 등장한다.

이제 패러다임의 오른쪽 열을 살펴보자. 주의 깊게 살펴보면 매우 다르다는 것을 알 수 있다. 두려움을 헤치고 '용기의 벽(bravery wall)'을 넘은 이들은 결핍의 세계에 사는 사람들과 반대로 함으로써 번영의 은하계에 들어갈 수 있다. 여담이지만 대다수와 반대로 하는 것이 거의 항상 최선의 전략이다.

내가 25년 이상 멘토링을 해온 억만장자들과 기업인들은 이렇게 생각하고, 느끼고, 행동한다. 그들은 자신이 원하는 모든 돈이 이미 존재하고 있음을 본능적으로 이해한다. 그 돈은 그들이 따뜻하게 받아주기만 기다리고 있다. 그들은 시장에 숨겨진 가치만 찾아내면 그들이 추구하는 부에 접근할 수 있다고 믿는다.

이 가능성 신봉자들은 인생의 모든 것이 무한하다는 믿음이 깊다. 사업상 거래를 놓치더라도 때가 되면 더 나은 거래가 나타나리라고 믿기 때문에 침착함을 유지한다. 소중한 소장품을 잃어버려도 별로 신경 쓰지 않는다. 자연이 항상 자신에게 유리하게 전개된다는 것을 알고 있기 때문이다. 그들은 **모든 것을 잃어도 두렵지 않은 내면의 자유를 얻고 일상 속 영웅이 되면 어떤 것도 두렵지 않다**는 영적 법칙에 따라 행동한다.

그들은 주는 것이 받는 과정을 활성화한다는 것을 이해한다. 그들은 생존의 두려움에 익사하는 대신 우리 은하가 무한한 기회의 궁전이며 탁월하게, 자신감 있게, 윤리적으로 그 기회를 잡으면 무한히 번창할 행운을 얻는다는 것을 알기에 평온하다. 하늘의 별, 인간 정신이 상상할 수 있는 아이디어, 우리가 경험할 수 있는 보물에는 제한이 없다. 그래서 그들은 그들의 노동과 에너지를 아낌없이 쏟아붓고, 돈의 흐름이 원활한 비밀 영역으로 들어간다. 그곳은 그들의 선의에 대한 응답으로 기적이 실제로 일어난다. 카르마에 대한 보상은 실제로 존재하므로 기적은 놀랍도록 빈번하다. 그리고 우주는 가장 공정한 회계 시스템을 가지고 있다.

그들은 감사하게 생각하는 것들은 증가한다는 사실을 안다. 그리고 인식하는 모든 것은 의식 안에서 확장된다. 가족의 식탁에 오른 음식에서부터 당신이 변화를 가져올 수 있는 직업까지,

당신이 읽을 수 있는 좋은 책들에서부터 당신을 발전시키는 친구들에 이르기까지, 당신에게 주어진 크고 작은 모든 것을 축하하기 시작하라. 그러면 당신이 박수를 보낸 것들이 확대될 것이다. 그래서 더 많은 것이 당신의 일상으로 자연스럽게 흘러들 것이다.

그들은 봉사에 끌리고 영향력에 집착한다. 그들의 이런 태도는 많은 사람의 삶을 풍요롭게 하고, 따뜻한 현실은 풍요로움으로 응답한다. 이 글을 마무리하기 전에 성실하게 부를 키우려는 고객들에게 내가 권하는 책인 《부의 법칙》의 저자 캐서린 폰더(Catherine Ponder)의 말을 인용하려 한다.

— 번영에 관한 충격적인 진실은 당신의 번영은 놀랍도록 잘못된 일이 아니라 놀랍도록 옳은 일이라는 것이다. '부유하다'라는 단어는 좋은 것을 많이 소유하거나 더 충만하고 만족스러운 삶을 산다는 의미임을 알아두길 바란다. 사실 당신은 세상에서 평화와 건강, 행복과 풍족함을 경험하고 있는 만큼 번영한다. 그 목표로 빠르게 나아갈 수 있는 훌륭한 방법들이 있다. 아마도 지금 당신이 생각하는 것보다 훨씬 달성하기 쉬울 것이다.

고무적이지 않은가?

076

휴대전화를 내려놓고 사람과 대화하라

오늘 아침 일찍 나는 커피숍에 갔다. 격렬한 스피닝 수업을 마친 직후라 땀이 좀 나는 상태였다. 미안하게 생각한다. 내 머리는 새로운 아이디어로 가득했고 (뜨거운 샤워 후 개운한) 가슴은 열심히 일할 준비가 되었다. 머릿속은 나의 작은 기여를 통해 세상을 조금 더 나은 곳으로 만들려는 생각으로 충만했다.

주문하기 위해 줄 서 있는 동안 새로운 온라인 강좌와 관련해 흥미로운 아이디어가 떠올랐다. 얼른 휴대전화에 써두려고 커피를 받자마자 가장 가까운 테이블로 향했다. 그러다 긴 벤치에 앉아 있는 한 남자가 눈에 띄었다. 수염은 희끗희끗하고 머리카락은 헝클어져 있었으며 농부들이 입는 격자무늬 셔츠를 입고 있었다. 그리고 독특하게도 금색 경첩이 달린 가죽 서류 가방을 탁자 위에 올려놓고 있었다. 흥미로웠다. 그래서 나는 그에게 "안녕하세요"라고 인사했다.

그는 더할 나위 없이 정중하게 미소를 지어주었고 우리는 대화를 나누게 되었다. 그는 코네티컷주의 아주 작은 마을(대서양 연안의 여덟 가구만 사는)에서 자랐다고 했다. 그는 자신의 가족 이야기를 해주었고, 낙심했던 일 몇 가지도 털어놓았고, 생생한 이야기들로 나를 웃겼다.

나도 작은 마을에서 자랐다고 말해주었다. 그리고 나도 바닷가 근처에서 자랐다고 했다. 나는 바다가 내려다보이는 절벽 위 오두막에 살면서 더 소박하게, 마치 수도자처럼 스파르타식 생활을 하고 싶었다고 고백했다. 예술가의 생활 방식이자 블루칼라 창작 노동자의 삶을 말이다.

우리는 바닷가 사람들의 후한 인심과 신선한 바닷가재를 먹는 즐거움, 우리 세계에는 더 많은 존중과 친절, 배려, 사랑이 필요하다는 이야기를 몇 분 더 나누었다. 부끄러운 말이지만 나는 처음에 새로운 친구가 추위를 피하려고 카페에 들어온 부랑자라고 생각했다. 하지만 이제는 그가 제왕처럼 느껴졌다. 현명하고, 부드럽고, 세련되고, 별난 왕. 지금은 그가 변호사를 만나기 위해 도시를 방문한 부유한 어부일지 모른다고, 어쩌면 수산물 회사의 소유주일지도 모른다는 생각이 든다. 확실하지는 않지만.

사람을 결코 외모로 판단해서는 안 된다. 휴대전화를 더 자주 내려놓아야 한다. 그리고 더 많은 사람과 대화해야 한다. 나를 더 나은 사람으로 만들어주는 사람들과.

077

생산성에 관한 짧은 이야기

당신의 한계를 반복하기를 중지하라. 당신의 마법을 전하기 시작하라. 일생일대의 기회가 당신에게 주어졌다!

인생의 장을 새로운 내용으로 채워라. 큰 꿈을 가져라. 작게 시작하라. 지금 행동하라(제발 그러기를 부탁한다. 감사의 말을 전한다).

078

비즈니스는 아름다운 전쟁이다

이 글을 쓰기 전에 나는 잠시 망설였다. 나는 당신이 놀라운 성취를 이루고 가장 멋진 당신이 되고 최고의 기량을 발휘하도록 이 책이 영감을 주기를 바란다. 동시에 당신이 행복하게 살기를 바란다. 하지만 당신의 안전을 지키기 위해서도 최선을 다하기로 했다. 그래서 계속 솔직하게 이야기하려 한다. 내가 하는 말이 당신 마음에 들지 않더라도 말이다.

비즈니스는 즐거운 드라이브가 될 수 있다. 하지만 피 튀기는 처절한 경기가 될 수도 있다. 상황이 좋을 때는 당신의 창의적인 목적을 추구하고, 당신의 천재성을 실현하고, 당신의 활동을 확장하고 더 멋진 미래를 건설해나갈 수 있다. 그리고 상황이 어려워지면….

당신이 신뢰하는 동업자들이 배신할 것이다. 당신이 소중히 여기고 격려하고 극진히 대우한 팀원들이 큰 실망을 안길 것이다. 당신이 지원했던 공급업체는 당신을 이용하려 할 것이다. 당신을 시기하는 경쟁자와 무자비한 모방 업체가 당신의 것을 훔쳐 갈 것이다.

그러니 당신은 순수함을 강화하고, 희망을 지키고, 낙관주의를 키워 긍정성과 굳건함을 유지해야 하는 한편으로 살아남기 위해 어떻게든 피해와 상처로부터 자신을 지켜야 한다. 우리 세계는 멋있다. 그리고 잔인하다.

영화 〈밀리언 달러 베이비(Million Dollar Baby)〉를 기억하는가? 자신이 훈련시키던 복서에게 코치는 계속 뭐라고 말했는가? 절대로 가드를 내리지 마라. 모든 게 네 계획대로 될 거라고 절대로 생각하지 마라. **항상 자신을 보호하라.**

물론 사람들이 선하다는 믿음은 유지해야 한다. 내가 지난 몇십 년 동안 사업을 하면서 만났던 사람들 대부분은 매우 정직하고 점잖고 배려심이 많았다. 확실하게 당신의 미래에 환상적인 일들이 펼쳐지리라고 기대하라. 정말로 그럴 것이기 때문이다. 나를 믿어도 좋다. 하지만 당신의 이익 또한 신중하게 방어하도록 하라.

"신뢰하되 검증하라"라는 문구가 떠오른다. 이 말도 떠오른다. "알라에게 기도하라. 하지만 너의 낙타를 묶어두어라." 비즈니스는 아름다운 전쟁이기 때문이다. 그리고 승리는 가장 강한 장군을 찬양하기 때문이다.

4장

나 자신에 대한 믿음을 잃지 마라

가슴에 품고 있는 가장 소중한 꿈들을 미루지 마라.
아무것도 하지 않음으로써 당신의 욕구를 모욕하기보다는
당신이 추구하는 삶을 사느라
어리석어 보이는 편이 더 현명하다.
인생의 여정 마지막에 비통할 일이 없도록 하라.

079

진지할 때는 진지하라

얼마 전 소셜미디어에서 예의 바른 한 팔로워가 이런 다이렉트 메시지를 보냈다.

"안녕하세요, 로빈. 당신은 항상 너무 진지해 보여요. 즐거울 때가 없나요? 여유로울 때가 없나요?"

미소가 지어졌다. 나는 곧 답했다.

"**설마요. 진지할 때는 진지하죠.** 그렇지 않을 때는 아주 즐겁게 지낸답니다."

나는 일할 때는 매우 열심히 한다. 대충 해치우는 게 아니라 마음먹고 덤벼든다. 매일 전문성을 높이고 기량을 쌓지 않는다면 나는 점점 사람들에게서 잊힐 것이다. 한물간 사람, 낙오자들의 무덤에 발을 들여놓을 것이다. 내가 정말로 대가라고 생각하기 시작하는 순간 시대에 뒤지고 진부한 존재로 전락하게 된다. 새 책을 쓰거나, 메일링 리스트에 보낼 메시지를 작성하거나, 기조연설을 준비하거나, 온라인 멘토링 프로그램인 서클 오브 레전드 회원들을 위한 영상을 찍을 때 나는 진지하다. 왜냐하면 나는 전문가이기 때문이다(그리고 내 일을 오랫동안 하기를 희망하기 때문이다).

그리고 고객들과 팔로워들을 위해 최고의 결과물을 내는 것이 내게는 세상 무엇보다 중요하기 때문이다. 내가 지키며 살아가고자 하는 가치들에 맞춰 일하고 내 직업을 존중하는 이유는 그것이 내가 아는 정직함이기 때문이다. 산만함을 차단하고, 움직임을 제한하고, 지구에서의 내 삶에 지적, 정서적, 영적 구원을 가져올 노동을 하는 것은 나의 임무 수행에 필수이기 때문이다.

나는 일을 할 때는 치열함을 훨씬 뛰어넘는 집중력으로 신속히, 열심히 한다. 나는 최고의 기준을 고수하고 역사가 잊은 지 오래인 천재들의 영혼에 사로잡힌 사람의 영감을 목표로 한다. 극작가 조지 버나드 쇼가 쓴 다음 글이 떠오른다.

— 나는 완전히 소진되어 죽기를 원한다. 내가 열심히 일할수록 더 오래 살아남을 것이기 때문이다. 나는 인생 자체를 향유한다. 나에게 인생은 '곧 꺼져버릴 촛불'이 아니다. 인생은 내가 잠시 들고 있는 찬란한 횃불이며 나는 그것을 후대에 넘겨주기 전에 가능한 한 환히 타오르게 하고 싶다.

그리고 일단 일을 끝내면(거의 남김없이 소진되면) 나는 **전혀 진지하지 않은 상태로 바뀐다.** 나는 똑똑한 딸과 드라이브를 가거나 낙천적인 아들과 햇살 아래 앉아 이야기를 나눈다. 아니면 부카티니 알 리모네(파스타를 삶은 물에 올리브유, 레몬즙, 민트 잎, 페코리노 치즈, 부카티니의 양을 완벽히 맞춰 섞어주어야 '크림'이 딱 알맞게 된다)를 만드는 실력을 높이려고 노력하거나, 서재에 틀어박혀 아직 읽지 못한 책을 읽거나, 헬스클럽에 가서 힘껏 스피닝 운동을 하고 오거나, 기분 전환이 되어줄(그리고 피로를 덜어줄) 영화를 본다. 앞서 말했듯이 자신을 너무 진지하게 받아들이면 아무도 당신을 진지하게 받아들이지 않을 것이기 때문이다.

080

변화를 일으키는 사람들의 네 가지 의사소통 습관

대본을 쓰든, 코드를 작성하든, 도서관에서 일하든, 회사를 이끌든, 요가를 가르치든, 영업 사원을 관리하든 당신은 당신의 상품을 좋아하는 열정적인 팬들을 끌어모으는 일을 하고 있다. 그들은 당신의 상품을 구매하는 것을 넘어 당신이라는 개인 브랜드의 열렬한 홍보대사가 되어줄 것이다. 따라서 당신은 변화를 일으키는 사람이라고 할 수 있다.

더 활기차게, 능숙하게, 계속해서 활동을 키워갈수록 수입, 영향력, 힘, 정신적 성취감이 더 늘어난다는 것을 믿어라. 당신의 중대한 사명에 더 많은 사람을 받아들이고 더 많은 삶에 봉사할수록 당신의 미래에 좋은 일이 더 많이 펼쳐질 것이다. 당신이 더 많은 사람을 도와줄수록 행운의 여신이 더 자주 당신을 도우러 나타날 것이다.

역사상 가장 위대한 변화를 일으킨 사람들에게는 한 가지 공통점이 있다. **그들은 환상적인 의사소통 능력자였다.** 그들은 말과 행동을 통해 사람들이 산꼭대기까지 그들을 따라오도록 설득했다. “결코 말의 힘을 깎아내리지 마라. 말은 마음을 움직이고

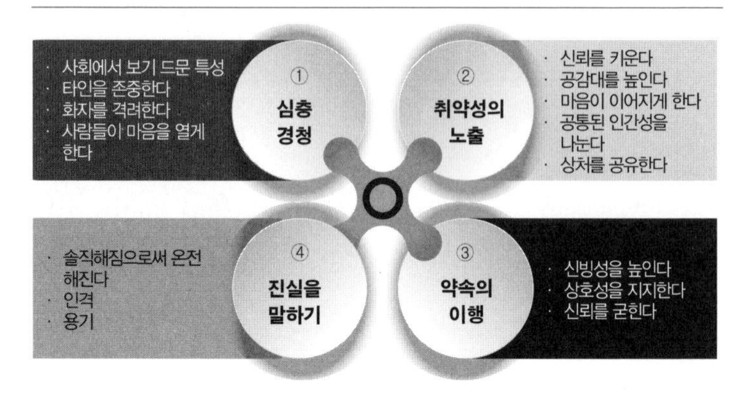

마음은 팔다리를 움직이게 한다"라고 이슬람 학자 함자 유수프(Hamza Yusuf)는 말했다.

나는 비범한 리더들과 인류의 실세들이 많은 청중과 어떻게 소통하는지에 대해 내가 알고 있는 지식을 공유하고 싶다는 생각을 오랫동안 해왔다. 그래서 여기에 이 이야기를 넣게 되어 정말 기쁘다. 이 글에서 설명한 지식을 적용하는 것만으로도 이 책에 투자한 몇 배의 가치를 얻을 수 있을 것이다. 그러니 주의를 집중하고 마음의 준비를 단단히 하라.

여기서 소개하는 학습 모델은 천재적인 의사소통 능력자가 되기 위한 핵심 요소 네 가지를 분석한 것이다.

습관 1: 심층 경청

경청을 가장 잘하는 사람이 가장 많이 배우는 리더임을 인식하라. 자신이 모든 이야기를 하고 있다면 결코 성장하지 못할 것이다. 또한 질문을 하는 사람이 대화를 주도하는 사람이라는 걸 기억하라. 최대한 성실하게 훌륭한 질문을 하는 데 능숙해지도록 하라(조작은 당연히 신뢰성을 떨어뜨린다).

말하기보다 들어주는 비중을 늘리는 것은 다른 사람에게 더없이 존중하는 마음을 보여주는 가장 훌륭한 행동 중 하나다. 자신의 목소리를 좋아해서 쉴 새 없이 떠드는 수다쟁이 문화에서는 특히 그렇다. 농담이 아니라 말하는 사람을 이해하려는 뜨거운 열망과 깊은 관심으로 경청하는 것은 그 누구라도 당신의 사명, 당신이 추진하는 운동, 한 인간으로서의 당신을 사랑하게 만드는 매우 효과적인 방법이다.

완벽하게 집중하고 진정으로 대화에 참여하면(메시지를 확인하거나 저녁에 무엇을 먹을지 생각하거나 속으로 답변을 준비하지 않고) 상대방은 자신이 소중하게 대우받고 당신과 교감하고 있으며 안전하다는 느낌을 급속도로 받는다. 이 모두는 신뢰를 가속화한다. 그리고 신뢰는 직장에서든 개인적으로든 좋은 관계의 기반이 된다.

습관 2: 취약성의 노출

이 또한 대단히 보기 드문 습관이다. 자동화될 정도로 매일 실천하면 당신의 분야에서 경쟁하는 모든 사람과 차별화될 수 있다.

당신이 멋있고 인기 있어 보이고 거절당하지 않으려고 쓰는 사회적 가면을 찢어버릴 때(멋있어 보여야 하기에 위험을 감수할 수 없고 너무 자신이 없어 보이면 안 되기에 놓친 멋진 기회가 얼마나 많은가!) 사람들은 당신에게 매우 끌린다. 당신이 진심으로 '마음 가는 대로 행동하는' 용기를 발휘할 때 주변 사람들도 진심이 될 수 있다. 감정적으로 와닿는 활동을 함께하면서 진정한 자신이 되어도 괜찮다고 느끼는 사람들의 문화를 만들어라. 그러면 세상을 변화시키는 움직임을 만드는 화학작용이 활성화될 것이다.

단지 어울리고 호감을 사기 위해 자신이 아닌 누군가인 척하는 것은 엄청난 창의적, 생산적, 감정적 에너지를 소모한다. 당신이 당신 자신이 될 수 있는 지혜와 용기를 갖게 되면 이 에너지는 성과와 영향력을 높이기 위해 빠르게 되돌아올 것이다.

습관 3: 약속의 이행

아주 간단하면서도 대단히 변혁적인 행동이지만 요즘은 보기 드문 습관이다. 당신이 지킬 수 없는 약속은 하나라도 하지 않도록 정말로 노력하라. 그리고 (특정 날짜 이전에) 프로젝트의 수준을 최고로 끌어올리는 일이든, 최고 고객과의 점심 모임에서 보내주겠다고 말했던 책의 발송이든, 친구들에게 말한 달리기 그룹의 결성이든, 일주일에 적어도 3회는 가족과 식사하겠다는 맹세든 당신이 했던 약속 하나하나를 이행하는 창의적인 리더, 탁월한 성과자, 훌륭한 인간이 되기 위해 정말로 노력하라.

당신이 지킨 약속 하나하나가 약속한 상대의 머리와 가슴에 당신에 대한 믿음을 높인다. 당신이 하겠다고 말한 일을 반드시 하라. 그러면 곧 당신을 아는 모든 사람의 눈에 영웅으로 보일 것이다. 당신에 대한 그들의 존경, 충성심, 감탄은 급증할 것이다.

그리고 사람들과 한 약속을 지키는 것보다 훨씬 더 중요한 일은 자신과의 약속을 지키는 것이다. 이를 실천하면 엄청난 일을 해낼 수 있는 의지력, 자신감, 재능이 폭발적으로 향상될 것이다. 또한 당신은 명예와 자긍심 안에서 아름답게 성장할 것이며 이는 자기애로 발전해 당신의 움직임을 막는 어떤 장애물에도 맞서게 해줄 것이다.

습관 4: 진실을 말하기

당신이 하는 모든 거짓말은 당신의 본능적이고 진실된 자아가 목격하고 있다. 당신의 가장 좋은 면은 당신의 약하고 이기적인 면이 초래하는 모든 부정직함을 지켜본다.

모든 거짓은 당신의 인격을 더럽히고 모든 진실성의 위반은 당신의 영혼에 상처를 준다. 당신은 진실이 아닌 말을 함으로써 당신의 훌륭한 힘을 저버릴 때마다, 다른 사람이 당신에게 품은 믿음을 없앨 뿐만 아니라 양심의 가책을 느낀다. 또한 당신은 자신의 숨은 잠재력을 끄집어내지 못하고 사회적으로 의미 있는 사명을 구현하는 가치와 미덕, 능력을 전혀 알지 못하는 사람으로 꾸준히 추락한다.

목소리가 나오지 않고 손이 떨려도 진실을 말해야만 한다. 그래야 자신의 존엄성을 높이고 스스로에 대한 믿음을 굳히면서 운명이 당신의 미래에 새겨놓은 특별함을 향해 영광스럽게 나아갈 것이다.

당신을 사로잡는 비전에 생명을 불어넣고 당신을 매료시키는 야망을 경험으로 바꿔줄 마지막 아이디어는 이것이다. 당신이 변화를 일으키려고 하는 이유는 특정 분야의 리더가 되어 자부심을 높이고 싶어서가 아니라 훨씬 밝은 세상을 위해 선명한 꿈이 있기 때문이어야 한다. 역사의 흐름을 바꾼 사람들은 역사에 남는 사람이 되는 데는 거의 관심이 없었다. 문명에 족적을 남긴 사람들은 유명해지고 힘을 갖는 것보다 유익한 존재가 되는 데 더 신경을 썼다. 그리고 우리 모두를 위한 개선에 신경을 썼다.

081

항복하는 법을 배웠던 시간

나와 우리 가족은 아주 오랫동안 같은 집에 살고 있다. 작가이자 리더십 조언자, 전문 강연자인 나로서는 매우 조용한 곳에 있는 집을 찾는 것은 필수였다. 참견하기 좋아하는 이웃이 없는 곳, 숲이 꽤 가까이 있는 곳 말이다. 사랑하는 가족이 행복하고 나는 즐겁게 일할 수 있는 곳이며 때때로 치열할 수 있는 내 공적 생활에서 물러날 수 있는 공간이어야 했다.

〈파이낸셜 타임스〉에서 밴드 더 후(The Who)의 전설적인 가수 로저 돌트리(Roger Daltrey)에 관한 기사를 읽은 기억이 난다. 그는 투어 생활에 관해 이야기하고는 투어가 끝나는 대로 영국의 이스트 서식스에 있는 자신의 정원과 송어 양식장을 보고 싶다고 했다. 그는 열광하는 군중과 입이 떡 벌어지는 초대형 경기장에서 멀리 떨어진 그곳에서 더 단순하고 느리고 고립된 생활을 즐겼고 이를 '소소한 삶'이라고 불렀다.

나 역시 소소한 삶을 위한 장소를 찾았다. 처음 샀을 때의 우리 집에서. 하지만 우리가 사는 도시가 확장되면서 주택 단지가 늘어나 교통량과 소음, 인구 밀도가 많이 증가했다. 내가 거의 매일 산악자전거를 타던 근처의 산림보호구역은 이제 관광객들과 버려진 플라스틱병, 보기 흉한 일회용 컵으로 가득하다(지난주에는 목줄을 하지 않은 개에게 다리를 물릴 뻔했다). 몇 년 전만 해도 멀게만 보였던 작은 공항이 지금은 확장되어 우리 집 뒤뜰의 튤립 정원 위로 소형 비행기가 요란스레 지나간다.

물론 이사를 할 수도 있다. 그 점은 나도 알고 있고, 생각도 해봤고, 최근에는 몇 번이나 이사해버릴까 했다. 그런데 여기가 우리 집이다. 아이들은 여기서 성장했다. 이곳에서 나는 많은 책을 썼다. 우리 가족에게 가장 좋았던 순간들은 대부분 여기서 일어났다. 그리고 솔직히 내 마음은 여전히 이곳을 사랑한다. 이 집은 그런 행복감, 창의성, 영혼이 깃들어 있는 곳이다.

그런데 오늘 아침 일찍 자전거를 타고 숲속에서 플라스틱병과 버려진 일회용 컵을 지나치면서 특별한 사실을 깨달았다. 우리 집 주변의 변화된 외부 환경은 나의 약한 부분을 활성화하기 위해 하늘이 보낸 천사였다. 그래서 그 부분을 더 인지하고 파악하고 개선해 해결할 수 있도록 말이다. 상처를 치료하려면 먼저 상처를 느껴야 한다는 걸 부디 기억하길 바란다. **용과 대적하지 않고는 결코 무찌를 수 없다.**

운명의 여신은 내가 기회를 거부하고 상황이 예전으로 돌아가기를 희망하기보다 운명이 내게 보낸 것들을 나의 성장을 위해 활용하라고 말하고 있었다. 나는 변화에 대처하는 민첩성을 높이라고 신으로부터 메시지를 받고 있었다. 내 인격을 정화해 더 용감하고, 쉽고, 평온하게 새로운 환경에 대처하고 적응하도록, 긍정성과 평화와 자유가 세상의 환경에 의해 덜 좌우되는 더 강한 사람으로 발전하도록 말이다.

사실 삶이 내게 전해준 놀라운 선물에 대해 더 깊이 성찰하면서 나는 모든 영적 교훈 중에서 최고의 교훈을 배우고 있음을 깨달았다. 내려놓고, 거리를 두고, 무슨 일이 일어나든 환영하고, 삶의 지적인 전개에 항복하고 포용하며 모든 경험을 내 가능성의 실현을 위해 설계된 축복으로 받아들이라는 교훈을.

물론 내가 이 모두를 계속할 때, 즉 자연이 스스로 무슨 일을 하는지 알고 있다고 믿으며 새로운 상황을 비난하고 불평하고 규탄하기보다 개인적인 발전을 위해 활용할 때 모든 소음과 쓰레기와 짜증이 사라지리라는 것을 알고 있다. 그럴 것이다. 그것이 바로 이 게임의 방식이기 때문이다. 적어도 내게는 그렇다(아마도 그 고약한 개의 주인은 정말 좋은 목줄을 살 것이다).

인생이 당신에게 주는 교훈과 싸우기보다 환영하고 포용하면 모든 것이 당신에게 더 좋게 돌아갈 것이다. 변화에 맞서 싸우는 것은 문제를 자초하는 길이다. 뉴 노멀에 저항하는 것은 불행으로 가는 지름길이다. 적어도 그것이 내가 이제까지 지구라는 학교에서 배운 사실이다.

밴드 섹스 피스톨즈(Sex Pistols)의 전 베이시스트[현재 베이시스트는 시드 비셔스(Sid Vicious)다] 글렌 매트록(Glen Matlock)이 했던 말이 생각난다. "상황은 흘러간다. 우주는 유동적인 상태가 기본이다." 비록 아직은 그렇게 보이지 않거나 느껴지지 않더라도 당신에겐 훨씬 좋은 일이 일어나고 있다. 그런데 왜 과거에 매달리는가?

082

당신 앞에 있는 사람이 누구인지 알 수 없다

마주치는 모든 사람을 예의와 존중, 아주 정직한 마음으로 대하라. 그것이 옳은 일일 뿐만 아니라 가장 현명한 일이기도 하다. 당신 앞에 있는 사람이 누구인지 알 수 없기 때문이다.

비행기에서 내 옆좌석에 앉았던 사람은 알고 보니 최고 고객의 형제였다. 내 세미나에 참석했던 사람들이 식료품점에서 내 뒤에 줄을 섰던(그리고 내가 계산대에 올려놓는 구매 물품들을 먹이를 주시하는 독수리처럼 살핀) 적도 있었다. 외국에서 식당에 갔는데 나를 강연자로 초청한 기관의 CEO가 바로 뒤 테이블에 앉았던 적도 있었다.

생각나는 이야기가 하나 더 있다. 더블린에 현지인들이 자주 찾는 인기 있는 술집이 있었다. 어느 날 저녁 청년 셋이 한 테이블을 차지하고 기네스 맥주를 마시고 장난을 치며 유쾌한 시간을 보내고 있었다. 전화벨이 울렸다. 지배인이 전화를 받았다. 밴드 U2의 리더인 보노(Bono)가 술을 마시러 올 것이라는 전화였다. 전화를 건 사람은 이 유명한 록 스타를 위해 테이블을 예약해달라고 부탁했다. 지배인은 재빠르게 세 청년의 테이블로 향했다.

"보노가 온다네. 이 테이블 좀 양보해주겠나?"

"보노요? 그를 위해서라면 뭐든 하죠."

한 청년이 이렇게 대답했다. 그들은 떠들썩한 대화를 이어갈 다른 자리를 찾으러 일어섰다.

30분 후 독특한 선글라스를 쓴 보노가 사람들의 시선에 익숙한 듯한 걸음걸이로 술집에 들어왔다. 검은 가죽 재킷을 입은 조용한 남자도 함께 왔다. 두 사람은 예약된 좌석에 앉아 술을 마시며 자기들끼리 대화를 나눴다. 그런데 보노를 발견한 세 청년이 부리나케 테이블로 왔다.

"안녕하세요. 당신의 열렬한 팬입니다. 사진 한 장 같이 찍을 수 있을까요?"

한 청년이 들뜬 목소리로 물었다.

"그럼요."

보노가 대답했다. 그러자 다른 청년이 가죽 재킷을 입은 조용한 남자를 쳐다보며 말했다.

"저기, 사진 좀 찍어주시겠어요?"

"기꺼이 찍어드리죠."

그 남자는 정중히 답했다. 잠시 후 보노와 친구는 술집에서 나갔다. 지배인은 여전히 신나게 즐기고 있는 세 친구에게 달려와 말했다.

"이런 멍청이들! 무슨 짓을 한 거야? 믿을 수가 없군!"

"우리가 무슨 짓을 했는데요?"

한 청년이 의아해하며 물었다.

"보노와 같이 있던 사람이 누군지 몰라?"

"모르는데요."

세 청년이 일제히 고개를 저었다.

"가죽 재킷 입은 사람, 자네들이 사진 찍어달라고 부탁한 사람이 브루스 스프링스틴(Bruce Springsteen)이라네."

083

최고의 성과를 내는 초격차 경쟁 우위 지표

책이 거의 끝나가고 있다. 이 시점에서 나는 타의 추종을 불허하는 생산성, 전문가들이 낼 만한 성과, 세상에 아름다운 영향을 미치는 삶에 관한 핵심 원칙들을 통합한 학습 프레임워크를 제시하고자 한다.

초격차 경쟁 우위 지표

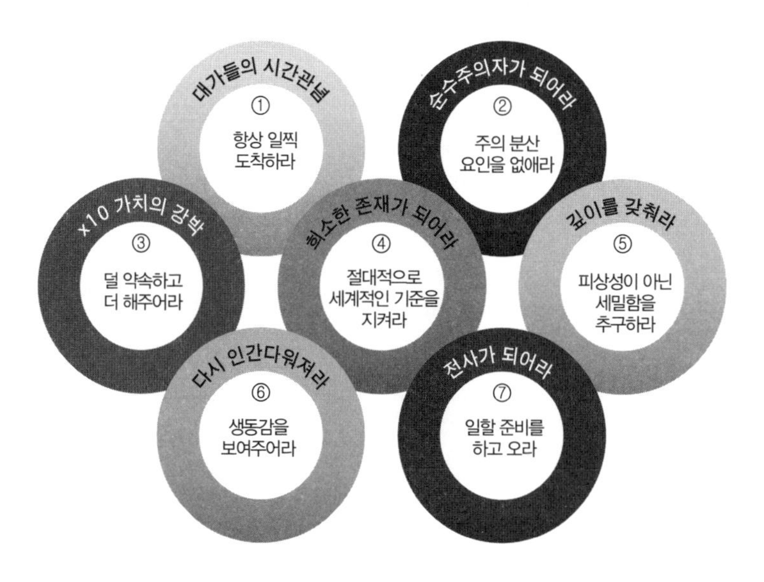

극적인 혼란과 근본적 변화의 이 시대에 이 일곱 가지 초격차 경쟁 우위(GCAs, gargantuan competitive advantages)를 고려해보기를 권한다. 이 원칙들을 규칙적으로 행할 때 해당 분야에서 무적의 존재가 될 것이다. 설명에 앞서 오늘 우리 행성에서 가장 중요한 두 가지 주제를 먼저 살펴보자.

주제 1: 대중의 평범화

사실 이는 평가가 아니라 보고다. 오늘날 지구상에 사는 대다수 사람은 평범함이 자신의 삶을 압도하도록 허용하고 있다. 일하는 방식, 생각하는 내용, 쓰는 말, 먹는 음식, 되풀이하는 습관, 행동하는 방식을 보면 잘못된 신념들, 과거의 상처들, 현재의 도전들, 일상의 산만함과 용납할 수 없는 변명에 주권을 넘겨준 게 분명하다. 이 선한 영혼들은 위대한 존재로 태어났지만 스스로 평균적이라고 체념했다.

주제 2: 집단적 비전문화

상점을 방문하거나 식당에서 식사하거나 커피숍에 갔을 때 거장처럼 움직이고, 명연주자처럼 집중하고, 매우 능숙한 기술과 자기 일에 대한 지식을 갖춘 직원을 마지막으로 본 때가 언제인가? 지금은 서비스 제공자의 급여를 받고서도 스마트폰을 갖고 놀고, 점심시간만 기다리고, 동료들과 장난치고, 근면함(그리고 배려)을 가장하지만 어떤 일도 너무 많이 하지 않을 방법을 궁리하는 사람들이 훨씬 더 많다. 놀라운 성과를 낼 수 있는 많은 사람이 지각하고, 실수를 저지르고, 예의가 없고, 도움을 제공하지 않고, 당신을 상대하는 것이 큰 호의라도 베푸는 것인 양 행동한다. 당신과 고객들이 준 일 덕분에 그들의 일자리가 있으며, 탁월한 성과는 더 큰 자부심과 개인적 기쁨, 정신력으로 가는 관문임을 이해하지 못한 채 말이다.

이런 맥락 안에서 일곱 가지 초격차 경쟁 우위 지표를 살펴보도록 하자. 이 일곱 가지를 빈틈없이 실행할 때 최고의 생산성을 끌어올려 당신의 분야를 지배하고 역량을 온전히 발휘할 것이다. 그리고 생의 마지막에 당신이 자랑스러워할 삶을 경험할 것이다. 이 초격차 경쟁 우위들은 간단하다. **성공은 언제나 기본에 충실하면 되기 때문이다.**

초격차 경쟁 우위 1: 항상 일찍 도착하라

나는 일찍 도착하지 않으면 늦은 것이라는 말이 사실이라고 믿는다. 그리고 회의에 1분이라도 늦기보다는 한 시간 일찍 오는 게 현명하다고 믿는다. 비즈니스계의 전설과 점심을 먹을 때면 대개 그들은 내가 오기 전에 이미 자리에 앉아 책을 읽고 있다. 또는 창의력 일지에 글을 쓰고 있다.

초격차 경쟁 우위 2: 주의 분산 요인을 없애라

당신은 너무 많은 활동과 너무 많은 소유물의 희생자가 되기 쉽다. 여기까지 오면서 나는 생활을 단순화하기를 권해왔다. 순수주의자(그리고 미니멀리스트)가 되기를 권유했으며 주요한 몇 가지만 하면서 하루를 보내고 삶을 영위하라고 강조했다. 많은 사소한 일에 선천적 재능과 후천적 재능을 분산시키지 말고 우선순위에 집중하라.

초격차 경쟁 우위 3: 덜 약속하고 더 해주어라

10배 가치의 고집(10x Value Obsession)은 내가 자문을 할 때 사용하는 개념으로, 그 의미는 고객과의 모든 접점에서 고객이 기대하는 것보다 10배 큰 가치를 전달하라는 것이다. 처음 접촉할 때부터 판매하고 나서 한참이 지날 때까지 변함없는 품질과 서비스로 사용자를 놀라게 하고, 압도하고, 감탄시키라는 것이다. 매 단계 계속 보상을 쌓아 올려 고객의 삶을 영원히 바꿔놓는 마법의 허리케인을 일으켜라. 이를 계속 완벽히 수행하면 분명 시장이 당신에게 몰려올 것이다. 그리고 전반적인 경제 상태와 상관없이 당신은 경쟁자 없는 영역으로 올라갈 것이다.

초격차 경쟁 우위 4: 절대적으로 세계적인 기준을 지켜라

당신이 인생에서 고수하는 기준은 당신이 도달할 성공, 영향력, 일상 속 영웅의 자질을 알려주는 의미심장한 지표다. 여기서 중요한 원칙이 있다. **우리는 인생에서 바라는 만큼이 아니라 결정한 만큼 얻는다.** 그러니 당신이 하는 모든 일에서 최고의 이상과 수행 규정을 고수하라. 당신이 되겠다고 약속한 최상의 자아, 즉 철두철미한 탁월함, 변하지 않는 고귀함, 어떤 경우에도 끄떡없는 진실함을 지닌 사람이 하지 않을 그 어떤 일도 하지 마라.

초격차 경쟁 우위 5: 피상성이 아닌 세심함을 추구하라

극도로 가벼워진 문화에서 이 지표는 매우 중요한 사항이다. 사고와 상황 분석 방식, 준비 수준, 일상 리추얼의 정도, 자기 일에서의 엄격함, 전반적인 삶의 영위에서 더 이상 깊이가 없는 사람들이 많다. 이런 시대에서 세밀한 접근법을 채택하면 사려 깊음, 인내, 세심함, 자긍심, 숙달을 발휘하는 실력자가 되어 경쟁자들과 확연히 차별된다.

내용이 충실한 일을 하라. 그리고 충실한 사람이 되어라. 거의 나무랄 데 없이, 매우 능숙하게 그리고 놀랍도록 영혼을 담아 일과 개인 생활을 함으로써 뭐든 대충하지 말고 조금의 게으름도 거부하라.

초격차 경쟁 우위 6: 생동감을 보여주어라

콜로라도주 볼더에 있는 한 카페에서 있었던 일이 기억난다. 나는 주문을 하고 바리스타에게 감사 인사를 했다. 하지만 그 바리스타는 주문대에 서 있어도 사실상 있는 게 아니었다. 내 말이 무슨 뜻인지 알 것이다. 그는 마치 사이버 좀비 같았다. 그의 정신은 아직 집에 있었고 그의 심장과 영혼은 화창한 카리브해로 휴가로 떠난 듯했다. 그는 몸만 카페에 있었다. 동작에 열의라고는 찾아보기 힘들었다.

기술적 방해가 끝없이 이어지는 시대에 '집중'은 얼마나 중요한 단어인가. 고객뿐만 아니라 어떤 사람에게나 당신이 줄 수 있는 가장 큰 선물은 온전한 관심이다. 사랑하는 사람에게 줄 수 있는 가장 큰 선물은 당신의 존재라는 보물이다. 즉 그들과 있는 시간에 온전히 집중하는 것이다. 흔쾌히 귀 기울여주기, 진심으로 관심 가져주기, 온전히 어울리기 등은 전부 요즘은 보기 드문 행동이다. 하지만 행복과 영향력, 기여도가 크게 확장되는 세계 정상들에게는 필수인 행동이다.

초격차 경쟁 우위 7: 일할 준비를 하고 오라

출근하는 순간부터 공연 시작이다. 당신이 쇼 비즈니스에 종사하고 있고 매일 아침 일을 시작할 때 무대에 오른다고 생각하라. 지난번 공연만큼만 잘하면 된다. 그리고 당신이 하는 모든 일은 당신을 더 위대하게 만들거나 더 평범하게 만든다. 평범한 결과 하나로 평범함의 수용이 시작된다. 그러니 일을 할 때는 공연한다는 자세로 하라. 급여 수준 이상으로 일하라. 그리고 체급 이상의 펀치를 날려라. 그에 미치지 못하는 것은 타고난 천재성을 파괴한다.

이 일곱 가지를 정기적으로 실천하면 획기적인 승리를 경험할 수 있다. 그리고 말 그대로 초격차 경쟁 우위를 경험할 수 있다. 이 일곱 가지 훈련을 꾸준히, 철저히 해내길 권한다. 바로 지금, 소중한 오늘부터 시작하라.

084

스티브 잡스가 남긴 마지막 말

스티브 잡스의 마지막 말은 "오, 와우. 오, 와우. 오, 와우"였다고 그의 여동생은 전한다. 예전에 나는 이 글을 읽고 가슴이 찡했다. 그리고 인생의 허무함을 다시 떠올렸다.

당신에게는 인류의 향상이라는 소명이 주어졌다. 핑계는 안 된다. 도피할 수도 없다. 연기할 수도 없다. 당신 안에는 분출된 적 없는 잠재력이 잠자고 있을 뿐만 아니라 발견되기를 기다리는 빛나는 장래성이 있다.

당신의 두려움은 더 큰 성공을 위한 재료가 될 수 있으므로 문제가 나타났을 때 겁먹어서는 안 된다. 당신의 과거는 스스로 허락하지 않는 한 당신의 미래를 좌우할 힘이 없다. 당신이 몇 가지 새로운 선택을 하고 한결같이 전력을 다해 성공을 이뤄낸다면 당신의 삶은 숭고한 차원으로 올라설 수 있다.

소음이 사람을 마비시키는 이 시대에 당신은 조용한 시간을 찾아 신호를 다시 연결하고, 어린 시절의 갈망을 되찾고, 잊어버린 진입점을 찾아 당신의 장점에 다시 접근하길 바란다. 아무리 긴 인생도 금방 지나가며 순식간에 당신은 재와 먼지가 될 것이라는 부인할 수 없는 지혜를 현명하게 받아들이기를 바란다. 당신과 내가 하는 이 여행은 눈 깜짝할 사이에 지나가리라는 사실을 알지 않는가?

당신은 자신을 위해 그리고 당신에게 의지하고 당신을 인정해주고 당신에 대한 사랑을 마음에 품고 있는 사람들을 위해 이런 성찰을 할 의무가 있다. 오늘은 귀한 현상금이 넘쳐나는, 기념할 가치가 있는 일종의 보너스다. 순수한 기회의 선물이다. 상상한 적 없는 이상을 고려하고 감수하지 않았던 위험을 감수할 기회, 마땅히 가져야 할 연민을 가질 기회, 사고와 감정, 행동, 존재의 고차적 방식을 단호히 지지할 기회의 날이다.

우리 문명에 더 필요한 것은 정중함이다. 존엄이다. 그리고 용기다. 우리는 정말로 최고의 당신을 필요로 한다. 우리는 당신이 날아오르기를 원한다. 그래서 최후의 순간에 도달했을 때 "오, 와우. 오, 와우. 오, 와우" 하고 외칠 수 있기를 바란다.

085

상황이 힘들어 보일 때 자신의 힘을 믿어라

이 글을 쓰기 직전에 나는 산악자전거를 타고 숲을 가로지르고 있었다. 우리 인간은 종종 나약함을 느끼고 자주 우리의 모든 힘을 잊는다는 사실을 되새기고 있었다. 땀을 뻘뻘 흘리는 도중에 그렇게 솟구친 영감 때문에 오솔길을 벗어났다. 자전거를 내려놓고 지는 해를 보며 풀 위에 앉아 휴대전화에 떠오르는 글귀들을 적었다. 아래의 사진은 그때의 장면이다.

자전거를 타고 숲을 가로지르던 중에.

다음은 그 글에서 여러분과 가장 공유하고 싶은 부분이다.

— 상황이 힘들어 보일 때 우리는 우리의 힘을 믿을 기회를 얻는다.
혼란이 시작될 때 더 명료해질 기회가 열린다.
모든 것에 의문을 가질 때 우리는 진정으로 성장한다.
완전히 혼자라고 느낄 때 우리는 모든 사람이 공유하는 경험과 가장 밀접하게 연결되어 있다.
그리하여 우리는 하나가 된다.

소란과 폭풍 속에서 당신이 겪은 모든 일을 기억하라.
거센 파도는 결국 잔잔해질 것이다.
변화의 불편함은 새로운 지혜라는 행복으로 돌아올 것이다.
그리고 더 순수한 힘으로.

당신은 당신이 아는 것보다 더 강하고

당신이 인정하는 것보다 더 용감하며

삶이 던져주는 어떤 어려움도 당신의 지성이 가르쳐줄 수 있는 것보다 더 잘 헤쳐나갈 수 있다.

당신은 비처럼 강하다.
당신은 파도처럼 정복을 거부한다.

당신은 추수만큼이나 만족스럽다.

당신은 조심스레 길을 안내해주는

하늘만큼 환하다.

겁이 날 때는 질문하라. 영웅이라면 어떻게 했을까?

걱정될 때는 생각해보라. 자신감이 있다면 어떻게 행동할까?

화가 날 때는 질문하라. 어디를 이해해줄 수 있을까?

상처받을 때는 낙관주의가 깃든 곳으로 가라.

불안할 때는 자기애가 이끄는 대로 따르라.

모든 것이 당신의 이익을 위해 펼쳐지고 있다. 당신의 행복에 반하는 것은 아무것도 없다.

당신에 대한 시험은 승리를 가져올 것이다.

당신의 선행은 고귀한 성공을 가져올 것이다.

엄청난 보상이 오고 있다.

당신의 과정을 신뢰하라.

용기를 잃지 마라.

당신의 여정을 다른 누구와도 비교하지 마라.

당신은 완벽하게 보호받고 있다.

그리고 많은 가르침을 받고 있다.

세상을 지배하는 힘의 가르침을.

086

영감을 받지 못한 사람은 영감을 줄 수 없다

역사상 저명한 지도자, 존경받는 혁명가, 세계 건설자들은 모두 특별한 영감을 받은 이들이었다. 그들의 천재성은 꿈을 실행하는 능력보다, 꿈을 꾸고 사람들을 고무해서 비전을 향해 나아가도록 만드는 능력에 있었다. 하지만 여기서 짚고 넘어갈 원칙이 있다. **영감을 받지 못한 사람은 다른 사람에게 영감을 줄 수 없다.** 뻔한 말 같은가? 좀 진부해 보인다면 미안하다. 하지만 나는 그렇게 생각하지 않는다.

나는 직함을 별로 믿지 않는다. 내 책 《직함 없는 리더》를 읽은 사람은 이미 알 것이다. 하지만 옷깃이나 검은색 티셔츠에 배지로 달고 싶은 직함이 있다면 바로 최고영감책임자(CIO, chief inspiration officer)다.

세계적 수준의 리더와 전문가가 할 일은 최고의 성과와 최고의 기량을 발휘하도록 자극한다는 한 가지 목적을 가지고 팀원들을 격려하는 것이다. 그래서 팀원들이 그들을 만나기 전보다 성장하게 하는 것이다. 서번트 영웅(servant hero)과 전설적 인물의 소명은 그들을 믿는 사람들의 정신, 마음, 영혼을 사로잡는 것이다. 그런 다음 그들에게 놀라운 혜택을 주면서 위업을 이루도록 독려하는 것이다.

그러나 자신의 창조적인 에너지와 생산적인 열정이 떨어진다면 다른 사람들의 사기를 북돋울 수 없다. 나는 나의 개인적 영감을 매우 중시한다. 영감이 내 일의 핵심 도구인 까닭이다. 나는 대부분 뉴스와 나를 기분 나쁘게 만드는 사람들, 어두운 장소는 대체로 피한다. 대신 희망을 드높이고 글을 더 잘 쓰게 해주고 계획을 발전시키고 내면의 열정을 부채질해주는 장소를 찾는다.

나는 아무도 찾지 못할 만한 바닷가의 소박한 오두막에 일주일간 머물기 위해 떠나고는 한다. 핵심 프로젝트를 끝내기 위해 활력소가 필요해서다. 새로운 장소는 신선한 에너지를 선사해준다. 아래는 최근 여행에서 찍은 사진이다.

바닷가의 집필 성소에서.

아니면 내가 존경하는 사람에게 연락해서 내 정신을 고양해줄 대화를 나눈다. 그래서 마스터리에 가까워지고자 하는 열정을 회복한다. 또는 마음을 설레게 하는 책을 집어 든다. 온라인상에서 시간을 보내기보다는 달리기를 하고, 선정적인 텔레비전 쇼를 보는 대신 명상을 하거나 컨트리 음악을 틀어놓고 정원에서 일광욕을 즐긴다. 또는 일기장을 펴고 앞으로 24개월 동안 하고 싶은 일들을 도표로 그려본다. 아마 아래 같은 도표가 될 것이다.

부모님에게 전화를 걸어 아버지에게 인생 교훈을 묻고, 어머니의 지혜에 귀 기울인 후 어렸을 적에 가장 좋아했고 따라 해보려는 요리의 조리법을 물어보기도 한다(요즘은 정말 맛있는 어머니의

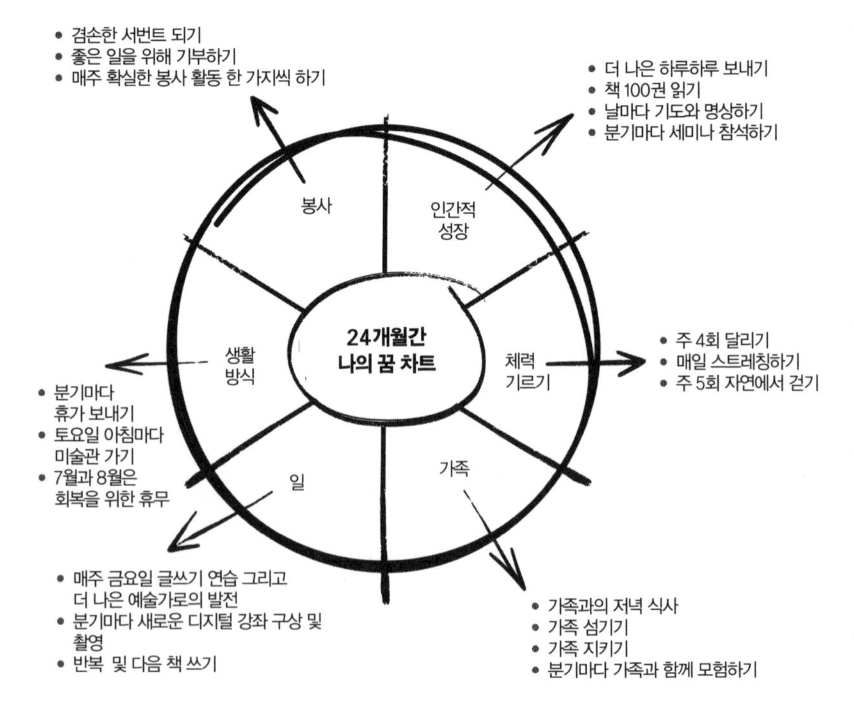

채소 수프를 만들어보고 있다). 내가 사는 도시를 한참씩 산책하며 새로운 이웃들을 발견하고, 흥미로운 풍경을 사진으로 찍고, 매력적인 사람들에게 말을 걸고 짧은 대화를 나눈다. 어느 날은 전설적 존재가 된 가능성 신봉자들은 모두 예전에 힘들게 생활했음을 일깨워주는 영화를 본다(사실 편해지는 게 아니다. 위험에 점점 익숙해져서 좀 더 쉽게 헤쳐나가고 빠르게 포기하지 않을 뿐이다).

내가 이 모든 일을 하는 이유는 탁월성을 향한 의지에 불을 지피기 위해서다. 원래의 최고 생산성을 재개하기 위해서다. 분주하고, 사소하고, 즐거운 일을 멀리하도록 스스로 최면을 걸고 사회에 보탬이 되어야 하는 의무에 다시 집중하기 위해서다. 나는 활기 없는 상태에 너무 오래 머물지 않는다. 그래서 (너무나 많은, 죽은 사람들 사이에서) 내 삶은 매우 활기가 넘친다.

내가 항상 영감을 받는다고 주장하려는 건 아니다. 그건 사실이 아니다. 어떤 사람들은 내가 언제나 의기양양하고 에너지와 결과물을 얻으려는 의욕이 넘친다고 생각한다. 아니다. 나도 인간이다. 그래서 기분, 자연적인 리듬, 개인적인 주기의 영향을 받는다(때로는 하루 동안에도!).

예술 노동자로서 나는 영감과 의욕 상실이 번갈아 반복되는 이런 주기를 신뢰하는 법을 배웠고 내 권능이 모든 단계에서 나를 이끌고 있음을 깨달았다. 수준 높은 작품을 만들고 내 노래를 부르는 것이 내게 가장 이익일 때 그러고 싶은 의욕이 그냥 나타난다. 종종 새벽 5시에도 말이다. 이유는 모르겠다. 그냥 그렇다.

창작자로서 나는 주기를 믿는다. 내가 영감을 잃고 어떤 동기도 느끼지 못할 때는 뮤즈가 나를 비수기로 이끈다고 여긴다. 그리고 본능적으로 휴식을 기꺼이 받아들인다(그것이 한나절이든, 하루든, 한 주 내내든 혹은 더 길든 휴식은 활기와 상상력으로 불타는 상태로 돌아가게 해준다. 나는 조만간 머나먼 땅에서 1년 동안 안식년을 갖기를 꿈꾸고 있다).

물론 나는 어니스트 헤밍웨이(Ernest Hemingway)와 스티븐 킹(Stephen King) 같은 예술가들은 매일매일 한결같이 작업했다는 것을 알고 있다. "지적인 사람의 루틴은 야망을 나타낸다"라는 퓰리처상 수상자 위스턴 휴 오든(Wystan Hugh Auden)의 말도 잘 알고 있다. "작업하기에 이상적인 조건을 기다리는 작가는 종이에 한 글자도 남기지 못하고 죽을 것이다"라는 엘윈 브룩스 화이트(Elwyn Brooks White)의 말은 매우 일리가 있다. 다만 내게는 그런 방식이 먹히지 않는다.

나의 현실은 이렇다. 나의 뮤즈는 매일 아침 찾아오지도, 매일 밤 동화를 읽어주고 달콤한 입맞춤으로 나를 재워주지 않는다. 어떤 날은 받아 적기 바쁠 정도로 한 단락이 기적처럼 완성된다. 그리고 어떤 날에는 그냥 벽만 쳐다보면서 구석의 거미줄을 세고 있다.

하지만 나는 그 모두가 괜찮다는 걸 알게 되었다. 그것이 나의 개인적 글쓰기 과정이다. 여기에 저항하는 건 내 글쓰기 과정을 비하하는 일이다. 우주가 나를 인도하고 있으니 저항하지 않고 수용하는 것이 유리하다.

내 말은 내가 창의력을 강제하는 일이 드물다는 것이다. 그럴 때는 기껏해야 평범한 결과가 나온다. 그런데 왜 굳이 애를 쓰겠는가? 어차피 다시 해야 하는데? 그리고 매일 생산성이 불타오르는 주기라도 이른 아침 글을 쓰려고 앉았는데 아무것도 떠오르지 않거나 보통 수준의 글만 나오면 나는 작업을 그만둔다. 내일이 있다고 믿고 산책하러 가거나 친구와 점심을 먹는다.

영감, 내가 얼마나 좋아하는 단어인지! 차별화된 작업을 할 수 있도록 영감을 보호하는 것은 대단히 중요하다. 영감(inspiration)이라는 단어가 라틴어 'inspirare'에서 파생되었다는 사실을 알고 있는가? inspirare는 '숨을 불어넣는다'는 의미다.

행운을 가져다주는 지성이, 꿈을 현실로 만드는 기류가, 그리고 극적인 업적, 비범한 성취, 무한한 영향력의 신들이 숨을 불어넣는다.

이 글을 쓰는 지금 나의 바람은 당신이 영감을 잘 관리하는 것이다. 그리고 영감을 더 경험하고 싶어 하는 대중에게 자랑스럽게 영감을 독려하는 것이다. 사람들 대다수가 열의를 잃고 경외심을 버린 문화에서 일하고 생활할 때 당신은 괴짜라고 불리고 별난 사람, 이상한 사람 취급을 받을 것이다.

"음악이 들리지 않는 사람들에게 춤추는 사람들은 미친 사람으로 보였다." 니체의 말이다. 이 말을 당신의 정신과 마음, 영혼에 새기기를 바란다.

087

앞으로 6개월밖에 살지 못한다면

지금 벽난로에서는 장작불이 활활 타오르고 있다. 타닥타닥 장작에서 나는 소리가 방 안을 가득 채운다. 밴드 프리머티브 레이디오 갓스(Primitive Radio Gods)의 〈부서진 전화 부스 옆에 동전을 들고서(Standing Outside a Broken Phone Booth with Money in My Hand)〉가 연주되고 있다. 좀 옛날 노래이긴 하다. 하지만 이 노래를 들으면 기분이 좋아진다. 그리고 약간 슬퍼지기도 한다.

그래서 이런 궁금증이 생긴다. 살날이 6개월밖에 남지 않았다고 잠시 상상해보라. 당신이 자신에게 약속한 모든 일을 할 시간이 6개월뿐이라면. 타지마할을 방문하고 베토벤의 〈월광 소나타〉를 듣고, (직접 보면 훨씬 작은) 모나리자를 감상하고, 기자의 피라미드를 탐험할 시간이 6개월뿐이라면.

당신에게 상처를 준 사람들에게 용서한다는 편지를 쓰거나 당신이 상처를 준 사람들에게 사과하는 편지를 쓰고, 당신을 아끼고 당신 안의 밝은 빛만을 보는 사람들에게 무조건적인 사랑을 전하는 편지를 쓸 시간이 6개월뿐이라면.

만약 6개월만 더 살 수 있다면 당신은 무엇을 그만두겠는가?

아마 이런 일들을 나열할 것이다. 자신과 일을 지나치게 동일시하기, 디지털 기기에 열중하기, 오락에 너무 많은 시간을 쓰고 배움에 시간을 할애하지 않기, 불필요한 일에 화를 내고 시끄러운 이웃과 서툰 운전자들과 불만스러운 가족에게 짜증 내기, 머릿속 비판과 자기혐오의 목소리에 귀를 기울임으로써 자신을 깎아내리기, 스스로 최선을 다했음을 잊은 채 잘못했다고 자책하기, 한 번의 실망스러운 경험을 속으로 수없이 되새기며 끊임없이 과거를 재현하기.

만약 6개월만 살 수 있다면 당신의 지혜와 카리스마와 힘으로 무엇을 시작하겠는가? 이런 일들이 아닐까? 당신이 먹어본 중에서 가장 맛있었던 식사에 대해 글로 써보면서 다시 경험하고, 고맙게도 당신이 즐겼던 장엄한 순간을 회상해보기. 이 말을 해도 괜찮을지 알 수 없었던 (하지만 당신이 왔던 광활한 우주로 되돌아가기 전에 그들을 얼마나 사랑하는지 들려줘야만 하는) 모든 사람에게 "사랑해!"라고 크게 외치기.

일생일대의 여행을 가거나 친구들이 당신을 기억하게 해줄 특별한 장미 정원 가꾸기. 피자와 파스타를 더 많이 먹고 아이스크림을 더 많이 즐기기. 보름달 아래서 벌거벗고 춤을 추고, 너무 바빠서 읽지 못했던 시를 읽고, 시간이 더 나고 할 일이 적어지면 언젠가 방문하겠다고 했던 화랑에 가기. 어릴 적 살았던 동네로 가서 순진무구한 아이처럼 거리를 걸으며 우리 모두 좀 더 즐기기를 바라는 명랑함과 부푼 희망과 천진함을 발산하기.

일요일 오후에 낮잠을 자고, 좋아하는 레스토랑에서 가장 좋은 자리를 요청하고, 평소에 가는 카페에 노래를 부르며 들어가기. 낯선 사람에게 (사회적으로 용인되는 것보다 더 오래) 미소를 지어주고 데이지가 만발한 공원에서 맨발로 걷기. 오랜 시간 가족과 함께 있기. 비가 내리거나 해가 질 때 나무 사이로 황금빛이 반짝이는 신성한 숲에서 오랫동안 산책하기. 인간의 삶은 매우 깨지기 쉽고 누군가는 예기치 않게 죽을 수 있으므로 만나는 모든 사람을 다시 볼 수 없을 것처럼 대해주기.

당신이라면 무엇을 하겠는가? 살날이 고작 6개월밖에 남지 않았다면? 당신의 인생에 남은 날들을 소중하게, 가장 멋지게, 영웅처럼 살기를 바란다.

088

묘비에 남기고 싶은 한 줄

우리가 함께하는 짧은 여정이 막바지에 이른 지금 자꾸만 죽음을 떠올리게 해서 미안하다. 그렇지만 미안하기만 한 건 아니다. 죽음에 대해 생각하면 우리는 삶의 우선순위에 다시 초점을 맞추고, 생각을 재조정하고, 감정에 생기를 불어넣고, 일상을 재정렬하기 때문이다.

나는 나의 죽음을 생각해도 우울하지 않다. **전혀 그렇지 않으며 오히려 지금을 살아가는 데 자극이 된다.** 자연이 내게 얼마나 되는 삶을 허락해주든 간에 내 삶이 얼마 남지 않았다는 사실을 알고 익숙해지면 더 활기차게, 감사하게, 절박한 마음으로 하루하루 최선을 다하게 된다. 죽음을 생각해보는 것은 사려 깊고 창의적이며 가치 있고 환희에 찬 삶의 모든 것에 집중할 수 있는 아주 효과적인 방법이다.

오늘 아침 나는 내가 좋아하는 책, 로마에 거주하며 네로 황제에게 조언을 해주었던 스토아 철학자 세네카(Lucius Annaeus Seneca)가 쓴《인생의 짧음에 관하여(On the Shortness of Life)》를 읽었다. 그중 한 구절을 소개한다.

— 그러므로 여러 차례 관복을 입은 사람이나 광장에서 이름이 자주 언급되는 사람을 보고 부러워하지 마라. 인생을 희생하며 얻은 것들이기 때문이다. 그들은 자기 이름이 걸린 1년을 위해 일생을 놓친다.

이 구절은 전성기의 좋은 시간에 명성과 부, 박수갈채를 쫓느라 보낸 사람은 삶이 제공하는 진정한 기쁨과 모험, 보석의 경험을 희생했다는 걸 깨달아야 한다고 말해준다. 그런 사람들은 인생의 마지막에는 별로 중요하지도 않을 성공의 정점을 향해 하루하루 달려간다. 그들은 단지 달력에 자신의 이름이 걸린 한 해를 갖기 위해 그 모든 일을 한다.

세네카는 이런 공허하고 후회로 가득한 인생 경험 방식에 의문과 이의를 제기하도록 우리를 격려한다. 그는 이렇게 덧붙인다. "어떤 이들은 온갖 굴욕을 감내하고 최고의 위엄에 도달한 후 그 모든 수고가 단지 비문을 위해서였다는 암울한 깨달음을 얻는다."

좋은 글이다. 그런 사람들은 죽음이 가까워지면 묘비의 고작 한 줄을 위해 자신을 바쳤다는 걸 깨달을 것이다. 그럴 가치는 정말 없지 않은가?

089

거인의 몰락에 저항하라

이 글에서는 어떤 분야의 거물이 되는 과정, 즉 자기 일에 완전히 숙달되고, 한 분야의 선두주자가 되고, 경이로움과 정교함을 추구하고, 미덕과 공공 봉사로 삶을 채운 후 그동안 이룬 업적을 조용히, 교묘히 오염시키다가 완전히 붕괴시키는 퇴보 과정에 대해 설명할 것이다. 이 과정을 이해하면 몰락과 퇴보를 피하는 데 도움이 될 것이다. 인식의 향상은 더 나은 선택을 할 수 있도록 도와주어 더 나은 결과를 가져올 수 있기 때문이다.

"성공은 안주를 낳고 안주는 실패를 낳는다. **편집광만이 살아남는다**"라는 실리콘밸리의 전설 앤디 그로브(Andy Grove)의 말은 어느 정도 일리가 있다. 내 고객인 비즈니스와 스포츠계의 골리앗들 대부분은 내가 '낙관적 편집증(optimistic paranoia)'이라고 부르는 특성을 보인다. 그들은 그들이 이룬 것에 감사하고 그들이 이뤄낸 흔치 않은 성공이 계속되기를 희망한다. 동시에 일에서 눈을 떼면 언제든지 왕좌를 뺏길 수 있다는 생각을 마음속에 품고 있다. 그들은 슈퍼스타의 삶이 얼마나 덧없는 것인지 아주 명확히 이해하고 있다.

퇴보 모델을 살펴보기 전에 자연적인 무질서와 점진적 쇠퇴를 설명하는 물리학 용어 '엔트로피(entropy)'를 생각해보자. 엔트로피는 왜 한때 성공했던 사람들이 시대에 뒤처지고 한때 존경받던 기업들이 무너지는지 설명해준다. 최고의 성과와 최대의 영향력을 보장받으려면 창의적 생산자이자 탁월한 리더로서 직면하는 문제, 즉 어렵게 달성한 모든 성과가 자연적으로 소멸하는 것을 편집증 환자처럼 경계해야 한다. 오래가지 않는 성공은 큰 성공이라고 할 수 없지 않을까? 문학평론가 시릴 코널리(Cyril Connolly)는 "신은 처음에 유망하다고 했던 자들을 파괴하고 싶어 한다"라고 말했다.

그러면 당신이 산업계 거물이 되었다고 가정하고 이야기를 시작해보자. 당신은 세계 정상에 올랐다. 전 세계에서 극소수만 그런 정점에 도달한다. 하지만 정상은 가장 취약한 곳이다. 에베레스트산에서 사망하는 등반가 대부분은 정상으로 올라가는 도중에 죽는 게 아니다. 그들은 정상에 선 후 돌아오는 길에 죽는다. 등정에 성공했으므로 안전이 보장된다고 생각하는 함정에 빠지는 것이다. 산소 고갈, 탈진으로 인한 실수, 하강 시간의 계산 착오와 같은 진짜 위험은 정상에서 발생한다.

사람이나 조직도 마찬가지다. **정점에 있을 때 가장 조심해야 한다. 안일함이 죽음을 초래한다.** 대체로 성공은 정점을 찍은 직후에 하강세를 보인다. 세계 최고라는 타이틀의 유통 기한은 믿을 수 없을 만큼 짧다. 이를 되돌릴 중심축은 무엇일까? 위대함이 왜 그렇게 허약한지 이해하고 신속히 '내구성의 건축

(architecture of endurability)'에 들어가 당신의 영향력과 감화가 세상에 확대되는 동안에도 끊임없이 노력하고 해당 분야의 지배력을 적극적으로 늘리는 것이다.

아래 모델을 살펴보면 알 수 있지만 자기 분야의 정점에 오른 후 직면하는 첫 번째 위기는 오만이다. 당신이 경험한 모든 승리는 당신이 모든 답을 알고 있고, 항상 옳으며, 패배할 리 없다는 생각을 낳을 수 있다.

내 기업 고객 한 곳은 지구상에서 가장 유명한 기술 회사였다. 그 회사의 창업자는 과거에 예측을 잘했다는 이유로 오직 자신만 미래를 내다볼 수 있다고 생각하는 함정에 빠졌고, 곧 회의에서 리더십 팀의 말을 듣지 않으려 했다. 한 임원은 당시 회사 사

거인의 몰락 과정

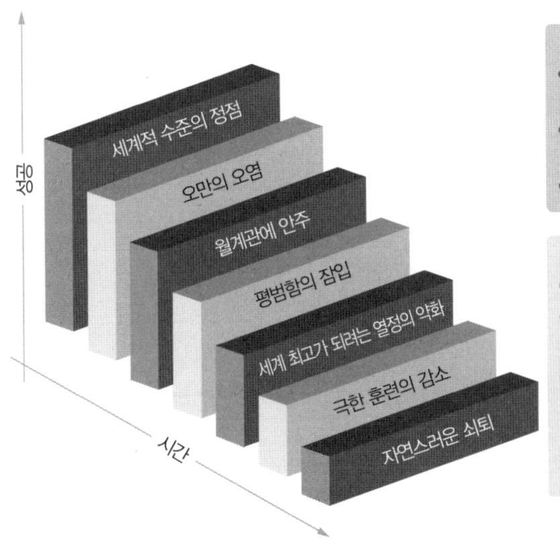

사례

- 한때 시장을 지배했던 기업
- 히트곡이 하나뿐인 음악 신동
- 한때 챔피언이었던 선수

개념

- 성장과 적합성에 집착
- 유행의 창조보다 경력 쌓기를 선택
- 성공은 위험 및 위협을 동반
- 취약점을 보완하고 단단한 보호 조치 필요

정이 나빠지리라는 것을 알고 있었다고 내게 솔직히 말했다. 그 창업자는 틀린 것으로 판명되었다. 회사는 업계에서 낙오되어 이제 논의조차 되지 않는다.

오만함의 해독제는 겸손이다. 이를 위해 '부적절성 방지 규칙(anti-irrelevance rule)'을 실천하라. 즉 자기 분야를 지배하는 위치에 올라섰을 때 우쭐대고 교만하고 자만하지 않도록 더욱 열심히 싸워라. 현실에 단단히 발을 딛고, 당신의 계획과 사람들에게 계속 집중하고, 자만하면 단 한 번의 실책으로도 추락할 수 있음을 절대 잊지 마라.

미술평론가 로버트 휴즈(Robert Hughes)는 "위대한 예술가가 될수록 의심도 커진다. 완벽한 자신감은 재능이 부족한 사람에게 위로의 상으로 주어지는 것이다"라는 글을 남겼다.

오만한 사고방식이 집중과 행동 방식을 오염시킨다면 앞서 도표에서 볼 수 있듯이 퇴보 과정의 다음 단계에서는 당신을 위대하게 만든 그 성공 공식을 반복하려는 성향이 나타난다. 당신의 진정한 능력을 시장에 더 많이 전달하기 위해 생산적이고 창의적이며 용감해지기보다는 가진 것을 지키려는 쪽으로 기우는 것이다.

고대 그리스에서는 향기로운 월계수 잎으로 만든 화환을 우승한 선수의 머리에 얹어주며 승리를 축하해주었다. 시간이 흐르면서 "월계관에 안주하지 마라"라는 말은 승자에게 평범한 선수로의 전락을 경계하는 조언으로 등장했다. 당신을 위대하게 만들어준 성공을 단순히 모사하는 쉬운 길을 택할 것이 아니라 가장 훌륭한 성과를 계속 갱신해가기를 권한다. 그러지 않으면 단 한 번 히트작을 낸 후 사라지고 만다.

자기 분야의 정점에 올랐을 때 직면하는 다음 위기는 '평범함의 잠입(mediocrity creep)'이다. 이는 '깨진 유리창 이론(broken window theory)'에 비유해서 설명할 수 있다. 유명한 도시 근교에서 몇몇 집이 깨진 유리창을 교체하지 않고 그대로 놓아두었다. 이 단순하고 언뜻 무해해 보이기도 하는 관리 소홀은 공동체 전체에 무관심과 방치하는 태도를 퍼뜨렸다. 무심함이 용인되기 시작하면서 집 앞에 쓰레기를 방치하는 이웃이 나오기 시작했다. 그다음에는 앞뜰의 잔디를 깎지 않고 정원의 잡초를 뽑지 않는 집들이 나왔다. 서서히 잠입한 낮은 기준이 한때 아름다웠던 동네를 오염시키면서 곧 범죄가 엄청나게 증가했다. 갱단이 마을을 장악했고 폭력이 곳곳에서 발생했다.

당신의 개인적인 숙달, 생산성, 삶뿐 아니라 당신이 이끄는 조직에도 깨진 유리창 이론을 적용하라. 극도로 경계하지 않으면 당신이 알아차리기도 전에 평범함이 당신의 삶을 조용히 장악한다는 것을 기억하라.

개인이나 대기업 몰락의 다음 단계는 승리에 대한 열정의 상실이다. 나는 이를 '세계 최고가 되려는 열정의 약화'라고 부른다. 전설적인 챔피언의 핵심 특성 중 하나는 챔피언의 자리에서 물러날 때가 오리라는 생각을 견디지 못한다는 점이다. 그들은 타이틀을 잃는다는 생각만으로도 두려움을 느낀다.

한때 불타올랐던 세계 최고가 되고자 하는 열정의 감소와 함께 거인이 몰락하는 다음 단계는 극도로 힘든 훈련을 하려는 의지를 잃는 것이다. 그들의 쾌활함은 퇴색하고 지식과 기술의 향상을 위한 노력도 줄어든다. 그들은 창의성을 잃고 다른 사람들보다 열심히 연습하려는 에너지도 증발한다.

일부 할리우드 슈퍼스타들에게서도 이런 경우를 볼 수 있다. 그들은 수년간 자신의 한계까지 아슬아슬하게 밀어붙이면서 까다로운 배역을 연이어 받아들인 결과 천재성이 고갈된다. 때때로 그들은 미래에도 돈이 무한히 들어올 거라는 생각으로 무절제한 생활에 빠지기도 한다. 이 모든 긴장감이 그들을 지치게 한다. 그래서 단지 돈을 위해, 회복할 기회를 얻기 위해 창의성과 훈련이 필요 없는 배역을 받아들이기 시작한다. 이는 파멸의 시작이다. 슈퍼스타는 한때 영광스러웠던 자신의 캐리커처가 되고 만다.

이 모든 것 때문에 거물은 시대에 뒤처지고 진부해진다. 최선을 다해 이런 사태를 피해야 한다. 당신은 그럴 수 있다고 확신한다. 당신과 당신의 팀은 내가 고객들에게 적용하는 '거인의 몰락 분석(titan's decline analysis)' 워크시트로 약점을 발견하고 필요한 조치를 마련할 수 있다(워크시트는 TheEverydayHeroManifesto.com/TitansDeclineWorksheet에서 찾을 수 있다).

090

예술가의 임무

1992년 10월 3일은 아일랜드의 싱어송라이터 시네이드 오코너(Sinéad O'Connor)에게 중요한 날이었다. 〈낫씽 컴페어즈 투 유(Nothing Compares 2U)〉 같은 대 히트곡을 연달아 내놓으며 유명해진 그녀는 〈새터데이 나이트 라이브(Saturday Night Live)〉에서 노래하게 되었다.

하지만 그녀는 안전하게 미리 정해둔 곡을 부르지 않고 완전히 다른 모습을 보여주었다. 아동학대에 반대하는 격렬한 정치적 성명을 노래한 것이다. 밥 말리(Bob Marley)의 저항 음악 〈워(War)〉의 원래 가사를 '아동학대'로 바꿔 부른 오코너는 분노한 얼굴에 격앙된 목소리로 교황 요한 바오로 2세의 사진을 들고 "진짜 적과 싸우라!"라고 외치고는 반으로 찢었다. 이는 그녀의 모국 아일랜드의 성직자들이 아이들에게 자행한 성추행에 대한 준열한 고발이었다. 그러나 그 일로 그녀의 명성은 무너졌다. 그녀의 경력도 곤두박질쳤다.

몇 년이 지난 후 그녀는 그런 행동의 동기를 이렇게 밝혔다. "때때로 예술가의 임무는 인기를 얻는 게 아닙니다. 대화가 필요한 곳에 대화를 만들어내는 것이 예술가의 임무일 때도 있습니다." 심오하고 변혁적이고 특별한 일을 한다는 것은 그것을 이해하는 사람들의 마음을 사로잡는 동시에 이해하지 못하는 사람들을 화나게 만든다. 당신의 걸작이 시민 대다수를 마음 상하게 하고, 도발하고, 화나게 하고, 자극하지 않는다면 어쩌면 진짜 걸작이 아닐지 모른다. 그저 평범한 노동일 수도 있다.

일상의 영웅이자 자기 영역의 예술적 리더로서 당신의 임무는 자기 능력에 대한 충분한 믿음과 마음속 용기를 갖고 가장 독창적인 자아를 존중하며 해야 하는 일을 하는 것이다. 설령 미움을 받더라도 당신에게 절대적인 진리인 시와 음악, 훌륭한 정신을 제공하는 것이다.

그러니 부디 당신의 재능을 우리 세계로 가져오기를 바란다. 우리는 그 어느 때보다 그런 재능이 정말 절실히 필요하다. 지금 그렇게 하라. 설령 사람들이 혐오하더라도.

091

트롤을 다루는 법

여기서 다룰 학습 프레임워크는 내 멘토링 방법에서 가장 널리 받아들여지는 모델 중 하나이므로 확실히 이해하기를 바란다. 당신이 재능을 발휘하지 못하게 막으려는 사람들의 적대적인 목소리와 악의적인 잡담을 차단하는 데 도움이 될 것이다. 당신은 비난하는 자들의 말에 귀 기울일 수도 있고, 아니면 무시하고 열정적으로 앞으로 나아갈 수도 있다. 하지만 둘 다 할 수는 없다.

트롤 또는 악플러들은 당신의 진심 어린 노력을 깔아뭉개고 당신의 이름으로 세상에 내놓은 성실한 마법을 비하하는 밑바닥 인생들이다. 트롤을 분석하고 그들의 힘을 없애는 첫 단계는 다음 쪽의 도표를 보면 알 수 있듯이 이 사실을 기억하는 것이다. **트롤들은 사랑의 스승이 변장한 것이다.**

그들은 스승이다. 정말이다. 당신의 불안을 자극하고 당신의 능력을 의심하며 선동하는 사람은 모두 도우미들이다. 그들의 비열한 행동은 당신의 약점을 끄집어낸다. 그래서 그것을 알아차리고 치유할 수 있게 해준다. 멋진 일이다. 그들에게 감사할 일이다. 그들 덕분에 당신이 더 건강하고, 더 순수해지고, 더 나아졌기 때문이다. 타고난 위대함을 향한 당신의 등반에 그들이 도움을 주었기 때문이다.

기억해야 할 두 번째 사실은 이것이다. **공격의 아래에는 고통이 있다.** 트롤들의 활동은 자기애와 개인적 인식의 부족으로 촉발된다. 그들은 대부분 당신이 해낸 일을 하지 못해 실망한 영혼들이다. 그래서 당신을 맹렬히 비난하면서 기분을 푼다. 불행은 언제나 친구를 찾는다. 사람들은 자신을 대하는 방식으로 타인을

트롤에 대한 분석

대하며, 많은 상처를 경험한 인간은 대개 다른 사람에게 상처를 준다.

세 번째 사실은 **빛은 천사뿐만 아니라 나방도 끌어모은다**는 것이다. 당신이 본래의 천재성을 당신의 일에 그리고 우리의 작은 행성에 비출 때 당신의 기교에 경의를 표하는 사람들이 모여들 것이다. 하지만 창조적 영광의 충만함 속에 서 있으면 시기하는 악플러들도 등장한다는 것을 알아두어라. 불꽃을 향해 모여드는 나방처럼.

네 번째 사실은 **스스로 만족하는 사람은 다른 사람을 헐뜯지 않는다**는 것이다. 원대한 야망을 추구하고 인생에 만족하는 행복한 사람들은 비전 있는 리더들을 공격하거나 비난할 의향이나 에너지, 시간이 없다. 그러나 게으르고 성취감 없는 삶은 그야말로 악마의 작업장이다. 삶이 따분한 사람들은 가능성을 실현하며 살아가는 당신을 괴롭히고 싶어 할 것이다. 그럴 때 잠재력을 저버린 자신에 대한 기분이 나아지기 때문이다.

다음으로, 트롤들의 화살이 당신의 실력을 무너뜨리지 못하도록 그들의 행동을 분석해줄 다섯 번째 기본 원리는 **트롤들은 망가진 몽상가**라는 것이다. 살아 있는 모든 사람은 엄청난 재능을 그들 안에 가지고 있다. 그렇다. 우리 대부분은 풍부한 재능을 발휘하기가 어렵고 무섭다는 이유로 포기했다. 그렇다고 해서 재능이 사라진 것은 아니다.

어렸을 때 우리는 참으로 대담한 꿈을 꾸었다. 하지만 우리가 신뢰했던 사람들의 부정적인 메시지와 우리가 삶을 받아들이면서 마주했던 거절과 패배로 대다수는 자신의 능력에 정신과 마음을 닫았다. 그리고 더 이상 슬픔을 겪지 않도록 벽을 세웠다. 편안한 의자에 기대앉아 누군가에게 증오를 쏟아붓는 것이 거울을 들여다보거나 자신의 상태를 책임지거나 다시 일어서기 위해 노력하기보다 훨씬 쉽다.

"당신을 사랑하는 사람이 있으면 당신을 혐오하는 사람도 있기 마련이다"라고 《해리 포터》 시리즈의 작가 J. K. 롤링은 말했다. 트롤의 행동에 대한 여섯 번째 사실은 **영향력 있는 작업은 극단적인 반응을 낳는다**는 것이다. 자기 일을 잘 해내면, 즉 기존의 방식을 산산이 부수고 전통을 파괴함으로써 업계를 단번에 사로잡는 걸작을 만들어내면 비평가들은 당신을 몹시 싫어할 것이다. 그건 그들이 생각하는 위대한 예술이 아니기 때문이다. 그들은 당신의 혁신에 마음을 열 용기가 없으므로 당신을 비방한다. 그러면서 안전하다고 느낀다. 그래야 그 분야에서 '전문가'로서의 지위를 지키면서 작품의 방식에 대한 그들의 제한적이고 정적인 이해를 안전하게 유지할 수 있기 때문이다.

당신의 결과물과 예술성이 훌륭할수록 더 극단적인 반응을 보일 것이라는 사실만 알아두어라. 그리고 비판과 공격은 겁쟁이들의 천국이라는 사실도.

일곱 번째 사실은 **마법을 이해하려면 마법을 보는 눈이 있어야 한다**는 것이다. 아마추어 미술 애호가를 생각해보라. 그들은 미술 분야에 대해 잘 모른다. 그들은 위대한 거장들의 그림을 본 적도 없고 걸작의 완성에 무엇이 필요하고 거장들이 어떻게 했는지 교육을 받은 적도 없다. 그들에게 보이는 것은 파란 꽃병과 모나라는 여성뿐이다. 그래서 그들은 "이거야? 너무 단순해 보이네" 또는 "나도 그릴 수 있겠다"라고 말한다.

"자신이 이해하지 못하는 것을 비판하지 말라"는 밥 딜런(Bob Dylan)의 노래 가사가 떠오른다. 훌륭한 말이다. 간결해 보이는 작품을 만들려면 보통 수십 년에 걸쳐 매일 연습하고 꾸준히 훈련해야 한다. 창작자가 작품에 넣은 것보다 넣지 않기로 한 것이 진정한 예술성을 창조하는 데 더 중요하기 때문이다. 진정한 천재는 여기서 나온다. 기교들을 정말 잘 알 때 사소한 것과 피상적인 것들을 전부 배제하고 가장 중요한 것들에만 전념할 수 있다.

이것이 자신의 일과 관련이 없는 사람의 의견은 듣지 않는 편이 좋은 이유다. 그들은 정말로 필요한 것이 무엇인지 알지 못한다. 그리고 당신이 한 일을 이해할 수 있는 통찰력도 없다. 그들은 (안다고 생각하더라도) 아무것도 모르기 때문이다.

여덟 번째 사실은 간단하다. **조롱은 영향력의 징후다.** 비웃음을 당한다면 당신이 천재성을 세상에 공개했기 때문이다. 트롤들이 조롱하고, 비난하고, 비웃는다면 당신은 올바른 길을 가고 있는 것이다. 뿐만 아니라 진정한 걸작을 내놓은 것이다. 잘했다. 당신이 해냈다.

마지막 사실은 **용감한 프로젝트들은 불안정한 주류 사회를 흔들어놓는다**는 것이다. 수 세기에 걸친 시험을 견딜 용감하고 아름답고 비범한 작품은 주류 사회가 진실이라고 믿는 것들을 반박한다. 사실 진정한 걸작은 시대를 너무 앞서가므로 엄청난 시간이 흐른 후에야 인기를 얻는다. 그리고 전문성을 이해받는다. 빈센트 반 고흐(Vincent van Gogh)는 평생 〈아를의 붉은 포도밭〉 단 한 점을 팔았다. 그 걸작은 그가 자살하기 7개월 전 벨기에에서 400프랑에 팔렸다.

대중적 성공을 거두지 못했다고 해서 멈추지 마라. 당신의 고귀함과 경이로움의 추구는 당신이 끈질기게 계속하기를 요구한다. 얼마나 많은 트롤이 나오든.

092

무하마드 알리와의 만남

지금 나는 우리 집 서재에서 가을의 화려한 색채를 바라보고 있다. 모든 불쾌한 소리를 차단하기 위해 구입한 백색소음기가 켜져 있다. 그래서 졸졸졸 개울물 소리를 벗 삼아 지금도 미소가 지어지는 이 이야기를 쓰고 있다.

내가 열다섯 살 때 일이다. 존 레넌이 암살당한 직후라 아름다운 선율에 감동적인 그의 노래 〈이매진(Imagine)〉이 끊임없이 흘러나오고 있었다. 때는 크리스마스 즈음, 장소는 로스앤젤레스였다. 나는 로스앤젤레스 출신이 아니다. 부모님이 그해 휴가지로 그곳을 골랐다.

두 분은 크라이슬러 K를 렌트했다. 더 이상 생산되지 않는 차종이다. 나는 단종이 잘한 결정이라고 생각한다. 남동생과 나는 그 차를 타고 있는 것이 창피했다. 콜벳이 아니었기 때문이다(당시 내가 가장 좋아했던 차는 단연 콜벳이었다. 나는 뒷유리가 분할된 63년형 콜벳 포스터를 침실 벽에 붙여놓았다).

여행 기간 내내 어머니는 우리가 묵었던 모텔 근처의 식료품점에서 샌드위치와 오렌지를 샀다. 그리고 시내 관광을 다녔다.

우리는 선셋 대로를 걸었다. 할리우드 명예의 거리도 찾아갔다. 베벌리힐스로 드라이브도 갔다. 렌트한 크라이슬러 K를 타고. 그리고 거기서 그 일이 있었다.

그 차를 제일 먼저 발견한 사람은 나였다. 반짝반짝 빛나는 갈색 롤스로이스 컨버터블 한 대가 달려왔다. 그와 동시에 다른 차에서 경적을 울려댔다. 지나가다 운전자를 알아봤기 때문이었다. 무하마드 알리였다. 나는 동생의 팔을 쳤다. 당시 동생은 열두 살이었다.

"알리다! 저 차!"

내가 외쳤다. 어머니는 초감각적 지각력을 지녔다. 내가 아는 한 늘 그랬다. 어머니는 이웃 나라 숲에서 다람쥐가 달려가는 소리를 들을 수 있고, 인근 은하계에서 거미줄을 치고 있는 거미도 볼 수 있었다. 어떤 것도 어머니 모르게 지나갈 수 없다. 아마 당신도 무슨 말인지 알 것이다.

"무하마드 알리? 어디?"

어머니가 즉각 물었다.

"방금 지나갔어요. 저 롤스로이스를 타고요."

나는 지나가는 차를 가리키며 흥분해서 말했다. 어머니는 불타는 도시를 구하러 나선 슈퍼 히어로처럼 아버지에게 곧장 유턴해서 혼잡한 도로를 가로질러 크라이슬러 K로 전 헤비급 세계 챔피언을 쫓아가라고 했다. 아버지는 알리가 갔던 방향으로 유턴한 후 속도를 올렸다. 천천히 달리고 있던 롤스로이스를 따라잡기 위해. 눈부시게 화창했던 날이었다.

동생과 나는 뒷좌석에 가만히 앉아 있었다. 어머니는 아버지에게 더 빨리 가라고 다그쳤다. 전설이 아직 보였기 때문이다. 지금 들려주려는 그다음 일은 농담이 아니다. 드디어 우리 차는 무하마드 알리 차와 나란히 달렸다. 바로 옆에서. 그의 자녀 중 한 명은 조수석에, 그의 아버지처럼 보이는 노신사는 뒷좌석의 호화로운 흰색 가죽 시트에 앉아 있었다. 어머니가 창문을 내리고 소리쳤다.

"알리 씨. 안녕하세요! 안녕하세요!"

믿을 수 없다는 표정이 그의 얼굴에 스쳤다. 나와 동생은 부끄러움에 신들에게 용서를 빌었다.

"같이 사진 한 장만 찍어주시겠어요?"

어머니는 늘 그렇듯 우아하게 말을 이었다. 롤스로이스가 속도를 늦췄다. 알리는 길가를 가리키며 우리까지 주차할 수 있는 곳으로 차를 몰았다. 세심하게 가꾼 꽃들로 가득한 멋진 정원이 있는 거대한 저택 앞이었다. 우리는 그의 차를 따라갔다. 그리고 그의 차 뒤에 차를 세웠다. 베이지색 렌터카를.

그다음에 일어난 일은 이제 우리 가족사에서 신화처럼 회자된다. 알리는 정말 친절하게도 나와 어머니, 동생과 사진을 찍기 위해 자세를 취해주었다. 서로 인사를 나누고 그의 커다란 손이 내 손을 완전히 감싸며 악수하는 동안에도 그는 더할 나위 없이 공손하고 겸손했다. 그는 서두르지 않았다. 그리고 더없이 친절했다. 심지어 아버지가 사진만 찍어주고 있는 모습을 보고는 내게 자신과 아버지 사진을 찍으라고 제안하기까지 했다.

무하마드 알리와 함께 찍은 사진.

그는 사진을 다 찍고는 우리에게 즐거운 휴가를 보내라고 인사한 후 차를 몰고 떠났다. 베벌리힐스의 황금빛 햇살 속에 그의 갈색 롤스로이스가 반짝거렸다. 우리는 남은 휴가 동안 그 만남에 대해 계속 이야기했다. 오이 샌드위치와 오렌지를 먹으며 영웅과의 만남이 어땠는지 저마다 감상을 늘어놓았고 잘 모르는 소박한 가족에게 보여준 그의 품위를 찬양했다.

집에 돌아오자마자 아버지의 환자 한 분이 알리와의 사진 중 한 장으로 시계를 만들어주었고 우리는 그 시계를 TV 방에 두었다. 매년 크리스마스 즈음이면 우리는 그 만남을 떠올리곤 했다. 우리가 가장 좋아하는 권투 선수 알리와의 만남을. 그리고 헤비급 겸손함이 무엇인지 일깨워준 그에게 감사하는 마음으로 저녁 식사 기도를 올렸다.

093

당신이 남길 유산을 걱정하지 마라

오래전 나는 《내가 죽을 때 누가 울어줄까》라는 책을 썼다. 당신이 죽은 후 사람들이 두고두고 이야기할 삶을 살자는 책이었다. 당신의 이름을 중요하게 만들고 세상에 흔적을 남기기 위한 지침서였다. 그 책을 썼을 때 나는 서른네 살이었다. 많은 시간이 쏜살같이 지나간 지금은 더 좋은 제목을 골랐었더라면 하는 아쉬움이 있다. 진심이다.

유산에 관한 이야기가 요즘 유행이다. 전문가들은 가족과 공동체가 우리를 영웅으로 기리고 심지어 사후에 이를 인정하는 기념비를 세울 만한 행동을 해야 한다는 처방을 내린다. 그 심정은 이해가 된다. 나도 과거에는 내가 죽은 후 오랫동안 (많은 사람에게) 애틋하게 기억될 수 있는 삶을 살고자 했다.

이제는 아니다. 나는 유산이라는 개념이 선전하는 것을 수용하지 않는다. 훨씬 나이가 들고 보니 이치에 맞지 않는 이야기이기 때문이다. 당신이 세상을 떠난 후에 사람들이 뭐라고 하든 무슨 상관인가? 당신은 지하 2미터에서 벌레들의 먹이가 되어 수선화를 피워 올리고 있거나 한 줌의 재로 유골함에 담겨 누군가의 지저분한 벽난로 위 어린이 야구단 트로피를 든 가족 사진 옆에 놓일 텐데 말이다.

내가 보기엔 남겨진 사람들에게 어떻게 기억되는가가 아니라 **살아 있는 동안 어떻게 살기로 결심하는가**가 훨씬 중요하다. 좋았을 때는 쾌활했고 패했을 때는 품위를 지켰는가? 주변의 모든 사람을 배려하고 당신에게 상처를 준 사람들을 용서했는가? 당신의 직업을 존중하고 각각의 기획에서 최선을 다했는가?

사회가 남들처럼 하기를 강요했을 때 자신답게 살겠다는 확신이 있었는가? 사람들이 당신과 함께할 때 더 희망을 느끼게 하는 감수성이 있었는가? 겸손해지고, 지식을 얻고, 이 땅에 해를 덜 끼치는 법을 배우는 데 일생을 바쳤는가? 그리고 우리가 걱정하는 문제들은 대부분 실제로 일어나지 않으므로 즐겁게, 감사히, 여유롭게 지내는 것이 최선임을 알고 자신을 너무 심각하게 생각하지 않는 법을 배웠는가?

요즘 나는 주목할 만한 유산을 남기고자 하는 것은 요란한 자존심의 소행이라고 믿는다. 부드럽고도 용감한 심장이 뛰는 동안 예의 바르고, 능숙하고, 변함없고, 고매한 인간이 되는 것이 진정한 영웅의 길이다.

094

직함 없는 리더가 되어라

데스몬드 투투(Desmond Tutu)는 역사상 가장 위대한 지도자, 인도주의자이자 변혁의 주도자다. 노벨평화상 수상자인 그는 넬슨 만델라와 긴밀히 협조하면서 남아프리카공화국의 자유와 부당한 아파르트헤이트(Apartheid, 인종차별정책)가 초래한 상처의 회복을 위해 노력했다.

나는 몇 년 동안 데스몬드 투투에게서 많은 것을 배웠다. 핍박받는 상황에서도 굴하지 않는 용기로 자신을 위해 일어나면서도 여전히 모든 이에게서 선함을 찾아내고 용서하는 마음을 갖는 것이 중요함을 배웠다. 피부색이나 성별, 국적, 지위와 관계없이 지구상의 모든 인간이 심오한 가치와 근본적인 중요성을 지녔음을 배웠다.

그는 내게 모든 사람이 중요한 존재이며 존중과 이해, 사랑으로 대우받아야 한다는 것을 가르쳐주었다. 우리 각자가 피해자 의식의 족쇄를 풀고 불확실성을 창의성으로, 멍든 상처를 용기로, 모든 형태의 비극을 승리로 바꿔야 하며, 편안할 때나 어려울 때나 인간의 힘을 발휘하기 위해 해야 할 일을 하는 것이 중요하다.

남아프리카공화국에서 데스몬드 투투와 함께.

요하네스버그의 한 조용한 방에서 그를 만났을 때 나는 존경과 감사함에 눈물을 흘렸다. 그리고 그의 우아함에 매료되었으며 내게 보여준 온화함에 감동했다.

한번은 그가 이런 말을 했다.

"저는 자연스럽게 지도자가 되었습니다. 왜냐하면 자연의 섭리는 공백을 허용하지 않기 때문입니다."

진정한 영웅이 해준 진실한 말이었다. 당신의 명분과 야망을 향해 나아갈 때 부디 그의 말을 당신의 영혼에 새기도록 하라. 당신은 직함 없이 이끌 수 있고, 직위 없이 영감을 줄 수 있으며, 공식적 권한 없이도 많은 사람에게 탁월한 기량과 정중함, 유익함의 모범을 보일 수 있다.

당신은 당신이 비난하는 상황에 넘겼던 타고난 능력을 되찾을 수 있으며, 작게 시작해서 날마다 최고의 리더십을 발휘해 진정한 성과를 낼 수 있다. 당신이 특별하고 위대해지는 방법은 봄 햇살이 춥고 혹독한 겨울의 흔적을 씻어내듯 특별하지 않고, 위대함에 반하는 모든 것이 당신에게서 지워져 특별해지고 위대해지도록 자주 연습하는 것이다.

진정한 힘은 인간이 온전한 인간이 되는 법을 기억하는 순간에 드러난다. 왜냐하면 자연의 섭리는 공백을 허용하지 않기 때문이다.

095

죽음을 앞두고 우리는 무엇을 후회할까

죽어가는 사람들이 덜 고통받고 더 편안히 죽음을 맞도록 돕는 간병인들은 환자들이 죽기 전 며칠 동안 가장 흔히 하는 후회에 대해 말한다. 여기서는 그들이 하는 이야기에 귀를 기울여보자. 그리고 어떻게 해야 그런 후회를 피할 수 있을지 생각해보자.

죽음을 앞두고 후회하는 점 1:
더 넓은 시각으로 바라봤다면 좋았을 텐데

인간은 일어나지 않을 일을 걱정하는 데 너무 많은 시간을 쓴다. 그리고 고난이 닥칠 때는 어려움에도 항상 끝이 있다는 사실을 잊는다. 즐거운 날은 결국 돌아온다.

더 현명해지고 회복력이 커진다는 것은 인생의 여정이 빨리 끝난다는 것을 알고 어떤 일이 벌어져도 균형 잡힌 관점을 유지하는 것이다. 품위와 성숙, 강인함은 우리가 감사하는 마음으로 하루하루를 헤쳐나가고 축복보다 부담에 더 많은 에너지를 쏟지 않을 때 생겨난다.

자신에게 주어진 선물과 낙관적 태도의 유지가 지닌 가치를 상기시키기 위해《내가 죽을 때 누가 울어줄까》에서 공유한 이야기가 있다. 어느 날 중병을 앓는 한 남자가 병실로 실려 왔다. 창가 옆 병상에는 이미 다른 환자가 있었다.

두 사람은 친구가 되었다. 창가 옆 병상의 환자는 창문 밖을 내다보고 병상에 누워 있는 남자에게 바깥의 멋진 세계를 생생히 설명해주곤 했다. 어떤 날은 병원 건너편 공원에 있는 나무가 얼마나 멋진지, 산들바람에 나뭇잎이 어떻게 살랑거리는지 말해주었다. 어떤 날은 행인들의 흥미롭거나 이상한 행동을 하나하나 재현해 남자를 즐겁게 해주었다.

그러나 어느 날부터인가 남자는 창가 병상의 친구가 묘사한 경이로운 광경을 자신은 볼 수 없다는 사실이 억울해졌다. 결국 남자는 온갖 삶의 모습을 쉽게 볼 수 있는 친구가 싫다 못해 미워졌다. 어느 날 밤 유난히 심한 기침 발작 끝에 창가 병상의 환자는 숨을 멈췄다. 남자는 응급 벨을 누르지 않고 그냥 있었다. 창밖 광경을 전해주며 남자에게 큰 기쁨을 주었던 환자는 다음 날 아침 사망 선고를 받았다.

시신이 병실 밖으로 실려 나가자 남자는 담당 간호사에게 자기 침대를 창가로 옮겨도 되는지 물었고 허락을 받았다. 그러나 남자는 창밖을 내다보고는 몸을 떨었다. 창밖은 벽돌 벽뿐이었기 때문이다. 죽은 환자는 남자의 기분이 잠시나마 나아지게 해주려는 마음으로 재미있는 이야기들을 상상으로 지어냈던 것이었다. 그것은 사랑에서 우러난 행동이었다. 그리고 가장 고귀한 인간성을 보여준 품위 있는 행동이었다.

죽음을 앞두고 후회하는 점 2:
남들이 어떻게 생각하는지 너무 걱정하지 않았더라면 좋았을 텐데

소설가 오스카 와일드는 "당신 자신이 되어라. 다른 사람의 자리는 이미 차 있다"라고 했다. 그렇다. 우리는 남들에게 어떻게 보일지 신경 쓰느라 얼마나 많은 것을 놓치고 있는가! 우리는 거절당하고 싶지 않아서, 창피당하는 게 싫어서, 멋있게 보이고 싶어서 원래의 천재성을 구현할 기회를 잡지 못한다. 마법을 추구하는 문화가 아니라 관심을 추구하는 문화로 바뀌면서 우리는 불필요한 인정을 추구하느라 최고의 날들을 바쳐왔다. 오늘 살아 있는 모든 사람이 100년 이내에 사라진다는 사실을 명심하라. 왜 당신의 가능성과 열정을 미래에 여기 있지도 않을 사람들에게 기쁨을 주기 위해 미루는가?

당신 인생의 흥망은 바보처럼 보일 용의가 있는가에 달려 있다. 그리고 당신에게 중요한 꿈을 받아들여 진정한 자신을 존중하는가에 달려 있다. 심지어(특히) 아무도 당신을 이해하지 못할 때도.

죽음을 앞두고 후회하는 점 3:
너무 많은 시간을 허비하지 않았더라면 좋았을 텐데

우리는 시간이 더 있었으면 하고 바라면서도 주어진 시간을 허비하는 일이 매우 흔하다. 그렇지 않은가? 세네카는 이런 글을 남겼다. "시민들은 재산을 지키기 위해 매우 아낀다. 그러나 인색해야 마땅할 시간에서는 매우 사치스러운 모습을 보인다."

소중한 시간을 책임감 있게 사용하도록 하라. 고귀한 천부적 재능과 후천적 재능에 어울리지 않는 모든 일로부터 자신을 지켜라. 군중을 미혹하는 하찮은 관심사를 쫓지 마라. 당신의 리더십과 마스터리, 행복, 평온은 거기서 찾을 수 없다.

오늘날 우리는 생산적이라고 느껴지지만 실은 전혀 가치 없는 활동들로 과도한 일정을 잡곤 한다. 우리는 사소한 일의 달인이 되고 하찮은 일의 전문가가 되었다. 인생이 길지도 않고 죽음이 예정되어 있는데 유행과 오락에 굴복하는 것은 말이 안 되며 당신의 고결함에 대한 엄청난 왜곡이다. 이런 말을 해서 미안하지만 당신은 언젠가는 죽을 것이다. 나도 언젠가는 죽을 것이다. 우리 모두 언젠가는 죽을 것이다. "어떻게 이렇게 금방 날이 저물었지?"라고 닥터 수스(Dr. Seuss)도 의아해하지 않았던가.

죽음을 앞두고 후회하는 점 4: 삶의 순례를 더 즐겼더라면 좋았을 텐데

'즐기는 것'은 매우 생산적이다. 긍정적인 기분은 걸작과 최고의 영향력에 이르는 관문이다. 하지만 사회는 그 반대로 생각하도록 당신을 설득한다. 사회는 인생 여정은 원래 힘들고 험난한 것이라고 한다. 그리고 인생은 매우 진지하고 대단히 실용적일 필요가 있다고 한다. 그러나 항상 일하는 것이 가족, 친구들과의 식사, 흥미로운 장소로의 여행, 자신을 행복하게 해주는 일들을 하는 것보다 가치 있는 활동이라는 주장은 사실이 아니라 가치 진술일 뿐이다.

바쁠 때가 제대로 사는 것이라는 말은 한낱 이야기에 불과하다. 그리고 당신이 들은 모든 이야기가 진실은 아니다. 경이로움과 아름다움이 펼쳐지는 시간을 내고 심장이 아직 살아 있을 때 많은 즐거움을 누리는 것은 최고의 지혜다. 그러니까 당연히 열심히 일하되 노동의 결실도 음미하도록 하라. 그러면 결승선에 다다랐을 때 자신에게 그토록 관대하게 제공됐던 모든 삶을 사랑했다는 사실에 기뻐하며 안식에 들어갈 것이다.

죽음을 앞두고 후회하는 점 5:
더 친절하고 다정했더라면 좋았을 텐데

죽음을 앞둔 이들의 마지막 후회는 다른 사람에게 해가 되는 행동을 했다는 것이다(가장 사랑하는 사람들을 홀대하는 일이 얼마나 흔한지 흥미롭지 않은가?). 친절의 미덕을 매일 실천하지 않으면 세상이 더 어둡고 비참해질 뿐만 아니라 본인의 양심을 좀먹어 행복과 평온을 파괴한다.

우리는 모두 인간으로서 지구상의 형제자매들을 존경과 연민, 사랑(그렇다, 사랑)으로 대하려는 성향을 타고났다. 그 욕구에서 벗어나 지혜롭지 못하게도 더 많은 명예와 부, 박수를 추구할 때(혹은 우리의 개인적 성장과 치유를 진지하게 받아들이지 않은 탓에 최상의 자신이 아니라 최악의 자신으로 행동할 때) 우리는 한없이 후회한다. 왜냐하면 우리가 결코 되고 싶지 않았던 사람으로 살아가기 때문이다. 그리고 영웅적 본성을 저버리고 있기 때문이다.

지금까지 만났던 사람들 중에서 가장 다정한 사람이 되기를 주저하지 마라. 다정함은 위대한 사람들, 역사를 선도하는 이들의 습관이다. 만약 착한 당신을 사람들이 이용한다면 착한 것이 나빠서가 아니다. 사람들이 당신을 이용하도록 내버려 두었기 때문이다.

가장 많이 사랑하는 사람이 승리한다. 기타의 거장 지미 헨드릭스(Jimi Hendrix)가 관찰한 것처럼 "사랑의 힘이 힘에 대한 사랑을 이길 때 세상은 평화를 알게 될 것이다."

096

당신의 선행은 평생 남는다

선행은 그다지 가치가 없고 중요하지 않으며 영향력이 없다고 생각하는 경우가 너무 흔하다. 내가 어렸을 때 어머니가 해주었던 일이 생각난다. 한 달에 한두 번 어머니는 집에서 감자튀김을 만들어 접시에 담은 후 은박지로 덮어 학교 사무실의 작은 상자에 정말 사랑한다는 쪽지와 함께 넣어두곤 했다. 어머니의 아름다운 선행 덕에 나는 어머니의 요리를, 따뜻한 점심을 먹을 수 있었다. 또한 어머니의 깊은 배려를 느낄 수 있었다.

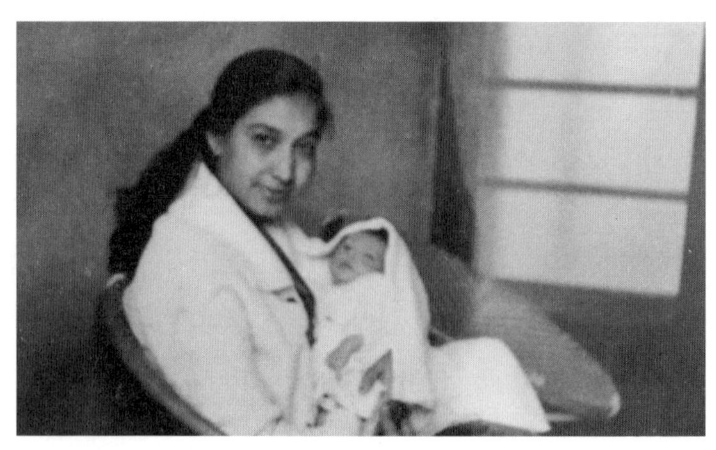

내가 태어나던 날 어머니와 나.

수십 년이 흐른 지금, 다채롭고 멋진 경험을 많이 했어도 무엇이 가장 좋은 기억으로 남아 있는지 아는가? 그렇다. 황금빛으로 완벽하게 튀겨진 바삭바삭한 감자튀김을 학교로 가져다준 어머니의 소박하면서도 넘치는 사랑이다(그리고 내 소중한 감자튀김을 자기가 가져온 참치 샌드위치나 복숭아 통조림, 당근과 바꿔주기를 바라며 내게 다가왔던 친구들의 얼굴이다).

농구의 전설 파우 가솔(Pau Gasol)은 LA 레이커스의 센터로 뛰는 동안 내 라이브 행사에 참석한 적이 있었다. 우리는 주말 동안 서로에 대해 알게 되었고 우리 집에서 우리 가족과 함께 저녁 식사를 하며 더욱 친해졌다.

콘퍼런스가 끝난 후 나는 파우를 공항까지 태워다주겠다고 했다. 공항에 도착하자마자 줄을 서서 기다리던 팬들이 사인을 받고 사진을 찍기 위해 그에게 다가왔다. 비행기를 타러 가야 했지

LA 레이커스의 파우 가솔과 우리 집에서.

만 파우는 한 명, 한 명에게 온화한 미소를 지어주고, 영감을 주는 말 몇 마디를 덧붙인 사인을 정성껏 해주고, 사진을 찍기 위해 자세를 취해주었다(내가 동네 초밥집에서 기타의 신을 만났을 때 사진을 찍어도 되냐고 부탁하자 "전 사진 찍히는 걸 좋아하지 않습니다"라는 퉁명스러운 대답이 돌아왔던 게 기억났다).

"파우, 당신은 어떤 사람이 부탁해도 멈춰 서네요. 팬 한 사람, 한 사람에게 시간을 내주는군요. 피곤함이나 짜증을 전혀 보이지 않고 모든 사람에게 정중하게요."

나는 그를 탑승구로 배웅해주며 말했다. 그의 대답을 나는 절대 잊지 못할 것이다. 너무 현명한 대답이었기 때문이다. 그리고 너무 많은 것을 가르쳐준 대답이었기 때문이다.

"아주 잠시면 사람들을 행복하게 해주잖아요, 로빈."

그는 팔을 내밀어 나를 안아주며 고맙다는 인사를 하고는 탑승구로 들어갔다.

097

살아 있는 사람을 보고 기뻐하라

남아프리카공화국에서 리더십 강연을 하고 있을 때 나를 강연장으로 데려다주던 한 신사가 사람을 볼 때마다 기뻐한다는 사실을 알아차렸다. 그는 눈을 반짝였다. 함박웃음을 지었다. 누군가를 볼 때마다 그랬다. 놀라운 광경이었다.

"사람을 진짜 좋아하나 봅니다."

내가 말하자 그가 부드러운 말투로 답했다.

"죽은 사람을 워낙 많이 봐서요. 그래서 살아 있는 사람을 보면 아주 행복해져요."

나는 아무 말도 못 했다. 깜짝 놀랐기 때문이다. 우리가 그의 철학을 받아들인다면 어떤 세상이 될지 상상해보라. 휴대전화를 내려놓고, 이기심과 분주함의 영향을 덜 받고, 품위가 높아질 것이다. 인류에 더 많은 관심을 기울이면서. 그리고 친구든 낯선 사람이든 우리 앞에 있는 한 사람, 한 사람에게 더 많은 관심을 기울이면서.

살아 있는 사람이나 어떤 생명체를 볼 때마다 활기를 띠는 우리를 상상해보라.

098

패배를 모르는 일상 속 영웅에게 던지는 질문

무언가를 해야 한다는 엄청난 요구에 도망치지 않고 슬픔을 참아낼 수 있는가? 듣는 사람을 실망하게 만들더라도 당신의 지혜가 말해야 한다고 하는 것을 말할 수 있는가? 그리고 그에 동의하지 않는 사람들을 분노하게 만들더라도 그럴 수 있는가?

걷고 싶어 하는 사람이 별로 없는 힘든 길을 걸으면서도 여전히 기쁨과 평온, 자유를 느낄 수 있는가? 사람들과 어울리고 싶은 욕구에서 자유로울 수 있는가? 대다수를 만족시키려는 욕구에서 벗어날 수 있는가? 옳은 일을 하기 위해 미움받는 위험을 감수할 수 있는가?

세상 속에서 살면서도 세상에 속하지 않고 고독과 침묵의 감미로운 즐거움을 음미하며 혼자여도 외롭지 않을 수 있는가? 열린 마음으로 소박한 아름다움을 포용하고 평범함의 은총을 음미할 수 있는가? 감히 상상하는 사람이 드문 일을 상상하고 가장 정직한 욕구의 방향으로 힘차게 행진하면서 더 높은 비전을 달성하려고 노력하고, 실패하더라도 여전히 평화롭게 당신의 별에 쓰인 모든 운명을 환영할 수 있는가?

바보들이 사랑하듯 사랑하고, 어릿광대들이 웃듯이 웃고, 당신의 꿈이 미친 짓이라는 꼬리표가 붙는 위험을 감수할 수 있는가? 피상적인 것들을 밀어내고 기념비적인 성과를 낼 수 있는가? 당신을 불멸의 존재로 만들어줄 흔적을 남길 수 있는가? 당신만의 자연스럽고 독창적인 방식으로?

이것이 내가 알고자 하는 것들이다. 당신은 진실할 수 있는가? 자기 자신에게?

099

두 번째 기회는 반드시 온다

나는 《나를 빛내주는 아침 3분》에서 할리우드의 우상 하비 케이틀(Harvey Keitel)과 '마주칠 뻔했던' 때에 관해 썼다. 그는 아주 많은 영화에서 우수한 연기를 보여준 영화계의 골리앗으로 수십 년 동안 연기력을 유지하고 있다. 그래서 일류 배우로 꼽히며 명예의 전당에도 올랐다. 나는 내가 사는 도시의 한 호텔 로비에서 라운지에 혼자 앉아 있는 그를 우연히 봤다. 그는 그냥 앉아 있었고 누군가를 기다리는 듯했다.

"와! 하비 케이틀이네!"

나는 그를 보고 놀랐고 그가 거기에 있다는 사실이 신기했다. 처음에는 본능적으로 그에게 다가가 악수를 청하고 담소를 나누려 했다. 하지만 대담하고 힘찬 행동이 나오기 전에 내 본래 성향이 나를 압도해왔다. 두려움이 진실보다 크게 비명을 질렀다. 희망은 불안에 무너졌다. 거절의 위협이 나의 낙천성에 가만 있으라고 했다. 머릿속에는 이런 생각이 두서없이 오갔다.

'아마 중요한 프로듀서를 기다리고 있을 텐데 내가 방해하지 않는 게 낫겠지.'

'만약 내게 불친절하고 무례하게 굴면 어쩌려고?'

'로비에는 사람들도 많은데 연예인이라고 반가워하면 바보처럼 보일 거야.'

친절한 우주가 우리에게 보내주는 기회의 창은 우리 자신의 비겁함과 소심함, 세련돼 보이려는 갈망 때문에 닫히고 만다. 죽음을 앞두고 우리가 후회할 일은 바로 우리가 하지 않았던 일이다. 우리가 만나지 못했던 사람들, 발휘하지 못한 잠재력, 끝내지 못한 프로젝트들, 추구하지 못한 마법, 전하지 못한 사랑 등이다. 우리가 실제로 행한 용감한 행동들이 결코 아니다.

그래서 내가 어떻게 했는지 궁금한가? 내가 약 20년 전에 썼던 그 책을 읽었다면 기억나겠지만 나는 아무것도 하지 않았다. 전혀. 정말이다. 나는 이 영화계 영웅을 만나고 싶은 열의를 차단하고 사무실로 돌아가기로 했다. 서류를 읽고, 한두 건의 회의를 하고, 메시지를 확인하기 위해. 그렇게 나는 떠났다.

그 후 몇 개월 동안 그 일에 대해 많은 생각을 했다. 나의 숫기 없음과 나약함이 유감스러웠다. 대담해지고 용감해지겠다고 나 자신에게 약속했다. 내 책에는 그때 놓친 만남에 관해 이렇게 쓰여 있다.

— 만약 하비 케이틀을 다시 보게 된다면 재빨리 다가가겠다고 약속한다. 대화를 시작하기 전까지는 그가 나를 연예인 스토커로 생각할 수도 있다. 그렇지만 그는 곧 진실을 알게 될 것이다. 나는 그저 삶이 주는 선물을 잡은 사람일 뿐임을.

우리가 함께하는 시간이 끝나가는 지금 당신이 정말 알았으면 하는 사실이 있다. **인생에서 멋진 점 중 하나는 두 번째 기회가 정말로 온다는 것이다.** 유감스럽지만 기회가 한없이 오지는 않는다. 하지만 두 번째 기회는 온다.

그로부터 몇 년 뒤 우연히도 나는 로마에서 새로운 책을 쓰고 있었다. 아침 일찍 스페인 광장에서 멀지 않은 아름다운 보르게세 공원(Villa Borghese)에서 산악자전거를 타고 난 후 내 방으로 돌아와 다섯 시간 동안 꼬박 앉아 있었다. 거의 움직이지도 않고 원고를 쓰고 수정했다.

작업을 마친 후 평소처럼 내가 세상에서 가장 좋아하는 나보나 광장(Piazza Navona)에서 산책하기로 했다. 글을 쓴 후에 영원의 도시에서 하는 일상적인 행동이었다. 몇 시간씩 머리를 쓴 후에는 옛날 자갈길을 걸으며 로마의 햇볕을 쬐고 머리와 가슴을 비우며 에너지를 채우곤 했다.

판테온 신전 가까이 와서 로마제국이 정의의 궁전으로 사용했던 이 전설적인 건축물 앞을 지나가는데, 검은 선글라스를 쓰고 길 한쪽에 혼자 서 있는 남자가 보였다. 그는 편한 옷차림에 느긋해 보였다. 그는 신전을 찬찬히 살피며 아름다움을 감상하고 있었다. 하비 케이틀이었다.

이번에 나는 아주 다르게 행동했다. 자존심이 나를 저지하기 전에 정확하고도 신속하게 행동했다. 나는 곧장 그에게 다가가 손을 내밀며 말했다.

"케이틀 씨, 엄청 팬입니다. 만나서 반갑습니다!"

그는 미소를 지었다. 온전히 내게 주목해주었다. 그보다 친절할 수는 없었다.

"감사합니다."

그가 대답했다. 대담해진 나는 말을 이어갔다.

"〈저수지의 개들〉에 출연했을 때 정말 좋았어요. 타란티노 감독의 독창성에 반했죠! 대사도 환상적이었어요. 대본도 굉장했고요! 대단한 영화였어요! 강도 배역의 이름도 정말 마음에 들더군요. 당신은 미스터 핑크였죠! 정말 좋았어요."

나는 마구 말을 쏟아냈다. 그는 나는 빤히 바라보았다. 그러고는 "미스터 화이트였죠"라고 중얼거렸다. 나는 겸연쩍은 말투로 그에게 함께 사진을 찍을 수 있느냐고 물었다.

"물론이죠."

바로 이 사진이다.

로마의 판테온에서 배우 하비 케이틀과 함께.

"그럼 전 이만 가봐야겠네요."

그는 정중하게 말하고는 자리를 떴다. 수많은 군중 속으로. 건축학적 보석의 기둥들 바로 옆을 지나 완벽한 오후의 뜨거운 태양 속으로.

당신을 위한 나의 기도는 이것이다. 기회의 창이 나타나면 창을 열고 바로 뛰어들어라. 당신의 천재성을 위협하는 악당들과 위대함의 적들이 당신이 할 수 없는 이유를 말하기 전에. 이성은 인생을 바꿀 수 있는 많은 경험을 파괴한다. 당신의 가슴을 믿어라. 가슴은 정말로 머리보다 훨씬 현명하다.

그러나 당신의 본성 때문에 그러지 못했다면 숨을 깊이 들이쉬고 계속 앞으로 나아가면서 다음번에는 어떻게 하면 더 과감해질지 조금 더 명확하게 생각해두도록 하라. 그러면 다음 기회가 올 것이다. 우리 모두에게는 두 번째 기회가 주어지기 때문이다. 내가 하비 케이틀과 그랬듯이.

100

꿈을 미루는 사람이 되지 마라

언젠가 심한 교통체증에 걸렸는데 내 차 바로 앞에 나이가 아주 많은 노인이 모는 컨버터블이 있었다. 그는 활짝 웃고 있었다. 음악을 틀고 있었고 인생을 사랑하는 것처럼 보였다. 번호판도 'TimeForFun'이었다.

너무 많은 사람이 하고 싶었던 일을 너무 늙어서 하기 힘들 때까지 미룬다. 그들은 걷기도 힘들 때 비로소 크루즈를 탄다. 금방 지치는 나이가 되어서야 모험에 나선다. 즐기기도 힘든 나이가 되어서야 원했던 물건들을 산다.

내가 나이 든 사람들을 경시하는 게 절대로 아니다. 나는 나이 든 사람 모두를 매우 존경한다. 그리고 새롭게 시작하기에 늦은 때는 결코 없다는 말에 전적으로 동의한다. 그러므로 당신은 타고난 운명대로 단호하고, 강력하며, 영감을 주는 일상의 영웅이 되도록 하라.

내가 하려는 말은 이것이다. **가슴에 품고 있는 가장 소중한 꿈들을 미루지 마라.** 아무것도 하지 않음으로써 당신의 욕구를 모욕하기보다는 당신이 추구하는 삶을 사느라 어리석어 보이는 편이 더 현명하다. 인생의 여정 마지막에 비통할 일이 없도록 하라.

내일 무슨 일이 일어날지 누가 알겠는가? 지금 정말로 바빠서 미뤄왔던 모든 일이 미래에는 쉽게, 노력 없이, 훌륭히 일어날 수 있다고 생각하지 마라. 질병, 사고, 전쟁, 불경기, 전염병, 환경재해는 우리가 예측할 수 있는 것보다 더 자주 발생한다. **당신이 가장 하고 싶은 일을 너무 늦었을지도 모를 때까지 정말 미루고 싶은가?** 지금 당장 인생을 살지 않으면 안 된다. 미래는 그저 환상의 산물일 뿐이다. 미래에 너무 의존하지 마라.

101

인간다움으로 돌아가기 위한 철학

자, 마지막 이야기다. 당신이 가슴에는 영웅의 자질을 품고 눈은 영광스러운 능력을 포용할 준비를 하고 이 아름답고 때로는 잔인한 세계로 나아가기를 기도한다.

어떤 계절은 불행을 가져오기도 하고 어떨 때는 어려울 수도 있다. 하지만 일상생활에서는 좋은 점들이 많다. 당신에게 감사하는 이웃도 있고, 당신을 활기차게 해주는 친구도 있으며, 당신을 아주 좋아하는 가족도 있다.

당신의 드높은 비전보다 못한 것을 당신에게 바라는 사람들이 있다면 자신이 무엇을 하고 있는지 모르는 사람들이라고 생각하라. 인내심을 발휘해 그들에게 행운을 빌어주어라. 그리고 친절하게 이해해주고 진심 어린 용서를 해주어라. 모든 사람에게 좋은 감정을 유지하는 것은 명예와 강인함을 보여주는 위대한 행위다.

받은 것보다 더 많이 주면서 충분히, 품위 있게 일하고 조물주에게 경의를 표하는 마법을 만들어내도록 하라. 그리고 당신의 예외성을 존중하라. 소유에 대한 중독과 더 많은 것에 대한 깊은 갈망은 정신을 억누르고 선한 마음을 해칠 수 있으므로 단순한 삶을 유지하라. 받은 것보다 많이 주어라. 필요한 이상으로 도움이 되도록 하라.

만나는 사람마다 위엄 있게 대하라. 이는 영혼의 자유와 지속적인 외적 성공을 지탱해주는 길이다. 현명한 사람들과 교류하고, 영감을 주는 책들을 가까이하고, 주체적인 자신과 건강한 관계를 맺도록 하라. 군중이 당신을 그들처럼 만들려고 할 때 당신의 미덕과 가장 진실하게 느껴지는 가치에 따라 당신의 길에 충실하라.

패기 없고 소심한 사람들은 두려움을 받아들이면서 높이 날아오르는 법을 모른다는 것을 이해하고 담대함을 유지하라. 이상적 삶을 미루는 것은 인생에 분노를 불러들이는 짓이다. 공포는 현실에 안주하기보다 승리로 나아가는 길에 더 가깝다는 것을 기억하라. 그리고 그 속으로 걸어 들어갈 때 공포는 믿음이 된다는 것도 기억하라.

당신의 노력에 대한 보상과 당신의 걸작에서 생기는 배당금을 즐겨라. 주변의 모든 것과 당신의 자양분이 되어주는 지구를 존중하며 배려하라. 이 모두를 실천해서 당신 안의 고귀함과 하나가 되고 당신의 일상 속 영웅을 완전히 체화하도록 하라.

당신의 성장을 도와줄 일상 속 영웅의 도구들

이 책은 끝났지만 당신의 여정은 이제 시작이다. 방금 배운 개념들을 통합하고 지속할 수 있도록 나는 다음과 같은 도구들을 개발해서 무료로 제공하고 있다.

일상의 영웅 마스터클래스(The Everyday Hero Masterclass)

변화를 위한 이 혁신적 디지털 프로그램은 자신의 분야에서 앞서가면서 긍정성과 생산성을 높이고 행복을 누리고 영향력을 확대할 수 있게 해준다.

일상의 영웅 챌린지(The Everyday Hero Challenge)

내가 개발한 코칭 비디오와 멘토링 모듈, 세계적인 인물들의 통찰들을 받아본다면 능력을 최고로 발휘하려는 노력을 지속할 수 있다. 그리고 인간의 위대함을 일상에 적용하며 끊임없이 성장하는 천재성을 보여주는 사람으로 성공할 수 있다.

일상의 영웅 마스터리 명상(The Everyday Hero Mastery Meditations)

낮 동안 높은 집중력, 비범한 창의력, 고도의 성과, 심오한 평화를 경험할 수 있도록 신중하고도 꼼꼼하게 만든 가이드 명상이다. 이를 통해 당신은 최고의 리더이자 생산자로, 한 인간으로 발전할 것이다. 분명 이 시리즈가 마음에 들 것이다.

이 책에서 생략된 내용들

내가 이 책에서 제외한 글들을 전부 읽어볼 수 있다. 당신의 재능을 실현하고, 예술성을 높이고, 당신의 사업을 세계적 회사로 성장시키고, 멋진 생활을 영위하게 해줄 독창적인 통찰과 함께 당신에게 필요한 학습 모델과 시스템들을 알아보도록 하라.

무료로 제공되는 이 귀중한 자료는 내 사이트(TheEverydayHeroManifesto.com)에서 전부 이용할 수 있다. 나는 인스타그램에서 독자들과 소통하기를 좋아한다. 내 피드(@robinsharma)를 구독하고 이 책을 들고 있는 사진을 태그해주길 바란다. 그러면 내가 흥미로운 사진을 골라 포스트할 것이다.

로빈 샤르마가 쓴 다른 책들

세계 정상이라는 산정에 있든, 막 등반을 시작했든 독서는 위대한 이들의 주요 습관 중 하나다. 그래서 그동안 수많은 독자의 사랑을 받은 내 책들의 목록을 적어두었다. 이 책들은 생산성을 비약적으로 높이고 기술에 숙달하도록 도울 것이며, 당신의 아름다운 삶을 지원하면서 당신의 이름을 역사에 남길 수 있게 해줄 것이다.

- 《변화의 시작 5AM 클럽》, 김미정 옮김, 한국경제신문, 2019.
- 《나를 발견한 하룻밤 인생 수업(The Monk Who Sold His Ferrari)》, 공경희 옮김, 더난출판사, 2007.
- 《나를 빛내주는 아침 3분(The Greatness Guide)》, 신동숙 옮김, 이다북스, 2015.
- 《나를 빛내주는 아침 3분 2(The Greatness Guide Book 2)》
- 《직함 없는 리더(The Leader Who Had No Title)》
- 《내가 죽을 때 누가 울어줄까(Who Will Cry When You Die?)》, 정영문 옮김, 산성미디어, 2000.

- 《내 인생의 쉼표, 어디에 찍을까?(Leadership Wisdom from The Monk Who Sold His Ferrari)》, 서민수 옮김, 산성미디어, 2001.
- 《훌륭한 부모는 리더십을 유산으로 남긴다(Family Wisdom from The Monk Who Sold His Ferrari)》, 손원재 옮김, 산성미디어, 2002.
- 《페라리를 판 수도자와 함께 당신의 운명을 개척하라(Discover Your Destiny with The Monk Who Sold His Ferrari)》
- 《페라리를 판 수도자의 비밀 편지들(The Secret Letters of the Monk Who Sold His Ferrari)》
- 《더 마스터리 매뉴얼(The Mastery Manual)》
- 《놀라운 성공을 위한 작은 블랙 북(The Little Black Book for Stunning Success)》
- 《바보 잭, 90일 만에 성자가 되어 돌아오다(The Saint, the Surfer, and the CEO)》, 한정석 옮김, 이가서, 2004.

로빈 샤르마가 선정한 죽기 전에 읽어야 할 책 25권

미국의 시인 랠프 월도 에머슨(Ralph Waldo Emerson)은 "보기 드물게 지적인 사람을 만나면 어떤 책을 읽는지 물어봐야 한다"라고 했다. 아래는 당신이 살아생전에 꼭 읽었으면 하는 책들이다.

- 아인 랜드, 《우리는 너무 평등하다(Anthem)》, 정재환 외 옮김, 리드잇포워드, 2017.
- 제임스 앨런, 《위대한 생각의 힘》, 임지현 옮김, 문예출판사, 2013.
- 앨 코란, 《당신의 마음속 마법을 끄집어내라(Bring Out the Magic in Your Mind)》
- 레이 브래드버리, 《화씨 451》, 박상준 옮김, 황금가지, 2009.
- 트리나 폴러스, 《꽃들에게 희망을》, 김석희 옮김, 시공주니어, 2017.
- 데일 카네기, 《데일 카네기 인간관계론》, 한성숙 옮김, 국일미디어, 2023.
- 리처드 바크, 《갈매기의 꿈》, 공경희 옮김, 나무옆의자, 2018.
- 넬슨 만델라, 《자유를 향한 머나먼 길》, 김대중 옮김, 두레, 2020.
- 빅터 프랭클, 《빅터 프랭클의 죽음의 수용소에서》, 이시형 옮김,

청아출판사, 2020.

- 리처드 스텐걸, 《만델라스 웨이》, 박영록 옮김, 문학동네, 2010.
- 마르쿠스 아우렐리우스, 《명상록》, 김동훈 옮김, 민음사, 2023.
- 간디, 《간디 자서전》, 함석헌 옮김, 한길사, 2015.
- 월터 아이작슨, 《스티브 잡스》, 안진환 옮김, 민음사, 2015.
- 파울로 코엘료, 《연금술사》, 최정수 옮김, 문학동네, 2018.
- 벤저민 프랭클린, 《벤저민 프랭클린 자서전》, 강주헌 옮김, 현대지성, 2022.
- 제롬 데이비드 샐린저, 《호밀밭의 파수꾼》, 정영목 옮김, 민음사, 2023.
- 장 도미니크 보비, 《잠수종과 나비》, 양영란 옮김, 동문선, 2015.
- 쉘 실버스타인, 《아낌없이 주는 나무》, 이재명 옮김, 쉘 실버스타인 그림 · 만화, 시공주니어, 2017.
- 피터 B. 카인, 《고-게러(The Go-Getter)》, 이성규 옮김, 해일, 2003.
- 앤드루 카네기, 《부의 복음》, 박별 옮김, 예림북, 2014.
- 앙투안 드 생텍쥐페리, 《어린 왕자》, 이형석 옮김, 열린문학, 2023.
- 노먼 빈센트 필, 《노먼 빈센트 필의 긍정적 사고방식》, 이갑만 옮김, 세종서적, 2020.
- 칼릴 지브란, 《예언자》, 류시화 옮김, 무소의뿔, 2018.
- 디팩 초프라, 《성공을 부르는 일곱 가지 영적 법칙》, 김병채 옮김, 슈리크리슈나다스아쉬람, 2010.
- 나폴레온 힐, 《생각하라 그리고 부자가 되어라》, 박지경 옮김, 넥스웍, 2022.

로빈 샤르마가 추천하는 창의성을 북돋아줄 영화 25편

다음은 내가 추천하는 영화들이다. 나의 철학을 형성하는 데 도움을 주거나 내 창의성에 영향을 미쳤다.

- 줄리언 슈나벨, 〈고흐, 영원의 문에서〉, 2019.
- 존 웰스, 〈더 셰프〉, 2015.
- 조 라이트, 〈다키스트 아워〉, 2017.
- 마테오 가로네, 〈도그맨〉, 2018.
- 데이비드 핀처, 〈파이트 클럽〉, 1999.
- 대니얼 바버, 〈해리 브라운〉, 2009.
- 마이클 만, 〈히트〉, 1995.
- 데이비드 맥킨지, 〈로스트 인 더스트〉, 2016.
- 숀 펜, 〈인투 더 와일드〉, 2007.
- 토드 필립스, 〈조커〉, 2019.
- 로베르토 베니니, 〈인생은 아름다워〉, 1997.
- 에이슬링 월시, 〈내 사랑〉, 2016.
- 앨런 파커, 〈미드나잇 익스프레스〉, 1978.

- 클린트 이스트우드, 〈밀리언 달러 베이비〉, 2004.
- 멜리나 맷소카스, 〈퀸 앤 슬림〉, 2019.
- 숀 베이커, 〈플로리다 프로젝트〉, 2017.
- 리들리 스콧, 〈글래디에이터〉, 2000.
- 캐스린 비글로, 〈허트 로커〉, 2008.
- 톰 후퍼, 〈킹스 스피치〉, 2010.
- 리테쉬 바트라, 〈런치박스〉, 2013.
- 릴리 워쇼스키·라나 워쇼스키. 〈매트릭스〉, 1999.
- 대런 아로노프스키, 〈더 레슬러〉, 2008.
- 짐 커밍스, 〈썬더 로드〉, 2018.
- 올리버 스톤, 〈월 스트리트〉, 1987.
- 데이미언 셔젤, 〈위플래쉬〉, 2014.

로빈 샤르마가 소개하는 새로운 영감을 자극할 다큐멘터리 25편

나는 다큐멘터리를 즐겨 본다. 다큐멘터리는 영감을 자극하고 삶의 지혜를 제시하며 매혹적인 사람들의 삶의 일면을 엿보게 해준다. 다음은 대단히 훌륭한 다큐멘터리 25편이다.

- 아시프 카파디아, 〈에이미〉, 2015.
- 브렛 모겐, 〈크로스파이어 허리케인〉, 2012.
- 조슈아 틱켈·레베카 하렐 틱켈, 〈굿 포춘〉, 2016.
- 에이미 스콧, 〈할〉, 2018.
- 저스틴 크룩, 〈잠은 죽어서나-스티브 아오키〉, 2016.
- 자텔라 비티, 〈아이버슨〉, 2014.
- 제시 빌레, 〈제이슨 벡커: 낫 데드 예트〉, 2012.
- 데이비드 겔브, 〈스시 장인: 지로의 꿈〉, 2011.
- 제임스 마시, 〈맨 온 와이어〉, 2008.
- 스티브 윈터·머리 웨이스·스콧 가프니·데이비드 지프·롭 브루스, 〈맥콘키〉, 2013.
- 피터 에트귀·이안 보노트, 〈맥퀸〉, 2018.

- 조 벌링거 · 브루스 시노프스키, 〈메탈리카〉, 2004.
- 스탠리 넬슨, 〈마일즈 데이비스, 쿨 재즈의 탄생〉, 2019.
- 알렉스 기브니, 〈미스터 다이너마이트: 더 라이즈 오브 제임스 브라운〉, 2014.
- 론 하워드, 〈파바로티〉, 2019.
- 라시다 존스 · 앨런 힉스, 〈퀸시 존스의 음악과 삶〉, 2018.
- 피터 보그다노비치, 〈톰 페티 앤 더 하트브레이커스〉, 2007.
- 말릭 벤젤룰, 〈서칭 포 슈가맨〉, 2011.
- 아시프 카파디아, 〈세나: F1의 신화〉, 2010.
- 마라 스트라우치, 〈선샤인 슈퍼맨〉, 2014.
- 제이슨 헤히르, 〈마이클 조던: 더 라스트 댄스〉, 2020.
- R. J. 커틀러, 〈셉템버 이슈〉, 2009.
- 모건 매튜스, 〈윌리엄스〉, 2017.
- 크리스텐 로에드 · 토머스 크리스텐슨, 〈윙맨〉, 2015.
- 모건 네빌, 〈내 이웃이 되어 줄래요?〉, 2018.

THE EVERYDAY
HERO
MANIFESTO

내 안의 위대함을 깨우는 101번의 인생 수업
에브리데이 히어로

제1판 1쇄 인쇄 | 2023년 5월 31일
제1판 1쇄 발행 | 2023년 6월 12일

지은이 | 로빈 샤르마
옮긴이 | 김미정
펴낸이 | 김수언
펴낸곳 | 한국경제신문 한경BP
책임편집 | 김종오
교정교열 | 김순영
저작권 | 백상아
홍보 | 이여진 · 박도현 · 정은주
마케팅 | 김규형 · 정우연
디자인 | 지소영
본문디자인 | 디자인 현

주소 | 서울특별시 중구 청파로 463
기획출판팀 | 02-3604-590, 584
영업마케팅팀 | 02-3604-595, 562 FAX | 02-3604-599
H | http://bp.hankyung.com E | bp@hankyung.com
F | www.facebook.com/hankyungbp
등록 | 제 2-315(1967. 5. 15)

ISBN 978-89-475-4891-5 03320

책값은 뒤표지에 있습니다.
잘못 만들어진 책은 구입처에서 바꿔드립니다.